LE TAROT PSYCHOLOGIQUE

Liste de livres du même auteur:

Programmes d'activités en psychologie scolaire, publié par les Services aux étudiants du Ministère de l'Éducation, 1973, en collaboration;

L'Abandon scolaire — quelques informations et réflexions sur ce phénomène, publié par la C.S.R.B.D.M., 1975;

Des Québécoises d'aujourd'hui se racontent — amour, sexualité, spiritualité Denise Roussel et Jean-Louis Victor, 1978, Éditions Sélect, Montréal;

Le Tarot idéographique du Kébek en collaboration, 1979, Éditions de Mortagne;

Phénomènes Psi et Psychologie — cours-atelier - recueil de textes,1982, Faculté de l'Éducation permanente, Université de Montréal.

Tableau de la couverture

Ce magnifique tableau de M. Roland Berthiaume représente en lui-même tout le contenu de ce livre. Espèce disparue, la licorne est devenue un animal mythique. Elle symbolise bien les aspects de la personnalité qui, faute d'être reconnus et actualisés, risquent de disparaître et de faire uniquement partie de l'imaginaire comme les deux têtes de licornes estompées dans le ciel. Le fond du tableau évoque le style des taches d'encre du Rorschach, test projectif par excellence. Enfin, la licorne se ressource. . ., l'usage du tarot psychologique permet de s'abreuver dans la profondeur de soi-même.

DENISE ROUSSEL, Ph.D.

LE TAROT PSYCHOLOGIQUE

MIROIR DE SOI

Un essai de psychologie appliquée

Couverture:
Peinture de Rolland Berthiaume
Photo par Valmont Brousseau

Éditions:
Les Éditions de Mortagne

Distribution:
Les Presses Métropolitaines Inc.
175 boul. de Mortagne
Boucherville, Qué.
J4B 6G4
Tél.: (514) 641-0880

Dépôt légal:
Bibliothèque nationale du Canada
Bibliothèque nationale du Québec
4e trimestre 1983

ISBN: 2-89074-149-4

IMPRIMÉ AU CANADA

PHOTO RON ZAK

Jack Hurley

À Jack Hurley qui m'ouvrit au tarot projectif et au tarot psychique;

À Micheline Gérin-Lajoie en tant que collègue, amie et première lectrice.

SOMMAIRE

I — CONSIDÉRATIONS THÉORIQUES

LES TROIS PILIERS DU TAROT

II — MANUEL PRATIQUE

DIRE SON HISTOIRE PERSONNELLE POUR EN CHANGER LE COURS

III — TECHNIQUES PSYCHOLOGIQUES

LES SECRETS DE L'ART

IV — CONCLUSION

LE TAROT, UN OUTIL POLYVALENT

PRÉSENTATION

Ce livre apporte une optique nouvelle, celle de la psychologie. Jamais auparavant le tarot n'a été scruté par un psychologue professionnel qui l'examine au même titre que ses autres outils de travail. Ici, nous l'avons abordé de la même façon que nous examinons les qualités projectives du Rorschach et du TAT, et, à notre joie, le tarot a su résister à cet examen critique. Son imagerie riche, son pouvoir d'évocation, la simplicité magique de sa manipulation, tout concourt à le faire entrer dans la grande famille respectée des instruments projectifs, au coeur de tous les courants psychologiques actuels.

Réciproquement, nous croyons enrichir la tradition séculaire des Tarotiers (les artisans du tarot) en opérant une jonction entre l'ésotérisme millénaire et la science moderne. Le tarot a été d'abord ésotérique, initiatique, divinatoire, tout, sauf un outil psychologique. Notre but n'est pas de faire du lecteur un devin, ni un gourou, ni un connaisseur ésotérique. Nous voulons plutôt ajouter à son art de bien vivre avec lui-même et avec les autres. Vingt siècles plus tard, nous lui répétons l'invitation de Socrate: «Connais-toi toi-même et tu connaîtras l'Univers». Nous lui offrons le tarot comme voie d'accès à cette connaissance.

Ceux et celles que cette invitation passionnera pourront apprendre l'art de se reconnaître à travers l'imagerie symbolique du tarot, comme en un miroir vivant. Grâce à l'écoute active ils pourront développer l'art d'être guide pour un ami qui consulte le tarot. Ils seront amenés aussi à utiliser harmonieusement leur intuition en apprenant à imaginer et dire correctement ce qui se passe en eux grâce à la «centration».

Comme toute innovation, ce livre s'inscrit comme une continuation et une rupture.

Résolument psychologique, il brise avec la tradition des cartomanciens où l'intuition sert de pivot à la voyance. Il en perpétue cependant les meilleures caractéristiques: les archétypes du tarot continuent de jouer leur rôle de stimulant psychique à l'égard des problèmes sérieux pour lesquels on les consulte. En contraste, les conseils, les décisions et les intuitions libérantes proviennent de l'intérieur du consultant, appuyé par le juste soutien de son guide.

Nous avons aussi agi en concordance avec la tradition populaire en laissant le tarot psychologique accessible à qui désire devenir un aidant, un guide, une «grande oreille». Après le prêtre et le médecin, celle qui maniait les Tarots était peut-être la première psychologue laïque répondant aux problèmes de la vie quotidienne. Depuis un siècle, la psychologie s'est professionnalisée et ses apports comme science sont immenses. Abordé comme outil psychologique, le tarot n'aura plus les mêmes résonances qu'entre les mains du chaman et de la Tzigane, mais cette consultation continuera de procéder selon la voie du coeur et de l'esprit. Sur ce chemin, la compétence technique ne peut qu'ajouter à la qualité personnelle déjà présente chez la personne-ressource.

Cet ouvrage se présente comme une spirale. Le lecteur a intérêt à le lire rapidement pour le reprendre sélectivement, selon ses besoins.

La première section, d'allure plutôt théorique, se divise en trois parties. Tout d'abord les tarots eux-mêmes ont une histoire vénérable digne de l'attention de l'historien et du mythologue. Nous en abordons l'histoire, l'usage, la composition, pour finalement présenter quelques jeux dont les qualités psychologiques sont remarquables.

Ensuite nous examinons la relation possible entre la psychologie et le tarot. Actuellement la projection, mécanisme central de la psyché humaine, constitue la voie par laquelle l'imagerie du tarot joue un rôle de stimulant sur les émotions. La notion jungienne d'archétype nous sert de filon pour voyager du symbole aux thématiques. Nous terminons en proposant plusieurs applications. Cette partie théorique se complète par l'étude de la synchronicité, troisième pilier du tarot psychologique. La synchronicité réintroduit la facette magico-sacrée que nous avions laissée en sourdine jusqu'ici. Nous passons de la psychologie à la parapsychologie. La synchronicité confère parfois au Tarot psychologique un caractère transcendant. Il confirme le sentiment obscur de notre appartenance à l'univers comme à une totalité où les êtres, les événements et les choses agissent en unité, en concordance secrète.

La seconde section se présente comme un manuel pratique. Puisqu'il s'agit d'une rencontre psychologique, la notion de contrat délimite les rapports, les modalités, le sens de l'engagement du guide et du consultant. La richesse des tirages vient ensuite préciser comment chacune des rencontres peut se dérouler selon un rituel variant selon la question posée, le temps disponible, la situation.

Un tirage complexe, en Pointe Diamant, celui de notre ami Jack Hurley, occupe la dernière partie de ce manuel pratique. Les multiples précisions apportées ici veulent faciliter l'apprentissage du débutant, lui permettre de maîtriser une technique qui plonge en profondeur.

Ce livre se termine par un retour vers deux techniques psychologiques de base: l'écoute active et la centration. La centration, ouverture à soi-même, se concilie fort heureusement avec l'ouverture à l'autre préconisée dans l'écoute active. Ces modalités d'accueil du vécu proviennent de deux grands auteurs fort connus, Dr Thomas Gordon et Dr Eugene Gendlin. Ils ont contribué au développement de la psychologie humaniste américaine en lui apportant des techniques simples et solides. Grâce à cet apport, le Tarot psychologique a bonne espérance d'être vécu d'une façon forte et saine. Une petite conclusion regroupe toutes ces transformations autour de trois processus: le Tarot agit parce qu'il est source d'expression, d'intégration et de libération de soi.

Cet ouvrage est aussi riche en exemples.

Nous avons cherché ici à restituer une situation typique plutôt qu'une vérité historique. En ce sens, le détail d'un cas compte moins que la réalité d'ensemble auquel il se rattache. Nous avons ainsi parfois modifié le nom, l'âge, l'occupation exacte d'un consultant pour mieux en garantir l'anonymat. Nous avons résumé en quelques lignes ce qui parfois a été long à formuler: que l'apprenti voit ici le métier, non l'effort fait pour y parvenir.

Merci à tous ceux et celles qui m'ont permis de partager leur richesse intérieure avec vous, lecteurs. Sans eux, aucun exemple concret n'aurait été possible. J'ai beaucoup appris d'eux comme ils ont appris de moi, dans une heureuse réciprocité.

La recherche de frères et soeurs dans la voie du tarot psychologique m'a fait découvrir tout au plus des petits cousins. Richard Roberts *The Tarot and You* propose de déchiffrer les lames par la voie des associations libres, aidée d'une interprétation jungienne du contenu. Lynn Buess (73) *The Tarot and Transformation* présente les tarots comme des représentations de différents niveaux de développement mais n'y joint pas une méthodologie aussi active. Les cours par correspondance de B.O.T.A. veulent stimuler la contemplation méditative et invitent à recolorier l'image. La tentative de réappropriation psychologique reste timide malgré ses buts élevés. Edouard Finn *Tarot, Gestalt, Energie* propose une conception théorique magnifique de la Gestalt mais il n'offre pas de moyens concrets d'apprentissage au lecteur non initié.

Mentionnons aussi deux études jungiennes du contenu: l'ouvrage de Dicta et Françoise *Mythes et Tarots* et celui de Sallie Nichols *Jung and Tarot: an archetypal journey*. Ils présentent les lames du Tarot de Marseille comme mythes et archétypes. Tous ces travaux préparent et complètent notre contribution. Ce travail-ci veut offrir au lecteur une méthode pour lui permettre d'opérer une démarche semblable de réflexion dans sa propre vie, en se servant de n'importe quel jeu existant.

I — CONSIDÉRATIONS THÉORIQUES
LES TROIS PILIERS DU TAROT

1. LE TAROT, UN SYSTÈME DE REPRÉSENTATION VIEUX DE CINQ SIÈCLES

a) Histoire
Importance et actualité du tarot
Terminologie
Origine des jeux de cartes
Cartes du tarot

b) Usages

c) Composition
Trois sous-groupes du tarot et leur sens
Le mat ou le fou
Les arcanes majeurs
Les arcanes mineurs

d) Symbolisme du nombre
Symbolisme psychologique
Symbolisme graphique

e) Présentation de certains jeux
Tarots psychologiques de première ligne
Le Hurley ou le psycho-tarot
Le Rider-Waite
Le tarot du Verseau
Le Morgan-Greer
Le tarot idéographique du Kébèk
Le Crowley
Le tarot des grands initiés d'Égypte
Tarots psychologiques de deuxième ligne

LE TAROT

— Un poème visuel universel
— de 1470 à 1980. . .
— du bassin de la Méditerranée à l'Amérique

LE FOU

0 JOKER
LE DAKINI

LE VISCONTI SFORZA

LE RIDER

a) Histoire
Importance et actualité du tarot

Même si leurs racines remontent loin dans le passé, les jeux de tarots ont atteint une contemporanéité certaine. Actuellement, ils sont plus populaires que jamais. La recherche de Kaplan (cf. *Encyclopédie*) a pu dénombrer qu'en 1978 plus de 3200 lames différentes existent appartenant à 250 jeux répertoriés, répartis dans plus de 80 collections privées, bibliothèques, et librairies. Le relevé bibliographique dénombre 1750 titres comprenant des livres, des manuscrits et des incunables. Jusqu'ici seule l'iconographie et la divination ont suffi à engendrer une telle richesse. Le développement de liens avec la psychologie devrait engendrer une autre floraison. Le jeu de Hurley et Horler est le premier de ce genre et ouvre la voie à un courant nouveau.

Notre propos vise uniquement l'utilisation des tarots comme outil psychologique mais un minimum d'informations s'impose quant aux tarots eux-mêmes. La beauté formelle des dessins en fait un témoignage de l'art populaire et, parfois, de l'art tout court. C'est ce que nous allons d'abord découvrir dans ce premier chapitre.

Terminologie

Le nom de tarot dérive de l'italien. Selon Kaplan, au quinzième siècle, on parlait d'abord de «trionfi» d'où sont dérivés les mots «trumps» en anglais et «triomphes» ou «atouts» en français, pour désigner les vingt-deux arcanes majeurs. Au siècle suivant, le terme de tarocco (tarrochi au pluriel) l'emporta pour désigner les vingt-deux arcanes majeurs et l'ensemble du jeu de soixante-dix-huit cartes. Nos cartes à jouer y sont incluses mais elles n'en sont qu'une version simplifiée. L'adjectif «taroté» (terme introduit en 1642 selon Larousse) se rapporte à l'endos des cartes marqué de lignes en grisaille. Selon Kaplan, la Guilde des fabricants de cartes à jouer se serait appelée «les tarotiers» en 1594, tout ceci confirmant une origine commune aux cartes à jouer et aux tarots.

On appelle les figures du tarot des «lames» ou des «arcanes». Les lames rappellent les anciens procédés d'imprimerie sur un mince support, une lame. L'arcane, du latin «arcanum», renvoie au sens secret, mystérieux de l'image.

MacGregor Mathers proposait déjà en 1888 plusieurs anagrammes séduisants au mot tarot. Selon lui, il dériverait de:

— l'hébreu TORA, la Loi, les Tables de la Loi;
— l'hébreu TROA, la barrière, la porte d'entrée, l'initiation;
— du latin ROTA, la roue, la route, le cheminement;
— du latin ORAT, l'oracle, le devin;
— de l'égyptien TAOR ou TAUR, déesse de la nuit, de l'ombre;
— de l'égyptien ATOR ou ATHOR, déesse de la lumière, de la joie.

Origine des jeux de cartes

Dans la préface de Wirth*, Roger Caillois soutient que «les premiers jeux de cartes connus en Occident se rapprochent plus de la symbolique chinoise rationnelle et civique que de la luxuriante mythologie de l'Inde». L'origine chinoise du tarot a été aussi soutenue à cause des papiers-monnaies marqués de figures et d'une prétendue carte chinoise datée par les experts du XI siècle, mais ce fondement m'apparaît insuffisant. Une autre hypothèse fait dériver les cartes du jeu d'échec indien Chaturanga (les quatre angles) qui comportait quatre groupes de pièces comme les quatre séries des jeux de cartes, mais l'analogie s'arrête là.

Malgré des recherches poussées, personne ne peut dire exactement d'où les jeux de cartes sont venus, bien que le travail minutieux de Stuart Kaplan démontre largement que les archives européennes font toutes converger l'apparition de ces jeux autour du bassin de la Méditerranée, dès le quatorzième siècle. Sont-ils venus d'ailleurs pour qu'on les retrouve là? On en retrace des sources en Espagne, en Égypte, en Chine, en Europe de l'Est, particulièrement en Bohème, mais le travail d'archives n'a pas été complété à ce jour. Les meilleures sources à consulter pour établir l'origine, le sens et les variétés existantes de jeux nous semblent celle de Stuart Kaplan*, *«La grande encyclopédie»*, la plus exhaustive, et celle de Brian Innes*, *«Les Tarots»*, plus simple, mais fidèle et étonnante dans sa documentation. Sa présentation visuelle permet de saisir d'emblée la richesse de l'imagerie comparée de divers tarots.

---

* Wirth, Oswald. *Le Tarot des imagiers du Moyen Âge.* Tchou, 1966.

* Kaplan, Stuart R. *The encyclopedia of Tarot.* Vol. 1., U.S. Games Systems, 1978, N.Y., N.Y. 10016. USA/Traduit aux éditions Tchou. *La grande encyclopédie du Tarot*, Paris, 1978.

* Innes, Brian. *The Tarot;* libre adaptation de Jean Marie Lhote: *Les Tarots.* Éditions Atlas, Paris, 1978.

La consignation officielle et historique de la présence de jeux de cartes se trouve dans certains actes notariés et édits des villes. Mentionnons-en quelques-uns. Les actes notariés réfèrent à l'achat de cartes. Selon Alexandre Pinchart (1970), Wenceslas et Jeanne, régnant sur le vieux Duché de Brabant, ont payé le 14 mai 1379 quatre «peters» et deux florins, soit la valeur de huit moutons, pour acquérir un jeu de cartes peint à la main, à la manière des miniatures de l'époque.

Les édits interdisant les jeux de hasard, et nommément les jeux de cartes, sont nombreux à partir de 1367:

— à Berne, 1367, interdiction visant les jeux — document légal conservé à Vienne;
— à Florence en 1376, même interdiction;
— en Suisse, en 1377, le moine Johannes von Rheinfelden a écrit un traité de moeurs; il y mentionne expressément les jeux de cartes;
— à Marseille, le 10 août 1381, Jacques Jean, au moment de s'embarquer pour Alexandrie, promet solennellement par écrit de s'abstenir de tous jeux, incluant les cartes (cité par Henri René d'Allemagne);
— à Lille, en 1382, même interdit qu'à Florence;
— à Paris, en 1369, Charles V formule un décret interdisant divers jeux (tennis, trictrac, billards), mais on ne trouve la mention explicite des cartes à jouer qu'en 1397, dans un édit du prévôt de Paris.

Kaplan continue cette énumération en incluant une vingtaine de références: un traité de théologie (1457), des dessins recueillis à la bibliothèque du Vatican (1471), l'énumération de la cargaison d'un bateau (Ulm, 1474), le synode de Langres interdisant les jeux de cartes aux membres du clergé... tous étonnants comme documents.

Dans les archives françaises, il est bien connu que Charles VI, lorsqu'il perdit la raison, se vit offrir toutes sortes de jeux. La mention apparaît dans les notes de frais de son trésorier, Charles Poupart: «1392, donné à Jacques Gringonneur, peintre, pour trois jeux de cartes, dorées et coloriées, et diversement ornementées, pour l'amusement du roi, cinquante-six sols de Paris.»

Cartes du tarot

Ceci établit donc que les cartes à jouer existent dans le commerce, qu'elles inquiètent l'Église, qu'elles font partie de la vie artistique et sociale. Aboutissant au bord de la Méditerranée, d'où sont-elles venues? Cela reste mystérieux. Pour tous, il semble qu'elles soient parties de l'Est, venant des Croisés? des Bohémiens? des Arabes? Ces trois hypothèses se recoupent. La dernière croisade date de 1270. Les chrétiens rentrèrent d'Asie Mineure en 1291. Il y eut plusieurs condamnations pour jeux de cartes durant le siècle suivant. Quant aux Bohémiens, tziganes et autres errants, leur rôle fut-il seulement de passer sous le manteau un jeu d'inspiration païenne, patrimoine que l'Église allait persécuter durant l'Inquisition? Comme on le constate encore près de nous dans l'histoire des religions réprimées, par exemple en Haïti, en Amérique du Sud, au Mexique, y a-t-il eu un amalgame des mythes antiques avec l'imagerie chrétienne? C'est fort possible et même probable. Certains pensent que les Arabes, en occupant l'Espagne pendant plusieurs siècles, y ont diffusé leurs coutumes. Or le terme «naib», désignant les cartes, est bien d'origine arabe. C'est aussi l'opinion de l'historien Cevelluzo, rapportée par Bussi, qu'«en l'an 1379 fut introduit à Viterbe le jeu de cartes naib qui vient des Sarrasins». Ce jeu était joué par les mercenaires et troupes lors de la lutte de l'anti-pape Clément s'opposant à Urbain VI. Cette coïncidence est troublante puisque le mot espagnol «gitano» est une corruption du latin «aegyptanus»: égyptien. À cause du langage et de la correspondance historique, nous inclinerions à penser que la circulation du tarot s'est faite à travers l'Espagne, transmettant un condensé d'un savoir égyptien transmis secrètement comme un outil de divination pour initiés. Sans un travail d'archives sérieux, on ne peut qu'offrir des hypothèses.

b) Usages

À quoi sert un tel jeu? Les usages sont aussi variés que les situations où on le retrouve.

Pour les soldats, mercenaires, marins et autres joueurs, les tarots sont associés **aux jeux de hasard et d'argent.** Dans cette tradition, ils semblent encore aujourd'hui occuper les loisirs des sapeurs-pompiers et ceux de la gendarmerie française où ils sont fort connus.

Tous les dictionnaires que j'ai consultés présentent les tarots comme un **instrument de divination,** remplaçant dans le monde moderne l'usage du marc de café, des entrailles d'oiseaux, des osselets et autres instruments de voyance. C'est l'instrument préféré et prestigieux des cartomanciennes.

L'imagerie du tarot s'inscrit aussi dans la **grande tradition artistique** des imagiers, peintres, décorateurs de tous les pays. L'antique jeu italien Visconti-Sforza contient les armoiries de ces deux nobles familles. Comme les cathédrales, les verrières et les sculptures illustrent l'honneur et la grandeur de certains noms célèbres, ainsi certains jeux sont créés en hommage à une guilde (les chasseurs, Stuttgart, vers 1420), à une maison (les Visconti-Sforza, oeuvre réalisée vers 1470 dont onze variantes existent), à un culte (les tablettes d'Isis découvertes par le Cardinal Bembo, historien de la République de Venise et bibliothécaire de St-Marc). Certains ont servi à manifester le génie de l'artiste: Albert Dürer, peintre-graveur allemand, en a réalisé une série entre 1496 et 1506. Dali fit quelques sérigraphies à tirage limité. Certains jeux des plus connus furent dessinés par des femmes peintres qui y consacrèrent plusieurs années d'un travail minutieux: Pamela Colman Smith réalisa le Rider-Waite, Lady Frieda Harris peignit le Crowley-Thoth Deck, toutes deux inspirées par des maîtres de l'ordre initiatique dit «Golden Dawn» d'Angleterre. Les tarots entrent maintenant dans des pièces de théâtre et des films. L'un d'eux est célèbre, celui de James Bond 007, dans le film *Live and Let Die.* Ce jeu a été dénommé le Tarot des Sorcières. Après avoir fait partie de la contre-culture, le Tarot prend maintenant sa place dans la culture.

Une autre tradition fait du tarot un système de **reproduction des connaissances antiques,** une représentation du monde, une cosmologie, une bible en images, une tradition orale imagée des pérégrinations de l'âme à travers l'évolution humaine. Cette tradition initiatique a surgi en Europe au moment où l'égyptologie passionnait les scientifiques. Les campagnes napoléonniennes vont permettre la découverte de la pierre dite Rosetta en 1799, dont Champollion va déchiffrer les hiéroglyphes en 1822. Peu avant, en 1781, Court de Gébelin décrit le «monde primitif» (c'est-à-dire le monde antique) et y présente le tarot comme l'équivalent égyptien d'une Bible en images sauvée des flammes qui ont malheureusement ravagé les superbes bibliothèques d'Alexandrie. Cette tradition rattache le tarot au livre de Thoth, dieu égyptien patronnant la sagesse, les arts et la science. C'est dans cet esprit que viendra s'ajouter l'étude minutieuse des symboles hermétiques, cabalistes, alchimiques, dans les oeuvres importantes d'Eliphas Lévi, de Papus, de Crowley, de Wirth, et de nos jours, de celles de A.D. Grad et de J.L. Victor.

A-t-il jamais servi **d'instrument psychologique et thérapeutique?** Une revue de la littérature convainc vite le lecteur de l'importance accordée au tarot comme outil de réflexion et d'inspiration. Ici on ne traite plus les lames comme des facettes du grand miroir cosmique mais bien comme un livre d'introspection et de travail sur soi: «Qui suis-je? Que dois-je faire?». Ces symboles restituent la vision d'une ancienne sagesse dans le but précis d'aider l'évolution de la conscience tout en y joignant les constructions de l'inconscient collectif. Autrefois, la philosophie incluait la métaphysique, la morale et la psychologie. De même le tarot a été abordé sur ces trois registres. Il fut considéré comme un diagramme de l'univers, il servit ensuite à dégager les racines de la conduite de l'homme orienté vers une vision transcendantale de la vie. Ici, à travers ce livre, il se place d'emblée au coeur de la psychologie transpersonnelle, clinique, dynamique. Il devient la source de méditations contemplatives, il sert à polariser l'énergie intérieure, il joue également le rôle de miroir de soi. Cela semblera révolutionnaire et, en effet, cette arrivée du tarot dans ma vie professionnelle n'a pas été sans heurts. Avec un peu de recul cependant, l'étonnement décroît, et l'émerveillement naît. Autrefois, dans la Grèce antique, le travail sur soi s'accomplissait par une montée au temple, une mise à l'écart pour faciliter l'éclosion des rêves. On se servait aussi d'outils divinatoires afin de faciliter la venue de l'énergie des dieux et déesses pour qu'ils visitent l'infortuné et le modifient en profondeur. La thérapie n'était pas de type laïque mais divin. Jean Houston* ramène carrément l'étymologie du mot thérapie à une rencontre avec «plus grand que soi: thé-rapie serait un rapt, ou raptus, un saisissement de l'âme par Plus-Grand-que-Soi (Théos, Dieu)». La psychologie transpersonnelle et spécialement la thérapie jungienne ouvrent la voie à un langage sacré. Elles rétablissent la conception de l'invisible, de l'au-delà comme faisant pleinement partie du patrimoine humain, donc du psychologique. En ce sens, le tarot devient une petite histoire en images permettant de reprendre l'itinéraire du *Héros aux mille visages** de Joseph Campbell, de se recréer une mythologie ou tout simplement de s'articuler une saine psychologie qui ne manque pas de souffle ni d'élévation.

---

* Jean Houston. «On therapeia» in *Dromenon*. Sacred Psychology, part II, vol. III, no 3, Winter 1981. Dromenon G.P.O. Box 2244, N.Y., N.Y. 10116.

* Joseph Campbell: *A Hero with a thousand faces.*

c) Composition

Au milieu de tant de pérégrinations à travers les âges, les artistes, les pays, les civilisations, il est étonnant que le tarot se soit fixé très tôt dans une forme de base respectée ensuite par le plus grand nombre. Presque tous ont voulu se rattacher à une tradition originale, obscure, mais séculaire. Quelques exemples modernes se départissent volontairement des thèmes originaux mais la plupart des jeux s'en tiennent à la composition suivante:

— le jeu total comprend 78 cartes imagées, auxquelles se joint la blanche (l'inconnue) dans certains jeux (Hurley, Rider);
— le Fou (le mat, le joker ou le nain) se détache des séries; il porte la nomenclature 0 ou 22. Il appartient à toutes les séries et à aucune. Il est la clé de voûte du Tarot;
— les 22 arcanes majeurs se retrouvent fidèlement d'un jeu à l'autre; quelques variantes minimes expriment une sorte de contestation des auteurs ou plutôt une évolution du sens fondamental (exemple: pour Crowley, la Tempérance devient l'Art);
— les 56 arcanes mineurs se répartissent en quatre séries de quatorze cartes chacune. Comme dans les cartes à jouer, la base s'étale de l'as au dix, chacune des cartes prenant un sens particulier selon la numérologie et la série en cours;
— à la différence des jeux ordinaires où les figures vont du valet au roi, ici on trouve quatre cartes, soit le page et chevalier (ou la princesse et le prince), la reine et le roi. Elles sont aussi appelées les cartes de cour, illustrant une réflexion sur les rôles et les influences sociales;
— les quatre séries mineures subissent des variantes selon les traditions et correspondent aussi aux cartes à jouer:

TRADITIONS RATTACHANT LES TAROTS AUX CARTES À JOUER

Cartes à jouer	♠ pique	♡ coeur	♢ carreau	♣ trèfle
Tarot français	épées glaives	coupes	bâtons sceptres	deniers cercles sicles
Tarot anglais	swords	cups chalices	wands staves	money pentacles
Tarot italien	spade	coppe	bastoni	oro denari

Pendant plusieurs siècles, les arcanes mineurs sont demeurés abstraits, répétant simplement le signe de la série pour en indiquer l'ordre: deux épées, trois épées... comme c'est encore le cas pour les cartes à jouer. Les jeux les plus anciens comme le Visconti-Sforza, le Balbi, le Marseille ont cette présentation. Pour une lecture psychologique des cartes, ils sont donc totalement inadéquats. Même lorsqu'on connaît la numérologie, ils servent mal la projection parce qu'ils procèdent par la voie de la connaissance plutôt que par la voie de l'évocation symbolique imagée.

Le sens des arcanes mineurs devient explicite depuis que Waite, en 1910, guida le pinceau de Miss Colman Smith pour traduire le sens combiné de la numérologie et de la série (coupes, deniers, etc.) dans une représentation figurative. Les jeux de Hurley, l'Aquarian, le Rider et bien d'autres, ont repris cette tradition. Quant au Crowley, il se tient à mi-chemin entre les deux, grâce à une stylisation esthétique de l'idée de base, accompagnée d'un mot clé en anglais: «cruelty», «science», «oppression», «change», etc. Le Zigeuner (Tarot des Tziganes) inclut également des objets symboliques auxquels s'ajoutent parfois des animaux et des plantes stylisés. La projection n'est pas aussi facile qu'avec des visages et personnages humains, mais certains s'y retrouvent bien.

La présentation détaillée de certains jeux mettra en évidence le caractère polyvalent du Tarot. Certains y verront un point d'ancrage pour la voyance, d'autres pour leur évolution spirituelle, d'autres enfin, comme nous, un miroir où cristalliser les nombreuses facettes du vécu. La structure de chaque jeu se compose cependant d'éléments qui facilitent davantage tel ou tel type de projection. Voici la composition de base et sa signification habituelle.

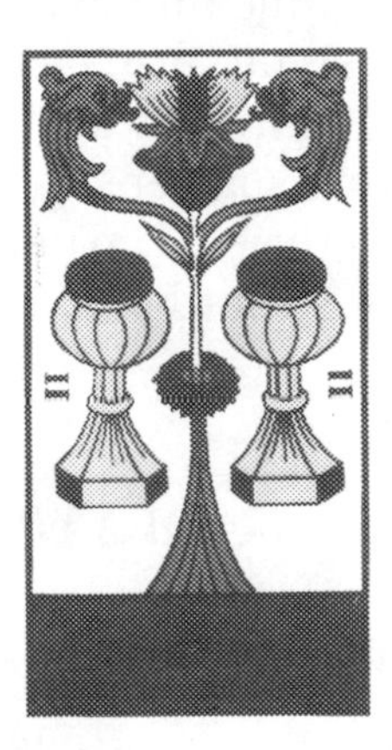

Quelques lames mineures de type «jeux de cartes».

Les trois sous-groupes du tarot et leur sens

Le Mat ou le Fou: le zéro ou le vingt-deux

Presque tous les jeux incluent le Fou sans y accoler de numéro, lui assignant la première place parmi les arcanes majeurs. De fait, les auteurs le considèrent comme le personnage central, l'alpha et l'oméga, le commencement et la fin de la vie humaine. Le nouveau-né ne saisit rien de la vie — en un sens il est «fou», innocent — et le vieillard considère la comédie humaine comme un vaste théâtre de folie dont il s'exclut, ayant en quelque sorte parcouru tous les sentiers du Fou dans son devenir. En somme, le Fou représente le Soi, l'être en quête de son sens fondamental, en quête d'une route ou l'ayant trouvée. Si on ne sait où l'on va, aucun vent n'est bon... ou tous sont bons.

Les vingt et un arcanes majeurs: de I à XXI

Ces vingt et une lames occupent toutes une place privilégiée dans les études du tarot. Chacune y est étudiée spécifiquement car elles se présentent comme des allégories psychologiques et spirituelles. Elles illustrent les grandes étapes que tout humain est susceptible de traverser sur le chemin de la réalisation de soi.

Elles correspondent aux situations des mythologies anciennes provoquant la transformation du héros qui s'accomplit en se mesurant aux forces du destin (ex: Ulysse). Dans le regroupement suivant, nous proposons une façon — entre autres possibilités d'interprétation — de lire projectivement ces arcanes.

Comme témoins des préoccupations humaines, elles attribuent les grandes énergies de transformation à diverses catégories:

— Quatre personnages titrés représentent les forces de la société: l'**Impératrice,** l'**Empereur,** la **Papesse** et le **Pape,** hommes et femmes jouant un rôle clé dans les affaircs spirituelles et matérielles, à travers les institutions et les gouvernements.

L'IMPÉRATRICE L'EMPEREUR LA PAPESSE LE PAPE

— Quatre autres renvoient à la condition humaine personnelle, hors de tout système: le **Magicien,** les **Amoureux,** l'**Ermite,** le **Pendu.** Le Magicien désigne ici celui qui sait transformer toutes situations puisqu'il possède la clé de tous les systèmes (sur la table de travail se trouvent les quatre éléments du tarot). L'Amoureux connaît la transformation intérieure par la voie des sentiments, de l'union physique et peut ainsi atteindre l'extase. L'Ermite emprunte une toute autre voie d'évolution: par la solitude, il cherche la force et la sagesse. Le Pendu (par les pieds) représente tout être placé devant la nécessité de faire un virage intérieur, de changer radicalement sa vision du monde, il est retourné sens dessus dessous. C'est la voie de la transformation spirituelle.

LE MAGICIEN LES AMOUREUX L'ERMITE LE PENDU

— Trois cartes représentent des confrontations avec des forces majeures: **le Chariot** symbolise l'affrontement des plus grands défis; **la Roue de Fortune:** les revirements heureux ou malheureux du sort; **la Maison-Dieu:** les bouleversements de la ruine, de l'effondrement de ses assises.

LE CHARIOT

LA ROUE DE FORTUNE

LA TOUR OU MAISON DIEU

— Deux autres cartes font entrer en scène des forces de l'au-delà: **la Mort et le Diable**. Le consultant a toute latitude pour y projeter sa conception de la Mort et des forces diaboliques venant de l'intérieur de lui-même ou de l'extérieur.

LA MORT

LE DIABLE

— Les quatre suivantes ont aussi une double connotation: **la Force, la Justice, le Jugement, la Tempérance.** On peut les voir comme des vertus cardinales ou comme des représentations d'instances précises. La Justice réfère alors à la loi et ses exigences; la Tempérance devient le sens universel de la juste mesure, de l'harmonie, l'équivalent lumineux du diable Lucifer avant sa chute; le Jugement évoque le jugement dernier, à la fin des temps, aussi bien que le jugement global porté sur soi lorsque sa propre vie se déroule en une vision panoramique. La Force, d'abord représentée d'une façon masculine par un homme au gourdin, est devenue une force intérieure de type féminin, abandonnée (yoga) ou magique grâce au contrôle interne (la femme ouvre la gueule du lion sans effort).

LA FORCE

LA JUSTICE

LE JUGEMENT

LA TEMPÉRANCE

— Restent enfin quatre cartes à références astronomiques ou cosmiques: les **Étoiles,** le **Soleil,** la **Lune,** le **Monde** (ou la Terre, notre monde). Les Étoiles renvoient à l'inspiration, au contact avec l'infiniment grand, à la créativité, à la connaissance au-delà des limites connues. Le Soleil symbolise l'énergie rayonnante, le centre de notre univers, le principe créateur masculin engendrant toute vie. Traditionnellement, la Lune représente le féminin, les forces nocturnes, l'inconscient, l'essence de la femme, l'accès à l'unité profonde de la tête, du coeur et du sexe. Le Monde (soit la femme ou l'androgyne au coeur d'un cercle entouré des quatre bêtes de l'Apocalypse) représente le monde intérieur, l'environnement personnel aussi bien que la terre et la perfection humaine enfin atteinte, pour un instant ou pour durer, qui sait? Entre les visions d'une fin imminente engendrée par les pouvoirs destructeurs de l'homme ou sa pacification au cours d'un Nouvel Âge, quelle tendance l'emportera? Cet arcane clôt le cycle des majeurs et ramène au Fou. Le cycle humain reprend. . . à moins d'avoir carte **blanche**.

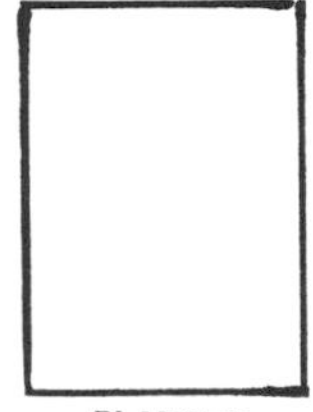
BLANCHE

L'ÉTOILE

LE SOLEIL

LA LUNE

LE MONDE

Les arcanes mineurs

Les quatre séries

Comme dans les cartes à jouer, les arcanes mineurs se divisent en quatre séries, de l'as au roi.
Voyons quel en est le sens.

Les interprétations anciennes faisaient correspondre ces séries à des «enseignes», ou regroupements sociaux:

— les **épées** renvoient à la noblesse obtenant ses titres par des faits d'armes;
— les **coupes** signalent les calices, les cérémonies religieuses et renvoient donc aux ordres monastiques;
— les **bâtons** trouvent preneurs chez les paysans, les roturiers, les villageois et citadins affairés;
— les **deniers,** l'or, l'argent s'allient aux commerçants où l'argent devient l'instrument de la transaction.

Cette division connaît encore une certaine résonance mais elle imprègne moins les mentalités contemporaines. La symbolique doit prendre un sens plus large pour rejoindre l'activité humaine en elle-même. Les séries deviennent:

— les **épées:** décider, agir, trancher, séparer, choisir;
— les **coupes:** aimer, se remplir affectivement, s'enthousiasmer;
— les **bâtons**: s'instrumenter, développer des moyens, construire, réaliser;
— les **deniers**: faire fructifier, recevoir sa récompense, jouir des fruits de sa vie, parvenir à la résultante, à l'accomplissement.

Ces quatre moments d'un projet ou d'une action s'équilibrent et à tour de rôle sollicitent constamment le vouloir.

Exemple: Je désire faire des études, j'en rêve, mon coeur est rempli de ce désir (coupes). J'évalue mes capacités intellectuelles, ma disponibilité, mes ressources et je tranche la question (épées). Encore faut-il mobiliser les ressources, prendre les moyens pour mener le projet à terme (bâtons), et savourer les résultats une fois les gestes accomplis (deniers). On peut projeter cette spirale dans les grands moments d'un cycle de vie tout comme dans la petite histoire de chaque décision... il y en a des centaines par jour.

Les quatre cartes de cour

Les cartes à jouer nous ont familiarisés avec trois figures, ici nous en retrouvons quatre. Crowley suit la tradition royale et en fait le Roi, la Reine, le Prince et la Princesse. Le Rider opte pour une tradition guerrière et choisit de les nommer: le Roi, la Reine, le Chevalier, le Page. Hurley joue d'une autre symbolique: il assimile les cartes de cour (Roi, Reine, Valet) aux douze signes du zodiaque et aux chefs légendaires de l'histoire. Belline garde la tradition seigneuriale en désignant cette série: le Maître ou le Roi, la Dame ou la Maîtresse, le Cavalier ou le Combattant, et le Valet ou l'Esclave.

Ces variations demeurent quand même superficielles. Au plan psychologique, elles se ramènent à des rôles personnels et sociaux fondamentaux. Nous utiliserons la psychologie jungienne comme grille de fond.

Selon Jung, nous avons tous en nous les qualités mâles et femelles, masculines et féminines. La culture tente de les exacerber dans les rôles de l'un ou l'autre sexe pour mieux en canaliser ou en contrôler l'énergie, mais l'un et l'autre se retrouvent en soi. Certains font de l'androgyne l'idéal humain d'une civilisation supérieure. Quoi qu'il en soit de ces positions théoriques, les cartes du Tarot renvoient à la réflexion sur ces rôles dits féminins et masculins.

— Le Roi réfère à l'animus, à la capacité de prendre position face au monde extérieur. Ce monde est désigné par la série à laquelle il est rattaché: le monde des relations humaines (coupes), de l'action (bâtons), des finances (deniers), des idées (épées).

— La Reine, par correspondance, renvoie à l'anima, à ce même monde mais vécu de l'intérieur, en relation avec soi-même.

— Le Prince et la Princesse, de même que le Cavalier et le Page, renvoient à la même subdivision externe-interne mais sur le mode de la communication. Le Page, le Valet et la Princesse symbolisent la communication intérieure, celle de l'anima, intégrant les diverses parties de soi. La psychosynthèse parlerait ici d'unifier les sous-personnalités. Le Prince et le Cavalier sont comme les «verbes», dans la grammaire du tarot. Ils annoncent à l'extérieur l'intention du Maître ou de la Maîtresse des lieux.

d) Symbolisme du nombre

La recherche atomique a remis en force les propos de Démocrite et Platon: l'univers est composé de particules modulées par leur nombre. La table de Mendeleïev reprise et complétée se lit comme l'alphabet de la composition atomique de l'univers. «Les choses ne sont que l'apparence des nombres» disait déjà Pythagore, dans *Hieros Logos.* Ce sens des nombres a constitué l'essentiel de la tradition ésotérique.

Notre propos se situe cependant au plan psychologique: la psychologie moderne a pu explorer les implications des nombres spécialement à travers les groupes de rencontre. Vivre seul, à deux, à trois... à dix, à vingt, comment cela affecte-t-il l'univers personnel? Nous proposerons donc deux grilles de lecture, l'une basée sur la psychologie du nombre, et l'autre sur le graphisme du chiffre arabe comme deux moyens de saisir l'archétype des nombres.

Symbolisme psychologique *

L'as, le un: L'unité, le commencement, le principe contenant toutes les possibilités de réalisation, le point de départ.
— Un dieu, un centre, l'un, sans espace ni temps, le créateur, la droite, la lancée, la verticalité, l'actif; LE MAGICIEN.

Le deux: le binaire, le couple, la dualité, l'opposé et le complémentaire; l'intimité, le tête-à-tête; l'ambivalence, la double face; l'autre, le conflit, le choix, la fourche; la différence; LA GRANDE PRÊTRESSE.
— Le jour et la nuit; le froid et le chaud; l'envers, l'endroit; le départ, l'arrivée; le mâle et la femelle.

Le trois: la médiété, le ternaire, le trio, la trilogie, la famille, la génération, l'évolution; L'IMPÉRATRICE.
— Les trois parques, la trinité, les trois mages, les trois soeurs, le troisième jour; le passé, le présent, l'avenir, les trois grâces.

Le quatre: le cube, le carré, la matérialisation, le solide, le nombre de la matérialité, de la logique du quaternaire, de la croix, des quatre chemins, des incarnations, des enracinements, L'EMPEREUR, MAÎTRE TEMPOREL.
— Les quatre chemins, les quatre vents, les quatre temps, les quatre saisons, les quatre points cardinaux: toutes des totalités englobantes du spatio-temporel.

---

* On consultera avec profit le *Dictionnaire des symboles* de Jean Chevalier et Alain Gheerbrant publié chez Robert Laffont/Jupiter, 1982.

Le cinq: le nombre de la vie, de la matière qui bouge (4 +1), de la croissance, du changement, ou celui de l'incertitude, du désordre, de celui qui est de trop, aliéné par son groupe; au plan positif, l'unité dans la diversité: LE PAPE, MAÎTRE SPIRITUEL.

— Les cinq doigts de la main, la cinquième roue de la charrette; le pentagramme, le pentagone, l'étoile à cinq branches.

Le six: le retour au nombre pair, à l'équilibre, au féminin, chiffre des amoureux, de la maternité, de l'équilibre et de la balance: LES AMOUREUX.

— L'étoile de Salomon, l'hexagone, l'hexagramme, la demi-douzaine.

Le sept: nombre sacré dans plusieurs traditions. Nombre mystique. Il a la solidité du quatre et la mouvance du trois; LE CHARIOT, la maîtrise de soi dans l'adversité.

— Les sept jours de la création, les sept notes de musique, les sept jours de la semaine, les sept péchés capitaux, les sept chakras, les sept enfants dans les contes, les sept étoiles de la Grande Ourse; les sept couleurs du prisme. Sept fois sept marque la multiplicité indéfinie dans la Bible.

Le huit: nombre de la matérialité arrivée à la maturité, le nombre de LA JUSTICE, du jugement, du progrès matériel. L'équilibre des forces opposées; l'infini, l'indestructible... et parfois l'impossible.

— L'octogone, l'octave, la rose des vents.

Le neuf: le nombre de la féminité et de la spiritualité; la plénitude, l'atteinte des sommets, la surabondance, le dernier stade de la multiplicité avant le retour à l'unité; l'intériorité de L'ERMITE.

— Les neuf choeurs des anges; la neuvième symphonie.

Le dix: retour à l'unité, la perfection suivant l'accomplissement, l'être dans l'expression, pour le meilleur et le pire: LA ROUE DE FORTUNE.

— Les dix commandements, les dix doigts. La décade, la décennie. Les dix mille (l'innombrable), les dix tribus de Jacob.

Le symbolisme graphique du nombre s'inspiré du corps déployé dans l'espace.

Le Symbolisme graphique

La base: imaginez un carré comme module formateur du nombre. Divisez-le maintenant en haut/bas; avant/arrière:
Dessinez maintenant à l'intérieur de ce carré, des droites ou des cercles.

Le sens: le carré représente le monde, moi-même ou un tout. La polarité haut/bas renvoie à la partie élevée: soit la tête, le ciel, les aspirations supérieures; le bas évoque la terre, les besoins fondamentaux; le milieu devient le point de jonction, réunissant ou séparant.
Les lignes droites symbolisent l'énergie fixe, rigide; les courbes témoignent de l'énergie fluide, ondulante.

Ainsi de suite, des cercles aux carrés, des boucles ouvertes aux lieux clos, des droites aux courbes, toutes les combinaisons se retrouvent dans la forme des nombres. Le symbolisme linéaire ou circulaire, la position avant/arrière, le haut et le bas, tout devient langage de l'espace intérieur et extérieur: prendre sa place, trouver sa position, occuper son espace, manifester son existence avec et parmi d'autres espaces, à l'infini. Deux lames du Tarot de Hurley utilisent le symbole de l'énergie atomique: le Fou illustre le périple de la structuration du monde, de l'atome à la biologie animale jusqu'à la danse de l'Esprit. L'Empereur, le constructeur, place cette énergie sur son plexus solaire pour l'utiliser à bâtir le monde, son monde.

LE TAROT ET LE SYMBOLISME GRAPHIQUE DES NOMBRES

L'application:

0: L'oeuf cosmique; l'unité dans le mouvement; le centre, le commencement, ici le Fou, la naissance de soi.

1: L'unité, la lancée, ici le Magicien qui sait faire la transformation.

2: Le cercle supérieur: la conscience la plus élevée est fluide, féminine; l'énergie traverse l'être et s'établit fermement (en droite) sur le plan terrestre. C'est le chemin créateur et enraciné de la Grande Prêtresse.

3: Les deux portions sont remplies d'énergies fluides, ouvertes, la tête comme le corps; l'Impératrice se meut sur les deux plans.

4: La droite au centre, le soi masculin, est précédé d'une droite faisant face et le traversant. La croix des quatre chemins de l'Empereur qui se rend maître de l'espace et du temps.

5: L'hyérophante, le Pape, le grand prêtre: personnage qui connaît les lois célestes et les apporte au monde comme un enseignant. L'ordre introduit dans le désordre.

6: Au niveau supérieur, l'arrière de soi (les valeurs profondes), à la base, tout l'univers du cercle, de la sensualité: les Amoureux.

7: En haut, la solidité de l'intelligence comme appui (droite, plane) traverse en ligne directe la conscience jusqu'au bout des pieds, jusqu'au creux du monde: le Chariot, triomphateur du difficile.

8: Le flot continu de vie, l'être doublement féminin, l'enfantement de l'esprit et du corps; le symbole de l'infini, du retour; la Justice comme poids, valeur de son être total.

9: La sagesse, l'accomplissement au plan supérieur, touchant la terre, prêt à prendre son envol vers d'autres plans; la fragilité de l'existence; la solitude. (Le 6 inversé), l'Ermite.

10: L'unité (1) et l'oeuf, le noyau vivant (0); le nouveau départ, la Roue de Fortune; tout l'acquis peut se perdre, tout ce qui est perdu peut revenir. La loi du recommencement, de l'existence.

e) Présentation de certains jeux

Tarots psychologiques de première ligne

Nous présentons d'abord les jeux les plus propices à un usage psychologique. Pour des fins de commodité et de brièveté, nous nous limiterons à quelques-uns. Pour les suivants, nous nous contenterons d'une description abrégée autour des rubriques suivantes: origine, particularités, contenu, graphisme, valeur projective.

Globalement, nous allons considérer certains jeux comme étant de **première ligne** dans le cas où:

— la totalité des cartes se prête à la projection;
— les personnages ont une allure dynamique par leur posture, leur expression faciale;
— le contexte fait intervenir des éléments de situation sociale, d'environnement naturel ou architectural;
— le dessin se présente sans commentaires écrits interprétant déjà l'image, biaisant ainsi la perception personnelle.

LE TAROT PSYCHOLOGIQUE: UNE LUMIÈRE DANS LES PROFONDEURS DE SOI-MÊME

LE TAROT NOUVEAU DE HURLEY + HORLER
OU LE PSYCHO-TAROT

The NEW TAROT DECK de Jack Hurley, Rae Hurley et John Horler

LE JEU CONTRASTÉ EN BLANC ET NOIR STIMULE L'ATTENTION À LA FORME ET AU SYMBOLISME DE L'ACTION.

Le Hurley ou le Psycho-Tarot (78 lames)

Origine

Paru en 1973, ce jeu provient de Californie. Il se compose de 78 lames en noir et blanc. Il se présente sans manuel d'instructions. Seul un livret accompagne le jeu, les auteurs ayant voulu réduire le rôle du verbal au profit de l'image.

Optique particulière

Ce jeu vise essentiellement à jouer le rôle d'un support psychologique pour faciliter l'auto-développement de celui qui le consulte. C'est le premier, et peut-être encore le seul jeu, à vouloir être un outil psychologique plutôt qu'un instrument ésotérique ou divinatoire. Il a été conçu à Esalen, Big Sur, lieu par excellence d'élaboration des psychologies humanistes et transpersonnelles. Ses créateurs ont été en contact avec les grands inspirateurs de la Gestalt, Fritz Perls, Virginia Satir, et autres. Ils ont mis sept ans à étudier les anciennes traditions magiques européennes, les grandes figures mythologiques, d'autres jeux existants, le sens des personnages, des postures et de l'interaction humaine. Ce jeu se prête magnifiquement à l'utilisation psychologique, soit en analyse transactionnelle, en gestalt, en psycho-synthèse aussi bien qu'en bioénergie. Les cartes de cour prennent les positions hindoues du «Mudra» à signification énergétique.

Numération

Les cartes ne comportent aucune inscription verbale. Des chiffres arabes sur les arcanes mineurs et des chiffres romains sur les majeurs, servent de points de repère. Les cartes de cour sont libres de toute inscription: ni chiffre ni mot ne les identifie.

Contenu

Le langage utilisé dans la brève présentation du jeu met en relief les archétypes psychologiques dans le contexte de la physique moderne. L'humour en est la clé. Les côtés ombre et lumière de la personnalité ressortent à chaque carte. Chacune des images fait appel aux fantasmes personnels ou sociaux. Quelques allusions à la pensée Zen, au soufisme, témoignent du contexte orientalisant présent en Californie durant les années '70. La grille psychologique jungienne est revisitée par un esprit de l'ère du verseau.

Présentation graphique

Les auteurs ont tenu à donner au jeu les dimensions de cartes à jouer pour indiquer leur intention d'en mettre l'usage à la portée de tous. Le noir et blanc paraît austère mais la simplicité et la force des contrastes figure/fond atteint un relief saisissant s'il est utilisé contre une surface unie, noire de préférence.

Valeur projective

Son impact sur le psychisme dépend de multiples facteurs habilement combinés. Les vêtements stylisés de type moyenâgeux permettent une référence à soi-même comme humain plongé dans des situations actives ou passives simples mais chargées de sens. Les situations de vie quotidienne avec leurs joies, leurs soucis et leurs impasses, constituent la trame des arcanes mineurs. Les cartes de cour veulent amplifier jusqu'à la caricature certaines positions sociales: le banquier, le forain, le conquérant, le leader, etc. Une grille astrologique se superpose à cette série et devient pour plusieurs une source d'évocation de leurs caractéristiques selon leur signe zodiacal, mais comme la référence n'est pas unique, elle n'est pas encombrante pour qui y est indifférent.

Exprimés en langage dynamique, les majeurs centrent les préoccupations à un niveau psychologique, psychique et/ou spirituel. Il est bien rare que les éléments déclencheurs n'agissent pas sur l'imagination de celui qui le consulte. Je recommande hautement ce jeu pour tous ceux qui s'initient au tarot psychologique. Les habiletés ainsi développées pourront se transférer ensuite à d'autres jeux mais celui-ci facilite le départ.

Tirage

Hurley et Horler n'en présentent qu'un, celui de la Pointe Diamant. Comme il fait l'objet d'une longue analyse au chapitre deux, le lecteur pourra s'y référer.

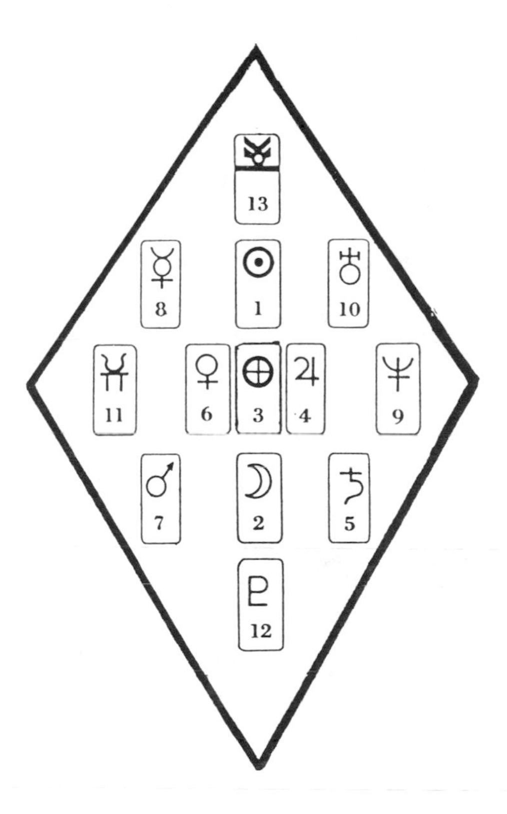

TIRAGE EN POINTE DIAMANT

THE RIDER-WAITE TAROT DECK

DE MAGNIFIQUES TABLEAUX VISUELS OÙ LES ARCANES MAJEURS ET MINEURS PRENNENT UN SENS PSYCHOLOGIQUE PROFOND.
LA SYMBOLIQUE CONÇUE PAR WAITE A ÉTÉ SUPERBEMENT RÉALISÉE PAR PAMELA COLMAN SMITH.

Le Rider Waite (78 lames)

Origine

Publié d'abord à Londres en 1910, par la compagnie Rider sous la direction d'Arthur Edward Waite, maître de l'ordre hermétique «Golden Dawn», il doit ses qualités artistiques au peintre Pamela Colman Smith. Il pourrait donc se nommer le «Waite-Smith deck». Ce jeu jouit d'une grande popularité dans tous les milieux de langue anglaise et plusieurs études lui sont consacrées, dont les livres populaires d'Eden Gray *A complete guide to the Tarot* et *Mastering the Tarot* (1970 et 1971).

Optique particulière

L'érudition de Waite est bien connue. Il s'initia à l'alchimie, à la cabale, à l'ésotérisme. Auteur de *The pictorial Key to the Tarot,* il sut guider l'artiste dans la représentation des arcanes mineurs auparavant limités à la pure répétition du symbole sériel. Il considérait le Tarot comme un résumé graphique des conceptions antiques de l'origine du monde et de la destinée humaine. Le sous-titre de son livre en témoigne: *Being Fragments of a Secret Tradition under the veil of Divination.* Waite fait partie des grandes personnalités qui ont su introduire le Tarot dans les milieux jusque-là fermés à ce type d'ouvrage.

Quand à Miss Smith, elle fut d'abord élevée en Jamaïque et vint très jeune s'établir en Angleterre pour y faire du théâtre. Waite et Smith sont liés au poète Yeats, ce qui pourrait être en concordance avec la qualité poétique, lumineuse et très enracinée, de l'imagerie de ce magnifique Tarot.

Numération

Les arcanes mineurs s'identifient par des chiffres romains, sauf les cartes de cour qui, selon la tradition, n'en ont pas. Les majeurs reprennent la numération en chiffres romains et on peut y lire aussi le titre de la lame en anglais. Dans son *Encyclopédie,* Kaplan mentionne diverses éditions faisant varier, entre autres, la dimension des cartes réduites jusqu'au format du dé à coudre, à peine un pouce de hauteur.

Contenu

Dans le livret d'instructions de l'édition U.S. Games System, le bagage d'informations est intéressant, orienté vers le sens divinatoire des diverses lames. La position inversée reçoit une interprétation différente de la position droite. Une brève description situe d'abord la scène ou le personnage, mais le sens se résume dans des adjectifs pouvant s'appliquer au consultant (loyal, fort, etc.). Pour s'inspirer plus profondément, il est plutôt recommandé d'utiliser le livre de Waite ou les commentaires d'Eden Gray dans les titres cités.

Présentation graphique

Le coloris clair, les formes délimitées par des contours noirs, l'usage de l'espace, la présence de divers éléments de la nature, tout concourt à favoriser le choix de ce jeu dans un groupe où les participants ont accès à plusieurs jeux.

Valeur projective

La représentation des images a été conçue avec une minutie particulière. Waite possédait le sens du symbole et sut le rendre accessible au premier regard. Comme les cathédrales ont été conçues pour transmettre les vérités dans une série d'histoires en images, ainsi ce tarot se veut signifiant pour tous et y réussit. Les vêtements stylisés, les situations esquissées par des postures ou des fragments de décor, l'usage d'éléments courants (arbres, coupes, étoiles), tous ces choix favorisent la projection et en fait un instrument psychologique fort adéquat.

Un élément à retenir: certaines séries mineures se lisent déjà comme un déroulement séquentiel. En commençant par le roi, la reine et leur fils ou fille, des histoires sont faciles à improviser. La même unité de style sert d'ailleurs les rapprochements dans l'histoire personnelle de chacun: «Ici j'étais... là encore, je suis... ou je deviens...» Ce jeu, comme l'Aquarian, est à recommander comme instrument de projection de base pour tous ceux qui sont rebutés par les cartes en noir et blanc.

Jeux similaires

Connu sous le nom de **BOTA** ou les «Builders of the Adytum», ce jeu noir et blanc fut dessiné durant les années '20-'30 par Jessie Burns PARKE et connut une large diffusion par correspondance. Il sert d'exercice initiatique dans ce groupe. Paul Foster Case en dirigea la conception. Certaines cartes se différencient nettement du Rider-Waite.

Le Tarot de LAURENCE, selon Kaplan, serait une réédition non autorisée du Rider publié à Chicago en 1918. La tonalité des couleurs incluant le rouge foncé en ferait la démarcation.

— L'AQUARIAN — OU LE TAROT DU VERSEAU

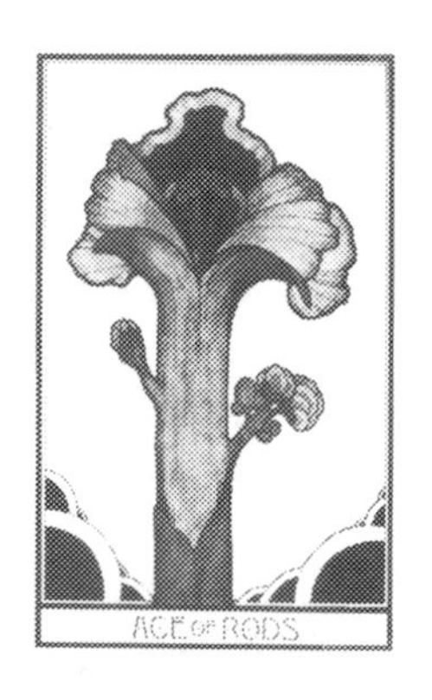

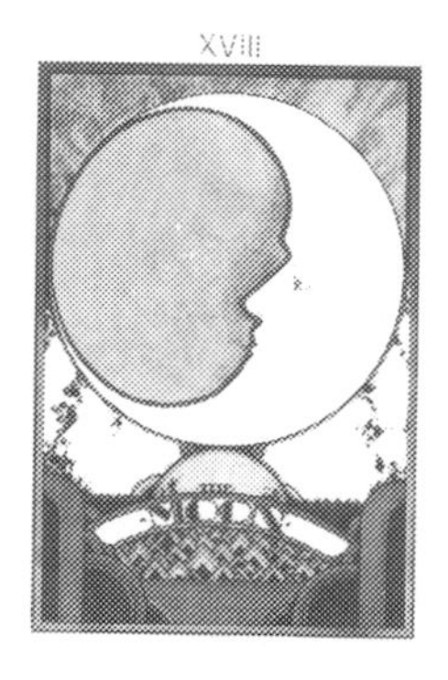

UNE ALLURE RÉTRO, UNE COMPOSITION EXPRESSIVE, UN COLORIS DOUX, C'EST UN AUTRE JEU TRÈS RECHERCHÉ PAR LES AMATEURS DE TAROTS PSYCHOLOGIQUES.

Le Tarot du Verseau (78 lames)

Origine

Publié d'abord dans le *Galaxy Gazer* en 1973, il a été mis sur le marché comme jeu par les Éditions Morgan la même année. Les dessins sont de la plume de David M. Palladini, un artiste qui avait d'abord collaboré à un jeu réalisé collectivement, le «Lindweave» en 1967. Peut-être inspiré par ce premier jeu imprimé sur papier spécial, format élargi, Palladini en a gardé le sens d'une présentation artistique soignée, superbement colorée en teintes douces. Ce jeu gagne facilement la faveur des gens orientés vers le style art-déco. Les soixante-dix-huit lames sont illustrées d'une scène représentative qui en facilite la lecture projective.

Optique particulière

L'allure rétro apporte une stylisation à tous les détails. Des têtes d'animaux (béliers, chiens), des fleurs (iris, nénuphars), des feuilles (chêne, houx), des plumes, des ornements métalliques élaborés, des vêtements amples de cuir, des robes longues souples, créent un effet chargé où la richesse du visuel évoque les représentations raffinées de la Renaissance reprise en art moderne. Le corps humain devient secondaire: la face blême, les traits imprécis, les mains et pieds estompés, la rareté des nus, tout concourt à favoriser une projection homme/femme imprécise dans plusieurs lames mineures. Sa beauté engendre parfois une description élaborée. Le consultant bénéficie d'une bonne marge de manoeuvre dans sa projection mais la stylisation abondante doit être ramenée à l'essentiel pour redéfinir un monde personnel.

Numération

Les arcanes majeurs sont nommés en anglais. Le style graphique de chaque titre varie selon le caractère du personnage. La désignation des arcanes mineurs est aussi écrite en toute lettre, y compris les cartes de cour. Le lettrage uniforme leur donne plus d'homogénéité.

Contenu

Le petit livret d'instructions attenant au jeu publié par le Morgan Press, rédigé par F.D. Graves, contient une brève description du sens des lames, comme des clés déchiffrant des mystères anciens «autrefois réservées aux prêtres, princes et autres conquérants». Ce prélude annonce un biais masculiniste qui se prolongera dans la présentation des majeures et mineures. «L'Impératrice» devient «La femme de l'Empereur», la «Papesse» est présentée comme «la seconde créature créée à la ressemblance de Dieu... pour que l'homme soit productif, plein, tourné vers la perfection»... Même en attribuant ce discours sexiste seulement à Graves, le commentateur, le Tarot Aquarian lui-même n'est pas sans avoir un certain biais en ce sens. Quinze cartes ont des figures féminines, trente sont à dominance masculine, quinze sont ambiguës et s'interprètent tantôt dans un sens, tantôt dans l'autre, cinq décrivent des couples, treize donnent la prédominance aux objets. Ce débalancement est créé en grande partie par les cartes de cour, «cavaliers et pages» au lieu de «princes et princesses» ou «fils et filles», et par l'ambiguïté des personnages imberbes.

Soulignons par contre un aspect positif du livret: chaque carte est ramenée à un concept central: «Persévérance», «Réalisation», etc. Encore ici, la carte inversée reçoit un sens différent de ce qu'elle a en position droite.

Présentation graphique

Ce jeu offre un plaisir certain à l'amateur d'art rétro. La prédominance des couleurs rose, violet, orangé, gris, noir, bleu pâle, magenta, donne une douceur qui équilibre les lignes droites, et la stylisation dépouillée des formes et des contours. Le fond clair créé par les ciels blancs ou ennuagés roses contribue au dégagement de l'image.

Valeur projective

Chaque tarot offre des qualités différentes qui rejoignent un type de sensibilité particulière. Celui-ci a une qualité romantique, chevaleresque, ornementale, laïque. On retrouve des traces minimes de symboles égyptiens, peu d'appel au mysticisme ou à la transcendance. Les thématiques les mieux exposées sont celles de la guerre, de la conduite des hommes, de la séparation, de l'oeuvre à bâtir, de l'impuissance, de l'amour du couple, de la beauté féminine, de la possession matérielle. Par contre, la mère, l'enfance, la vieillesse, la spiritualité, le mouvement, sont peu présents.

Malgré la position hiératique des personnages, les cartes se prêtent quand même aux projections concernant la vie quotidienne à cause de la force inhérente à la plupart des scènes ou situations humaines représentées.

Le tirage

Le livret de Graves offre une forme de tirage, celui de la Croix Celte. Il y est décrit sommairement mais l'exemple apporté contribue à la clarification. On n'y explique pas pourquoi ou comment fonctionne le tarot divinatoire, mais le livret renvoie aux deux références citées plus bas.

LE MORGAN-GREER

VIGUEUR, TONUS, RÉALISME

Le MORGAN-GREER
Jeu similaire (78 lames)

Le Morgan-Greer offre une grande parenté d'images avec l'Aquarian. Nous lui aurions donné un compte-rendu plus élaboré si l'information en avait été accessible; malheureusement, *L'Encyclopédie* de Kaplan publiée en 1978 lui est antérieure (1979) et le livret d'instructions ne révèle rien de l'artiste, du lieu d'origine, de la conception particulière de ce jeu. Nous ne pouvons retransmettre que ce que l'observation nous livre.

C'est un jeu de 78 lames, fort bien présenté, riche en couleurs (dans des tons d'or, de brun, de vert foncé) apparenté dans ses formes à l'Aquarian mais doué d'une force bien plus grande. Les personnages sont en gros plan. L'expression en est amplifiée. Les tonalités et la vigueur du trait soutiennent une projection très enracinée dans le réel des événements et des émotions.

Références

The Windows of Tarot par F.D. Graves (Morgan & Morgan Press). Étude du symbolisme des cartes et méthodes de lecture du Tarot.

Tarot and You par Richard Roberts (Morgan & Morgan Press) soit le Tarot comme outil de connaissance de soi à l'aide de la méthode des associations libres.

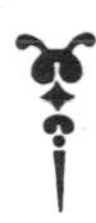

LE TAROT IDÉOGRAPHIQUE DU KÉBÈK

UN JEU TRÈS ESTHÉTIQUE, PRIMÉ À LURE EN FRANCE, EN 1978, D'YVES PAQUIN.

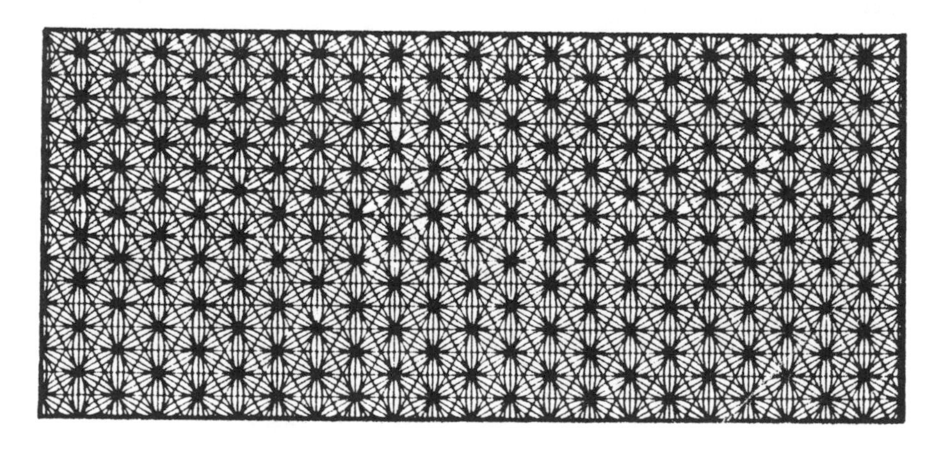

SA GRILLE DE CONTRAINTES:

TOUTES LES DROITES ET LES COURBES DU DESSIN PASSENT PAR CES COORDONNÉES.

Le Tarot idéographique du Kébèk (22 lames)

Origine

Les Rencontres Internationales de Lure (France) ont décerné leur Prix des Graphistes '78 au Québécois Yves Paquin pour ses gravures grand format représentant les lames majeures du tarot. Cette exposition a eu lieu au Musée national des arts et traditions populaires à Paris. Ce fait souligne encore une fois que le tarot effectue un retour en force dans plusieurs manifestations artistiques. L'année suivante Yves ramenait ces gravures à la dimension habituelle des jeux de Tarot. Un livre à trois volets couvrant l'aspect ésotérique, psychologique et kabbalistique du tarot accompagne ce jeu.

Optique particulière

Le travail d'Yves Paquin comme imagier est d'une qualité exceptionnelle. Il s'est donné une énorme contrainte graphique: toutes les lignes doivent passer par une grille de courbes et de droites, et pourtant, reprendre chacun des symboles et personnages du tarot des imagiers du Moyen Âge (Tarot de Wirth). Cette optique est celle de la fidélité à la tradition ésotérique représentée par Oswald Wirth et celle de la qualité d'un artiste rigoureux travaillant à l'équerre et au compas. Les exigences de la méthode n'ont pas permis de reprendre l'ensemble des lames mineures mais, essentiellement, le tarot peut se limiter aux 22 arcanes majeurs.

Numération

Les cartes se présentent selon un format un peu plus long et plus étroit que la plupart des jeux. Elles suivent la numération romaine et sont encadrées par les quatre lettres TARO inscrites aux angles. Une lettre hébraïque s'inscrit à l'intérieur du O final. La correspondance avec l'alphabet hébreu remonte à une tradition lointaine expliquée par A.D. Grad et Wirth.

Contenu

La triple grille de lecture déjà mentionnée s'attache à chaque lame. L'inspiration originale est cependant nettement ésotérique: l'abondante information du livre de Wirth initie qui le désire aux divers symboles alchimiques et ésotériques.

Cette double approche a été reprise par A.D. Grad et Jean-Louis Victor. Les thèmes préférés sont donc ceux de l'intelligence, de la conscience cosmique, de l'élévation spirituelle, des difficultés du cheminement initiatique, de l'intuition, de l'énergie, du contrôle de soi.

La répartition des figures masculines et féminines s'équilibre presque: huit hommes et six femmes. Le reste se répartit entre quatre lames à figures mythiques (la Mort, deux Anges, le Diable), deux couples (le Soleil et l'Amoureux) et deux compositions symboliques (la Roue de Fortune et la Lune).

Présentation graphique

La qualité graphique compte comme un point fort de ce jeu. La ligne se veut ferme, claire mais souple. Le coloris de la présentation est celui des teintures naturelles: le bleu bleuet, le rouge bourgogne, le vert feuille, l'or, le blanc et la couleur chair. Peut-être y retrouve-t-on le coloris du Tarot de Marseille dans des nuances plus foncées. Les tonalités sont fortes et frappantes.

La valeur projective

La valeur d'appel de ces cartes sur le psychisme tient peut-être à leurs positions bien campées, à la netteté des lignes et des scènes représentées. Sauf le Fou (dont le visage est abîmé), le Pape et l'Ermite (à barbe blanche), les figures sont celles d'adultes jeunes mais sans âges précis. L'Étoile, le Pendu et le Soleil peuvent se prêter à des projections d'adolescents, mais cela reste à voir expérimentalement.

Certaines réserves sont faites par des gens sensibles à une certaine rigidité des images. Les lignes fréquentes autour des yeux deviennent désagréables à celui qui recherche l'émotion fine du visage.

Tirages

Ils sont nombreux. Dans le livre qui l'accompagne, j'en propose trois, tous de types psychologiques plutôt que divinatoires. La méthode projective que nous élaborons ici s'y trouve déjà proposée dans ses lignes essentielles, soit la technique des associations libres et de l'identification subjective au contenu de la carte.

Jean-Louis Victor expose le tirage ésotérique à quatre cartes. On y trouve quelques exemples mais l'analyse porte surtout sur la base du procédé divinatoire.

Références

— *Le Tarot idéographique du Kébèk d'Yves Paquin* interprété et commenté par A.D. Grad, Jacques Languirand, Denise Roussel, Jean-Louis Victor. Éditions de Mortagne, P.Q., 1979.

— Finn, Edouard. «*Tarot, Gestalt et Energie*». Éditions de Mortagne, 1980.

LE CROWLEY

Origine

Mort en 1947, Aleister Crowley fut une grande figure des milieux ésotériques. C'est un personnage puissant à contrastes d'ombres et de lumières. Il fut en particulier très actif dans l'ordre hermétique allemand O.T.O., l'Ordre du Temple d'Orient, voué à l'étude de la magie et de ses liens avec la sexualité. Lady Frieda Harris, une vieille dame anglaise, peintre de grande qualité, réalisa sous sa dictée les merveilleuses soixante-dix-huit lames de son jeu.

Le Crowley (78 lames)

Particularités

Quatre arcanes majeurs ont changé de noms: la «Justice» est devenue l'«Adaptation» (Adjustment); le «Jugement» a pris le nom d'«Éternité» (Aeon); la «Force» a été convertie en «Plaisir» (Lust), conformément à sa philosophie érotique; la «Tempérance» est passée à l'«Harmonie» (Art).

Le contenu se ressent de ces origines: un symbolisme complexe inclut la mythologie, l'astrologie, les Sephiroth (arbre de vie de la kabbale), des hiéroglyphes égyptiens.

Le graphisme resplendit: des toiles originales d'une grande beauté furent d'abord exposées au musée de Berkeley (Californie), et sont maintenant conservées à l'institut Warburg de l'Université London. Le coloris tout en nuances tient de l'art psychédélique.

Valeur projective

Ces lames se présentent d'abord comme un objet de contemplation. L'influence de Lady Harris contrebalance les forces négatives de la personnalité de Crowley. Ces lames se prêtent mieux aux projections des grandes étapes de vie plutôt qu'aux préoccupations triviales de la vie quotidienne. On aime ou on déteste ce jeu.

Référence

Crowley, Aleister, *The Book of Thoth, (Egyptian Tarot).* Samuel Weiser, N.Y., 1944.

LE TAROT DES GRANDS INITIÉS D'ÉGYPTE

Le Tarot des grands initiés d'Égypte de J.L. Victor
(22 lames)

Origine

En 1979, aux Éditions de Mortagne (Québec), l'ésotériste et écrivain Jean-Louis Victor a publié un volume accompagnant vingt-deux arcanes majeurs de style égyptien. La conception graphique est due à Viviane Desmet. Il n'y a pas de mention quant à la filiation ou à l'origine de la découverte de ces lames.

Particularités

Chaque lame porte en haut à gauche la correspondance de l'alphabet hiératique égyptien; au milieu, la lettre hébraïque; à droite l'influence numérique de la lame. C'est un tarot de conception ésotérique, dont le symbolisme rejoint la kabbale, l'influence astrale, le cycle astrologique.

Graphisme

De format moyen, présentées sur papier glacé, les lames ont un coloris dans les tons or, ocre, vert, sable, d'une grande harmonie. L'esthétique est admirablement servie.

Valeur projective

Les tenues vestimentaires, les symboles égyptiens, la stylisation, l'environnement complexe donnent un bon appui à la projection, surtout pour celui qui veut se distancer de son quotidien et s'entourer de symboles sacrés. La pluie, les animaux sacrés, les plantes, les éléments cosmiques (lune, étoiles) campent les personnages humains dans un décor qui ne manque pas de grandeur.

Référence

J.L. Victor, *Le Tarot des Grands Initiés d'Égypte.* Éditions de Mortagne, (Québec) 1979, livre et lames de Tarot.

Formes similaires

Plusieurs versions très proches existent:

— **Le Tarot de l'Église de Lumière** (Church of Light) par C.C. Zain.

— **Le Tarot égyptien** doré dessiné par Lucia Moed, jeune artiste Belge et égyptologue (1978), publié par U.S. Games, New York.

— **Le Tarot Égipcios** en provenance d'Argentine sur d'agréables planches métalliques (78 lames).

— **Le Tarot d'Oscar Ichazo** réalisé par James Hanlon, est devenu un instrument d'Arica, groupement destiné à l'éveil intérieur et au dépassement de soi. Les soixante-dix-huit cartes sont dessinées selon une symbolique humaine fort accessible et stimulante.

— **Le Tarot d'Hermes Thoth de Samael Aun Weor** de 78 lames témoigne des intérêts de son auteur: gnose, tantrisme et mysticisme.

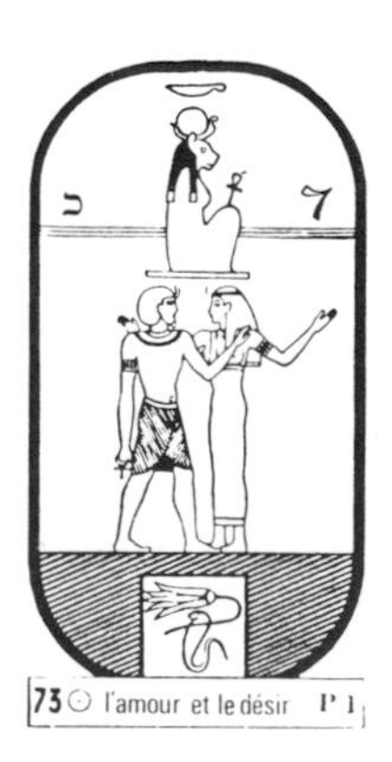

L'HERMÈS THOTH

— **Le Dakini ou The Secret Dakini Oracle deck** provient d'un collage d'images archétypales tirées de la tradition tantrique orientale réalisé par Nik Douglas, Penny Slinger et Meryl White. Il comporte 65 lames surréalistes d'une grande force expressive (1977)

47 HORSE PLAY

31 JUST PASSING THROUGH

21 EARTH BOUND

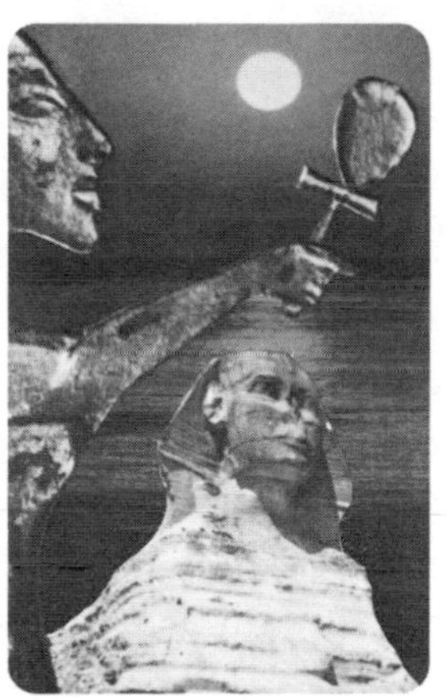

33 ETERNAL LIFE

LE NOUVEL ÂGE

LE TAROT DU NOUVEL ÂGE

Origine

Ce tarot nous vient de Suisse. L'artiste Walter Weamuller a créé le Tarot Tsigane (1975) et le Tarot du Nouvel âge (1982), le style artistique des deux jeux présente une parenté certaine. Nous nous attachons ici au Tarot du Nouvel âge car ses qualités suggestives tiennent au fait d'utiliser les symboles très proches de la vie des citadins affairés, poussés davantage vers l'action que la contemplation. Le quotidien et le planétaire se voisinent: le banquier, le gourou, le nucléaire, le parieur aux courses, les masques bizarres... Ils apportent au tarot l'imagerie contemporaine de l'An 2000.

Particularités

La structure traditionnelle est respectée: les soixante-dix-huit lames comprennent le nombre habituel de majeures (22) et de mineures (56). La répartition des séries demeure fidèle au tarot classique (deniers, épées, coupes, bâtons) mais leur représentation évocatrice innove à la façon d'un dessin surréaliste.

Graphisme

Présentées en format de cartes à jouer plastifiées, ce jeu comporte d'innombrables détails. Il semble avoir été dessiné au crayon à colorier et s'agrémente d'un humour visuel plein d'à-propos. Le coloris est riche à souhait.

Valeur projective

L'énergie qui se dégage de chacune de ces lames place le consultant dans la position confortable de celui qui déchiffre une énigme présentée dans les bandes dessinées. La projection se trouve facilitée par la variété des symboles. Illustrateur talentueux, Wegmuller a su transposer la connaissance ésotérique dans des termes familiers aux consommateurs des mass-media. Il a transposé les préoccupations millénaires du tarot dans un enseignement du type «Sesame Street». Le consultant le déchiffre d'une façon légère ou grave selon son style perceptuel et émotif propre. Ce tarot porte véritablement son nom, inscrivant le style «nouvel âge» dans les archétypes traditionnels.

LE MARSEILLE

LE TAROT DE MARSEILLE

Origine

Selon la tradition française classique, celui-ci paraît le plus ancien des tarots imprimés. Auparavant, Jaquemin Gringonneur (1392) en a peint à la main. Seules quelques planches ont été conservées à la Bibliothèque Nationale de Paris et ne sont pas accessibles sur le marché.

Édité par B.P. Grimaud en 1930, le tarot de Marseille a suscité de multiples études ésotériques concernant son symbolisme, ses formes picturales, sa couleur. Une date (1748) apparaît sur le deux de deniers et laisse croire à son origine ancienne. Plusieurs versions existent: celle de Nicolas Convers aux coloris plus doux, celle de Jean Payen (1743). Même le Wirth et le tarot Suisse IJJ sont considérés comme des variantes du tarot de Marseille.

Particularités

La structure traditionnelle des majeurs et mineurs est respectée quoique, dit-on, sous la pression de l'Église, «le Pape et la Papesse» portent parfois le nom de Junon et de Jupiter. Selon les jeux, l'identification des lames est inscrite parfois en vieux français (le roy... la reyne de baston... la rove (roue) de fortyne (fortune)...

Graphisme

Chaque variante présente des particularités esthétiques importantes. Le Grimaud frappe par la vivacité des couleurs franches. Celui de Conver offre des teintes douces. Le Wirth — ou Tarot des Imagiers du Moyen âge — reprend la tradition de la splendeur en proposant des figures découpées sur un fond doré. L'iconographie moyenâgeuse mêle des symboles chrétiens à l'imagerie du pouvoir royal triomphant et aux représentations cosmologiques de l'époque. Les dénominations de chaque lame varient également. Dans le tarot de Court de Bébelin, L'influence égyptienne transparaît: le Chariot devient Osiris Triomphant, la Maison-Dieu s'appelle le Palais de Pluton. Une étude sociologique mettrait en évidence le jeu des influences ayant marqué les diverses formes de cet art populaire influences ayant marqué les diverses formes de cet art populaire chaque fois remanié par l'artiste, l'imprimeur, l'idéologie ambiante.

Valeur projective

Sous sa forme la plus traditionnelle, celle du jeu de Marseille, seules les lames majeures se prêtent à une utilisation projective spontanée. Les séries mineures offrent trop de monotonie (une épée, deux épées, trois épées) pour toucher la sensibilité d'une façon évocatrice et nuancée. Par contre, les majeurs ont ce caractère mystérieux, dépouillé, primitif, évocateur propre aux archétypes. Il n'est donc pas étonnant que de multiples interprétations en aient été faites et continueront à susciter des théories les plus diverses, révélant ainsi la vision personnelle de qui les consulte.

Les Tarots psychologiques de deuxième ligne

Comme outils psychologiques, certains Tarots manquent d'impact:

VISCONTI-SFORZA

— soit que les lames mineures demeurent des répétitions sérielles, on doit écarter les cinquante-six (56) cartes de base; ex. **Le Tarot de Marseille, le Visconti-Sforza, le Golden Dawn, Le Wirth**;

— soit que les personnages humains manquent de dynamisme: on les retrouve dans des positions statiques, l'expression faciale figée, les tenues vestimentaires surchargées; de plus les personnages du **Visconti-Sforza** se fondent dans leur décor, on n'en saisit pas les détails;

— soit que les symboles qui les entourent ont une présentation maléfique (**le Tarot des Sorcières** [exemples pages 90 et 95]). Certains sont désuets; ils ont mal vieilli;

TAROT DE XULTUN

— soit encore que leur langage symbolique échappe à la plupart des cultures: le magnifique Tarot Maya (1972) peint par Pierre Balin, dit le **Tarot de Xultun,** utilise des symboles précolombiens trouvés dans les ruines de Tikal (Mexique);

L'ETEILLIA

— soit que les gravures sont envahies par des indications écrites qui interfèrent avec la projection personnelle: **le Grand Belline, l'Etteilla**;

SÉRIE PIÉMONTAISE

— toute la série dite **Piémontaise** où, comme les cartes à jouer, les personnages sont représentés en buste de chaque côté. Ces cartes en symétrie favorisent peu le jeu de l'imagination. L'analogie trop évidente avec les cartes à jouer crée un obstacle difficile à surmonter;

— Le merveilleux **Petit Belline** sert de point de départ à la projection humaine, par les situations animales, les objets symboliques, les signes astrologiques.

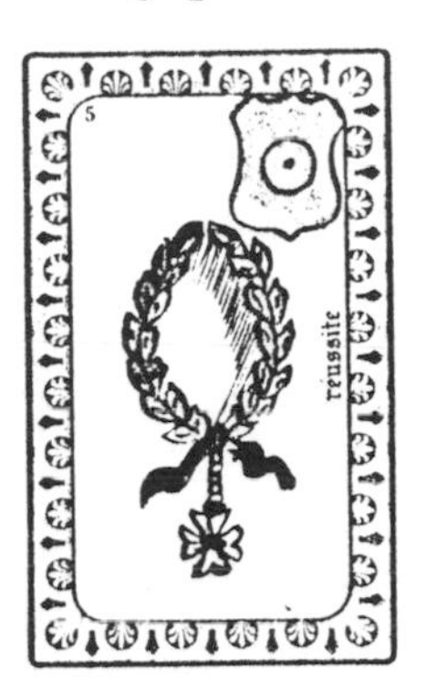

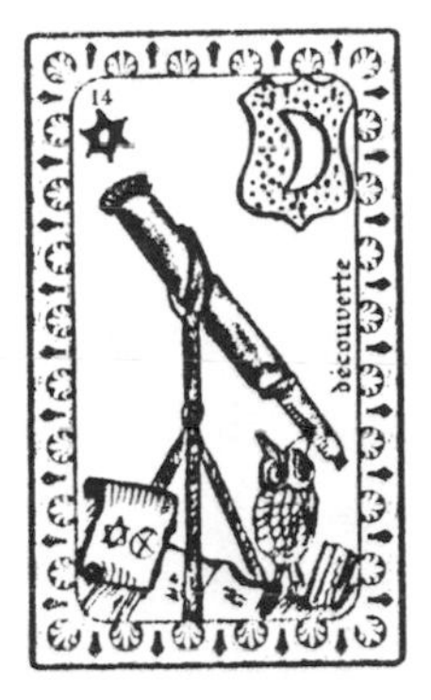

PETIT BELLINE

2. LE TAROT ET LA PSYCHOLOGIE

LE TAROT ET LA PSYCHOLOGIE

Introduction

Depuis 1975 où j'en ai fait l'expérience pour la première fois, le tarot a pris pour moi une valeur exceptionnelle comme instrument de projection psychologique, tant sur le plan dynamique que thématique. Il est devenu ce qu'ont été le Rorschach et le TAT durant les quinze premières années de ma pratique professionnelle. L'usage que j'en fais est en filiation directe avec ces deux instruments. À travers les réponses données au tarot, j'assiste à la recréation et à la retransmission du monde intérieur de la personne qui s'exprime devant moi.

Qu'est-ce à dire? Comment faire comprendre au lecteur débutant l'importance de cette prise de position? Il ne s'agit pas moins que de reprendre les notions essentielles de la psychologie, de voir comment elles confèrent au tarot une valeur et un rôle que le jeu ne pouvait avoir auparavant sans cette dynamisation. La rencontre de la psychologie et du tarot crée un impact dont l'ampleur est encore imprévisible.

L'utilisation psychologique du tarot met en relation les éléments suivants:

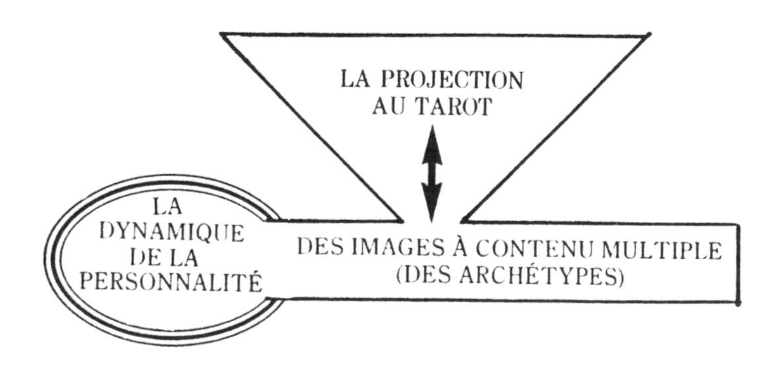

La dynamique de la personnalité s'exprime par la projection, elle-même stimulée par l'image multidimensionnelle du tarot. Voyons la portée de chaque terme: la projection, l'image archétypale, la dynamique de la personnalité.

a) Un outil projectif

Le Rorschach, aussi appelé «le test des taches d'encre», et le TAT («Thematic Apperception Test» de Murray) nommé le «test des histoires en images», sont depuis près de cinquante ans les tests projectifs les plus connus et les plus utilisés au monde, soit directement, soit dans leurs formes dérivées. C'est précisément pour eux que L.K. Frank, en 1939, a créé l'appellation de «tests projectifs», terme qui a été continuellement utilisé depuis lors. La psychologie s'est immédiatement reconnue dans la justesse de cette façon de désigner «une investigation globale, dynamique, de la personnalité envisagée comme une totalité en évolution» (Anzieu). Étymologiquement pro-jeter veut dire «jeter en avant», reporter à l'extérieur ce qui était à l'intérieur.

Les grands auteurs qui m'ont formée, Rorschach, Bellak, Piotrowski et Anzieu, font remonter à l'Antiquité les diverses formes de projection, la rattachant particulièrement aux rituels de voyance. Piotrowski note, par exemple, que de tout temps l'homme a utilisé des objets aux formes vagues, ambiguës comme les nuages, les cendres, les intestins d'animaux, la cire et le plomb fondus, la boule de cristal pour y lire l'intention du destin. Maintenant cette filiation me frappe davantage puisqu'il s'agit du tarot, autre instrument classique de voyance.

DES TACHES D'ENCRE SONT LARGEMENT UTILISÉES DANS LES TESTS DE PROJECTION

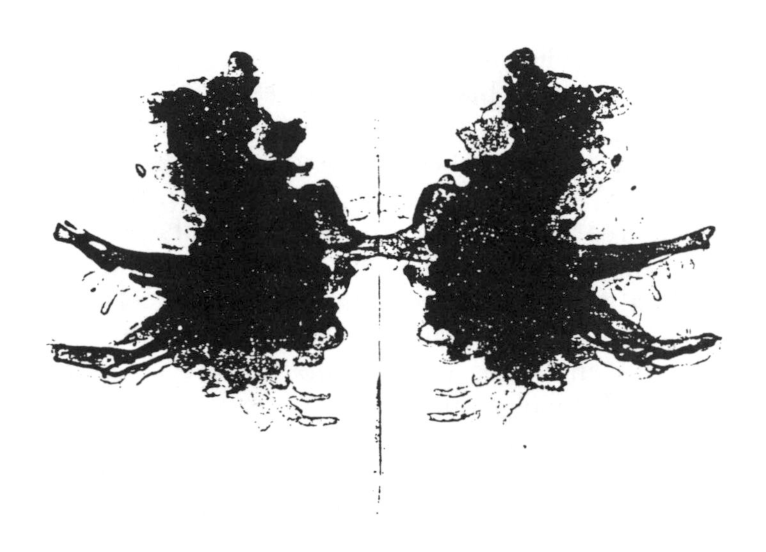

TACHES D'ENCRE ANALOGUES À CELLES DU TEST DE RORSCHACH.

Leur ambiguïté favorise un déchiffrage particulier par chaque personne qui les regarde.

La science a dû dissocier la notion de projection de ce courant pour mieux la réhabiliter et la réintroduire dans les épreuves psychométriques, y donnant un sens plus large, comme un mécanisme de base de l'esprit humain. Dans la filiation historique de ce test, on rapporte que Léonard de Vinci fut conscient de la nature subjective des perceptions suscitées par un stimulus vague, visuel ou autre, et qu'il s'en servit à travers son art.

«Rorschach lui-même, raconte sa femme, fut saisi de stupeur un jour où ils lisaient ensemble l'ouvrage de Dimitri Merejkowski sur Léonard de Vinci. Il s'agissait d'un passage du journal de Boltraffio où celui-ci raconte comment il surprit son maître sous la pluie un soir, en contemplation devant un mur tacheté par l'humidité. Vinci lui décrit une splendide chimère à gueule béante, surmontée d'un ange gentil et frisé et lui en souligne du doigt le contour; puis il explique qu'il lui arrive souvent de voir de très beaux paysages... dans les fissures des murs... Mme Rorschach raconta alors qu'enfants, elle et ses camarades s'amusaient à regarder les nuages pour y découvrir des profils. Sur ce, son mari se serait enfoncé dans une profonde méditation»... (Anzieu, p. 41).

Un autre nom très connu de la psychologie, Alfred Binet (1857-1911), auteur d'un test d'intelligence pour enfants, raviva l'intérêt envers les taches d'encre comme voie d'accès à l'étude des processus mentaux complexes (1895). Comme Rorschach lui-même à ses débuts, Binet vise la mesure de l'imagination, considérant que raconter des histoires correspond à l'imagination active, tandis que la perception des taches d'encre, nuages... etc. constitue une forme d'imagination passive. Aujourd'hui, les deux sont compris comme un processus actif, englobant non seulement l'imagination mais toute la personnalité.

Définition opérationnelle

«Techniquement, la projection consiste à offrir un stimulus (une image visuelle par exemple) et inviter le sujet à lui attribuer un sens personnel parce que ce stimulus permet toute une gamme de réponses possibles» (Piotrowski 1957). Nous retrouvons ici la situation de base du tarot psychologique: le consultant est invité à déchiffrer l'image offerte selon le sens particulier qu'elle prend pour lui. Continuons la comparaison.

Comment un stimulus favorise-t-il une gamme de réponses projectives? Nous en tenant à l'essentiel, on pourrait dire que

1- ceci est fonction de son **ambiguïté.** Si le stimulus est vague, non-structuré, accidentel, celui qui le regarde lui donne une forme parmi toutes celles qu'il peut prendre;

2- ces choix font donc intervenir la personnalité et en deviennent les témoins puisque c'est par elle qu'agit ce principe organisateur. C'est le principe de la **sélectivité dynamique** de l'organisation perceptuelle;

3- les directives d'un test accentuent ce courant puisqu'on invite le sujet à «dire tout ce qu'il voit» sans spécifier le nombre de réponses, la vitesse, le type de réponse à offrir sans déployer d'efforts conscients. C'est le **principe de la flexibilité maximum** dans l'organisation du matériel.

Application de ces principes au tarot

Revenons au Tarot et voyons comment ces principes s'appliquent.

Au premier item, nous constatons avec surprise que l'**ambiguïté** s'applique (de multiples réponses sont fournies à chaque carte), mais l'image n'est pas vague comme le dessin semi-esquissé du TAT, ni ambiguë ou informe comme une tache d'encre, non. Sa qualité projective ne tient pas à son **indétermination** mais bien à sa **surdétermination.** Nous nous retrouvons projeté dans une psychologie similaire et pourtant fort différente. Nous rejoignons Jung et sa notion d'ARCHÉTYPE. Les archétypes sont des images fondamentales (Jung les appelle primordiales) si ancrées dans le psychisme humain qu'on les retrouve à travers toutes les cultures, les civilisations, les mythes, les contes, les rêves, les oeuvres d'art. Exemples: la mère, l'enfant, le héros, le sage, la maison, le feu du ciel, la fontaine de jouvence, le traître, la divinité, etc. Tous et chacun, nous avons une représentation particulière de ces motifs de base. Ainsi procède le tarot, en offrant un **motif visuel où greffer son expérience particulière.**

Jung lui-même a construit un test projectif, celui des associations verbales. Pourtant grand créateur et consommateur d'images, connaissant le tarot (1934), il n'a pas proposé d'en faire un usage spécifique. Peut-être l'iconographie simple et riche du tarot ne tenait-elle qu'une place parmi tant d'autres. Son érudition couvrait tant de formes artistiques de toutes les civilisations que celle-ci se perdit dans l'amplitude de ses connaissances.

Revenons aux principes de la projection pour compléter le parallélisme.

Nous avons vu aussi que la qualité projective d'un test (d'un stimulus) dépend de la **sélectivité possible:** la personnalité de celui qui voit devient le canal amplifiant telle possibilité plutôt que telle autre. Ici le principe s'applique entièrement. Les multiples sens d'une carte de tarot seront réduits à l'une ou l'autre thématique. Chaque carte représente en miniature un **modèle situationnel** en face duquel le consultant doit s'engager. En écoutant les récits suscités par les lames du tarot, nous avons accès à des thèmes comme Murray a voulu en susciter au TAT, à des scénarios comme ceux qu'étudient Berne et Harris en analyse transactionnelle. Toute la psychologie dynamique est au rendez-vous.

En troisième lieu apparaissent les **directives larges**, laissant libre cours à l'initiative de chaque participant... Ma formation de clinicienne m'a dicté cette façon de faire au Tarot. Les directives privilégient chaque fois les questions ouvertes, non suggestives. Le guide renvoie au consultant les choix à faire, qu'il s'agisse de la question à travailler, des éléments les plus significatifs à reprendre à son compte, de l'issue à donner à ses choix de vie, etc. Ce critère s'applique donc pleinement.

Divers types de projection au tarot

Comment — ou à quel niveau — s'applique précisément la projection au Tarot? **Tout ce que le consultant émet lui appartient.** C'est sa vision des choses: «Tout est perçu à la manière de celui qui perçoit», selon le principe du déterminisme psychique. La projection, c'est ce qui module la sensation, c'est l'intermédiaire actif qui reçoit, affine, perturbe ou idéalise le stimulus présenté. Après chaque description d'une lame, pour faire ressortir cette composante, le guide demande au consultant de reprendre ce qu'il a dit et de se l'appliquer à lui-même. En terme de Gestalt, c'est se réapproprier la projection, voir comment elle suscite des résonances émotives et perceptuelles.

Ombredane (1952) distingue trois sortes de projections mises en oeuvre dans les tests projectifs:

1- La projection **spéculaire** (ou **en miroir**) renvoie au percipient une image de lui-même telle qu'il la connaît. La réappropriation lui permet de se retrouver, de se raconter, de dire l'image de son corps, de parler de ses liens émotifs et de son milieu. Cette description coïncide avec ce qu'il a développé ou avec ce qu'il désire vivre.

Exemple: *Lors d'une crise, un membre du couple décrit la carte du «Soleil» comme «une situation de tendresse paisible», où un couple vieillit ensemble, comme «deux enfants jouant à l'infini». Il exprime ainsi son désir, ou son regret, ou sa nostalgie, mais ce rapport est clairement en relation avec son désir conscient d'assurer la permanence de son couple.*

Au tarot, cette projection est accueillie comme une affirmation de soi. Le consultant est alors invité à se prendre en charge: «Que veux-tu faire pour réaliser ton désir?». Ou il est incité à se reconnaître les qualités qu'il n'ose s'attribuer, les manques ou les vides qu'il n'assume pas encore pleinement. Cette extension ou ce raffinement de l'image de soi agit d'une façon libérante et intégrante.

2- La projection est dite **complémentaire** (Allport) lorsque le consultant attribue aux autres des sentiments ou des attributs qui justifient les siens propres.

Exemple: *Un déprimé décrit un univers frustrant, accablant ou indifférent parce qu'il le ressent ainsi. Il a perdu la capacité de ressentir l'attention, la bienveillance ou la tendresse d'autrui. «Je suis malade... seul... délaissé.»*

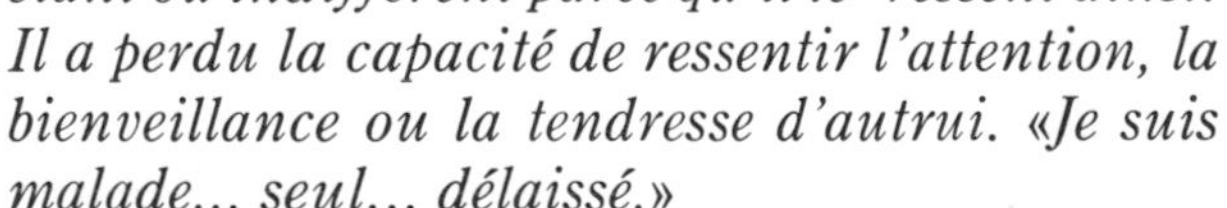

À cette même carte, un délinquant décrit un adulte sévère, injuste, qui l'a puni et devant lequel il est justifié de ruser, de se révolter.

Le rôle du guide s'oriente alors vers une recherche de l'interaction avec ce milieu, ou avec soi-même, par ce que j'appelle quelquefois un «testing des limites psychologiques» du consultant.

«Ils sont si frustrants? Comment pourrais-tu leur faire savoir que tu as besoin d'eux? de leur attention?».
Devant la sévérité injustifiée (ou ressentie ainsi): «Comment peux-tu réagir? Tu peux te révolter,

leur rendre coup pour coup, devenir haineux si c'est ton choix, mais comment te sens-tu en agissant ainsi? Est-ce que cela te satisfait? Qu'est-ce que tu peux faire d'autre?»

C'est une recherche de ressources pour laquelle le tarot se prête à merveille: on n'a qu'à faire piger d'autres cartes comme autant d'alternatives, autant de choix personnels possibles.

3- La dernière forme de projection est dite **cathartique* (libérante)** lorsque le consultant attribue à tort ses caractéristiques propres aux personnages ou aux situations du tarot sans aucunement les reconnaître comme siennes. Ici, entre le consultant et sa projection, il y a un fossé. Dans la situation de projection **en miroir,** il y a coïncidence entre soi et la perception; dans le deuxième type de projection, il y a **complémentarité** entre l'action du consultant et sa perception de son environnement; dans la projection **cathartique,** il y a une rupture entre le consultant et sa projection.

Exemple: *Un homme à conscience morale rigide décrit des scènes de violence crue (cinq d'épées) et des situations érotiques chargées d'émotions intenses (la Lune XVIII). L'appropriation de ces perceptions ne peut se faire que graduellement, par étapes, en allant chercher à quel vécu cela se rapporte, où et comment des éléments semblables ont pu le frapper. Le guide découvre souvent qu'il s'agit d'un souvenir d'enfance, d'une situation particulièrement intolérable, culpabilisante, où le désir et la peur (ou la honte, l'horreur, le dégoût, l'aversion, l'excitation) ont submergé la conscience. Cette réappropriation est particulièrement puissante car elle intègre des pôles inconscients opposés qui paralysaient la liberté intérieure.*

---

* Ombredone la désigne ainsi, mais pour nous toutes les projections faites à travers le tarot risquent d'être cathartiques, éclairantes, libérantes (voir la conclusion).

Si nous avons examiné longuement l'aspect projectif du Tarot, c'est que nous voulions établir cette assise: elle constitue le pilier fondamental de toute la démarche du tarot psychologique. Ayant établi que la perception humaine témoigne d'un déterminisme psychique, voyons maintenant comment cette position porte ses fruits en examinant de plus près les **aspects du contenu** ou **l'imagerie du tarot** et la **grille dynamique** que l'on peut y appliquer.

LE LANGAGE MULTIDIMENSIONNEL DU TAROT

b) Le langage imagé multidimensionnel du tarot

L'image et son rôle

Portons maintenant notre attention sur le tarot, ses images, sa symbolique. Comment opèrent-elles comme cristallisateur de projection?

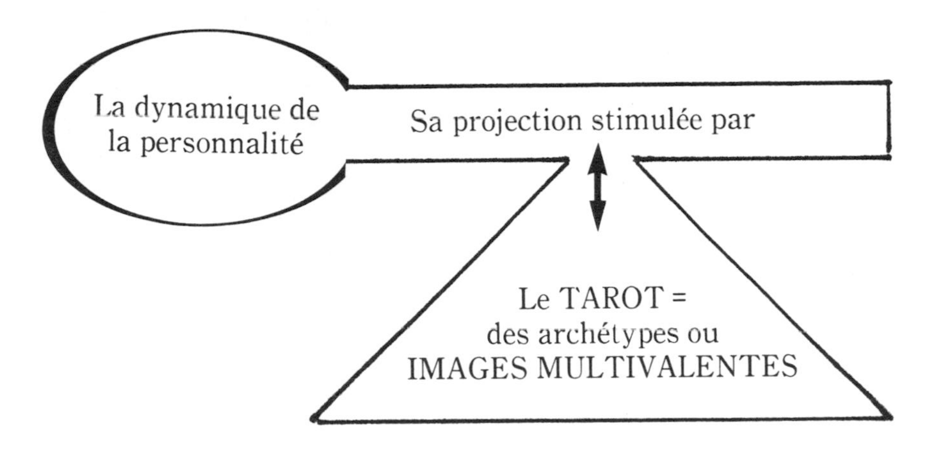

L'image versus la parole

Notons que le tarot est essentiellement un véhicule d'images plutôt que de mots. C'est là un fait à considérer à la lumière des recherches sur le fonctionnement des hémisphères cérébraux*. L'hémisphère droit serait surtout le siège des fonctions mentales affectives, intuitives, rythmiques. Par contraste, l'hémisphère gauche serait le lieu où s'organisent la parole, la logique, l'analyse, le nombre, la structure. Vue sous cet angle, la lame du tarot se présente «comme un raccourci pour accéder à la mouvance des émo-

---

* Voir l'article synthèse de François Leduc cité en bibliographie.

tions»*. C'est ainsi que le tarot favorise un fonctionnement intuitif. Contempler une image de tarot, c'est souvent glisser dans un état second, susciter des associations libres, retrouver des chemins intérieurs perdus.

LES HÉMISPHÈRES CÉRÉBRAUX FAVORISENT DES APPRENTISSAGES DIFFÉRENTS**

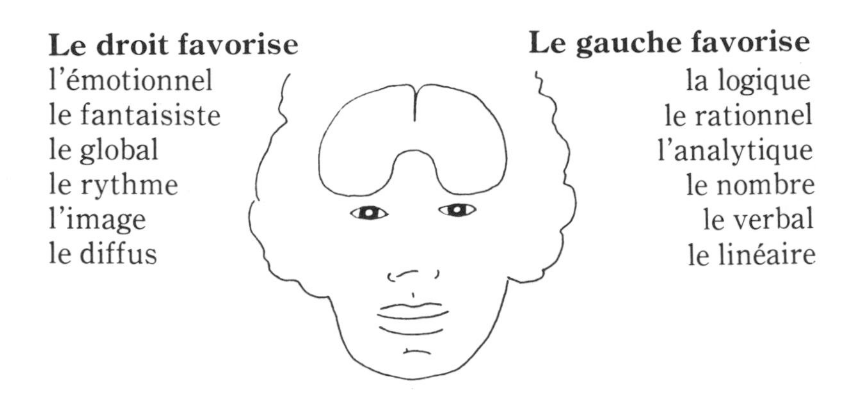

Les hémisphères droit et gauche agissent en concordance ou en relais.

Constamment au cours de ce livre, nous allons faire appel à ce double processus. Tantôt, comme dans le cas présent, nous faisons appel à l'analyse, disséquant, justifiant, regroupant différentes idées. Dans un second temps, celui de la contemplation de l'image, nous invitons à laisser le sens global émerger, porté par la gestalt (l'ensemble) des sentiments. Une fois bien imprégné de cette globalité, nous proposons des consignes pour nommer ce sentiment, cette impression... reprenant alors le cheminement de l'analyse-

---

* Expression déjà utilisée dans *Le Tarot du Kébèk*. 1979.

** L.M. Savary & M. Miller. Tiré de *Mindways — A guide for exploring your mind.* p. 3.

synthèse. Les instructions du focusing (IIIe partie) et celles du tarot «Pointe Diamant» (IIe partie) ont été particulièrement équilibrées en ce sens.

L'imagerie particulière du tarot

Pourquoi se servir du tarot plutôt que de toute autre image? Ce n'est pas seulement pour éviter la dégradation **psychométrique** des tests TAT et Rorschach que nous ne les utilisons pas comme stimuli: les images du tarot ont une valeur particulière incomparable.

Parmi les différents jeux de Tarot, comment jauger leur apport comme source de connaissance de soi? Comment choisir l'instrument le plus utile pour soi ou pour d'autres? Y en a-t-il d'universels? Les questions sont plus nombreuses que les réponses que nous pourrions apporter à ce stade-ci.

J'ai longtemps utilisé le tarot des **Hurley et Horler** sans sentir le besoin d'étendre ma gamme de jeux sauf par curiosité et par désir d'enrichir une collection personnelle. Il n'en est plus ainsi. Je dispose d'une quinzaine de jeux parmi lesquels le consultant peut choisir celui qui lui convient davantage. Avec le temps, j'ai découvert la multivalence des jeux, leur attrait pour certaines sensibilités, leur philosophie sous-jacente, la tonalité affective de chacun, en un mot leur valeur archétypale. Cette étude pour moi s'amorce à peine, mais je voudrais faire partager ici des notions de base et une méthodologie pour y parvenir.

Je sens bien aussi qu'il me faudrait reprendre l'analyse des grands auteurs, Freud, Jung, Adler, Assagioli, James, Allport, Maslow, Bettelheim... (et tant d'autres!), revoir leur pensée, détacher les symboles auxquels ils ont su donner du souffle et trouver leur correspondance mieux servie dans tel ou tel tarot, parmi les deux cent cinquante qu'a dénombrés Kaplan. (1978) Ce n'est pas une mince tâche. Lorsque la psychologie s'intéressera à la symbolique du tarot, de telles analyses ne manqueront pas. On pourra ensuite mettre en relief quels groupes sociaux s'attachent de préférence à telle symbolique, voir qui des jeunes, des gens âgés, des hommes et des femmes,... se retrouvent le mieux dans quelle forme d'imagerie. Tel n'est pas mon propos, ou du moins pas encore.

Nous nous limiterons ici aux thèmes et aux archétypes comme première analyse du contenu de divers jeux de tarot.

Les archétypes

Rappelons d'abord que ce terme a été introduit en psychologie des profondeurs par Jung pour désigner les images qui de tout temps ont servi à exprimer l'expérience humaine. Elles constituent le fond commun de l'humanité. Nous avons déjà avancé que ce type d'images doit sa qualité projective à sa surdétermination: elles polarisent les dynamiques conscientes et inconscientes parce que leurs symboles frappent l'ensemble de la psyché, au-delà du concept, de la parole articulée, en ligne directe avec l'imaginaire et l'affectivité. Jung insiste sur leurs valeurs dynamiques en les définissant comme des engrammes: ils sont dans l'âme humaine des modèles préformés, une sorte de code ou de structure constante à travers les époques, les ethnies, les individus. Ils les traversent parce qu'ils touchent l'inconscient à sa racine, comme un héritage collectif. «Plus le symbole est archaïque et profond... plus il devient collectif et universel» écrit Jung. Peuvent servir d'archétypes*:

— «Tout **objet** peut revêtir une valeur symbolique, qu'il soit naturel (pierres, métaux, arbres, fleurs, fruits, animaux, sources, fleuves et océans, monts et vallées, planètes, feu, foudre, etc.), ou qu'il soit abstrait (forme géométrique, nombre, rythme, idée, etc.).

---

* Jung, C.G. *The archetypes and the collective unconscious.* Princeton University Press, 1959. — Traduction de l'auteur.

— Les **personnages** humains prennent aussi la même valeur de résonance: la mère, le père, la jeune fille, l'enfant, l'errant, le juge, le fou du village, le héros, la sorcière, etc.

— Les **situations**-types, la justice, la catastrophe, l'initiation, la mort, la naissance et la renaissance... prennent ce même caractère d'évocation de l'expérience vivante des individus comme des collectivités.»

La mise en histoire de ces archétypes donne lieu à **la mythologie** comme une dramaturgie personnelle ou groupale. L'analyse de la façon dont les archétypes apparaissent donne lieu à l'étude des **symboles** et des **thématiques** propres à tel auteur, à tel tarot, à telle époque de vie, à tel tirage. Suivant les exemples ci-dessous, vous ferez avec moi le cheminement nécessaire à l'analyse du tarot. C'est **une démarche circulaire: l'archétype** établit toute l'étendue d'un concept, **l'imagerie** particulière au tarot traditionnel découpe un secteur précis, tandis que le **consultant** agit comme **lecteur de l'imagerie et lui rend toutes ses résonances.**

Exemple: l'archétype de la mère selon Jung

Pour saisir pleinement l'idée d'archétype, rien de mieux que de retourner à Jung lui-même, se servir de ses écrits et illustrer par le tarot un thème qu'il a si bien traité. Nous suivrons son texte dans les grandes lignes (p. 81-83).*

Rappelant que les archétypes se manifestent avec des variantes quasi infinies, Jung énumère d'abord les applications au sens propre: «la mère personnelle, la grand-mère, la belle-mère; puis au sens large, toute femme ayant joué un rôle significatif: la nounou, la gouvernante, ou même une aïeule éloignée. Au sens figuratif maintenant, le terme englobe la Vierge, la Sagesse, la Mère de Dieu et toutes les Déesses. La mythologie en multiplie les facettes: la mère réapparaît comme une jeune fille dans le mythe de Déméter et Perséphone; la mère est aussi la bien-aimée dans celui de Cybèle (Déesse de la Terre et Fille du Ciel). Au sens figuré encore, il prend la forme de l'objet des désirs persistants, de la félicité et de la rédemption comme dans le Paradis, le Royaume de Dieu, la Jérusalem Céleste. Il s'étend encore à d'autres quêtes et dévotions, objets de révérence comme l'Église, l'Université, la ville, le pays, le ciel, la terre (la terre-mère), les bois, les eaux, la mer, la matérialité, le monde souterrain ou sous-marin, la lune.»

«Cet archétype est souvent associé avec les lieux et les objets symbolisant la fertilité et la fructification: la corne d'abondance, le champ labouré, le jardin. Il s'attache aussi à la pierre, à la caverne, à l'arbre, au ruisseau, au puits profond, même à des contenants (les fonds baptismaux), ou à des fleurs à forme de vases: la rose et le lotus. À cause de la protection qu'ils impliquent, le cercle magique, le mandala, peuvent aussi être une forme de l'archétype maternel. Les objets creux comme le four, les ustensiles de cuisson, et par-dessus tout, l'utérus lui-même. Plusieurs animaux le sont aussi (la vache, la lapine et en général les autres animaux bienfaisants).»

---

* Ibid.

«Tous ces symboles ont un côté **positif** et un côté **négatif.** Ce double aspect apparaît dans la figure du destin ou de la chance. Sous son aspect maléfique, l'archétype prend l'allure de la sorcière, du dragon (ou de tout autre animal comme le poisson dévorant ou le serpent), la tombe, le sarcophage, les eaux noires et profondes, la mort, les cauchemars.»

«Les qualités qui lui sont associées: la sollicitude et l'empathie; l'autorité féminine magique; la sagesse et l'exaltation spirituelle qui transcende la raison; toute manifestation instinctive d'aide; tout ce qui est bienfaisant, ce qui chérit, soutient ou assure la croissance et la fertilité. Le lieu de la transformation magique, de la renaissance, le séjour des morts, tous sont sous la garde maternelle.»

«Du côté négatif, l'archétype maternel prend la connotation de secret, caché, sombre; l'abîme, le monde de la mort, tout ce qui séduit, dévore et empoisonne; l'univers du terrible et du fatal, comme le sort, le destin. Le livre des *Symboles de transformation* (de Jung) décrit cette dualité de mère «aimante et terrible», la Kali de l'Inde, la Prakrit (la matière), bonne, passionnée et sombre. Les trois attributs essentiels de la mère sont en somme sa généreuse nourriture, ses émotions orgiaques, sa profondeur de Styx (le fleuve de la mort.»

DES ARCHÉTYPES MATERNELS
ARCHÉTYPES DU FÉMININ

LA FLEUR

LA MAISON

L'ARBRE

L'ABONDANCE

LA FATALITÉ

LA SORCIÈRE

L'INSPIRATRICE

LA FERTILITÉ

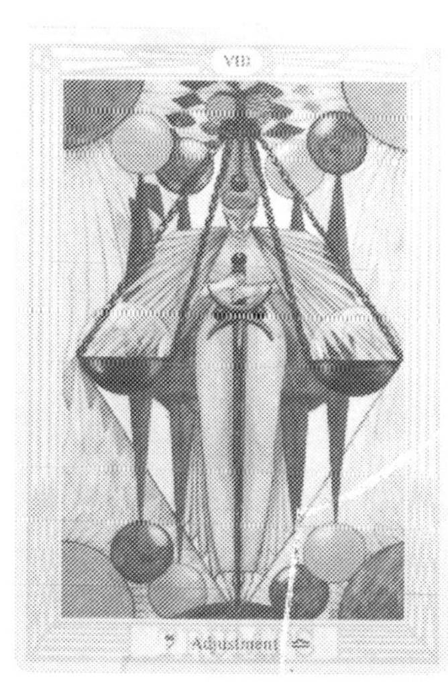

PAPESSE DU TAROT
DE MARSEILLE

EXERCICE D'IDENTIFICATION À UN ARCHÉTYPE

Nous aurions pu repousser cet exercice plus loin dans le texte, mais son application immédiate amorcera pour le lecteur un dialogue personnel avec son jeu de tarot et la notion d'archétype.

1. Se relaxer, prendre une position confortable.

2. Émergence d'un archétype.
   Tenter de retrouver des héros/héroïnes, ou personnages particulièrement importants dans sa vie. Laisser venir sans hâte des souvenirs d'enfance, d'adolescence, de vie adulte, qu'ils soient de la famille ou du pays, de la vie ou de lectures, films.

3. Reviviscence de l'archétype.
   Laisser émerger l'image clairement. Revoir ses caractéristiques, ses gestes, ses couleurs, sa voix. Se laisser fasciner de nouveau par lui (ou par elle). Retrouver ses émotions.

4. Identification de l'archétype.
   Pendant que l'imagerie se déroule, se distancer graduellement, voir les caractéristiques de ce héros/héroïne, les décrire. Discerner en quoi il/elle exerçait cette fascination.

5. Réappropriation de ses qualités.
   «Cette image m'a modelé/e, retrouver en quoi j'ai développé des qualités semblables. Reconnaître aussi des différences.»

6. Étaler les cartes du tarot et retrouver les cartes correspondantes, celles des images qui le mettent en relief, qui l'entourent, qui lui donnent la réplique.

Ce processus d'identification à un archétype est le fondement du Tarot-miroir de soi (voir le manuel pratique). Dans cette forme de Tarot, les cartes jouent le rôle de cristallisateur. Elles éveillent des archétypes en soi, les «noyaux» énergétiques que l'on porte. Tranquillement, en les regroupant, une constellation d'images se forme (comme les étoiles) qui permet d'identifier une thématique: «Ici, comment je me sens avec mon amoureux...» «Là, mes difficultés à écrire...» «Ici encore, le besoin de repos que je ressens dans mon épuisement...» mais n'anticipons pas plus.

De l'archétype aux symboles

L'archétype est trop vaste pour se voir confiné à une image, à une carte en particulier de tarot. Je propose donc de rétrécir la marge de manoeuvre et porter notre recherche à une échelle moindre: celle du symbole. Le symbole se définit comme un « signe figuratif» (Larousse), exemple: la balance est le signe de la justice ou encore comme un «objet ou image ayant une valeur évocatrice magique ou mystique» (Robert)

L'examen des différentes lames de plusieurs séries de tarot permet un double jeu: en pénétrant la symbolique particulière qui y est engagée, nous en révélons l'archétype, donc nous approfondissons sa saisie intuitive. Réciproquement, lorsqu'un jeu nous attire plus qu'un autre, l'attention au registre particulier de symboles utilisés par l'imagier dégage le registre psychologique sur lequel il joue. Le symbole devient le point de rencontre sur lequel s'articulent la psychologie et l'imagerie archétypale.

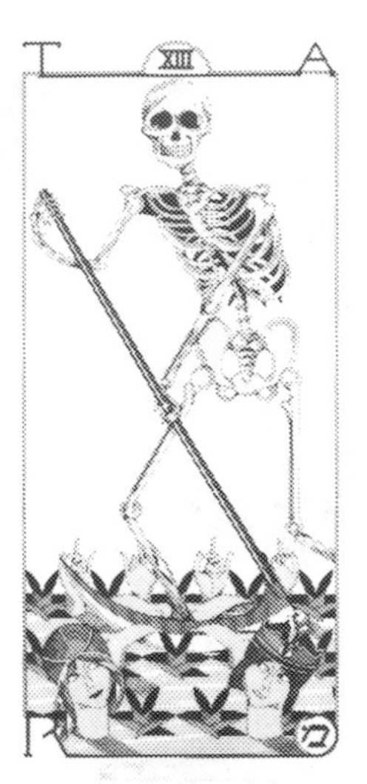

KÉBÈK

HURLEY

Analyse des symboles de quelques archétypes

La mort ou le squelette faucheur

En étalant les diverses représentations de la mort, le symbolisme lentement se révèle dans ses convergences:

— la plupart la présentent sous forme de squelette: elle a fait son oeuvre; seuls le Rider, l'Aquarian, le Morgan Greer la revêtent soit d'une cape (la mort enveloppe), ou d'une cuirasse (elle est insensible); ou c'est une araignée noire (Crowley);

— ses outils: une faux (la brisure immédiate de ce qui était sur pied), un arc (Sforza); le drapeau du vainqueur (Rider, Aquarian);

— ce qui l'accompagne: la rose (la fragilité de la beauté, de la vie), la tête couronnée jonche le sol (nul n'est épargné), le soleil se couche ou se lève; son tombeau: la terre ou la mer (Crowley);

— est-elle personnifiée par un homme ou une femme? Certains tarots sont clairement masculins (Rider, Aquarian, Crowley), aucun n'est féminin alors que dans l'imagerie orientale, on retrouve Kali la grande destructrice.

WIRTH

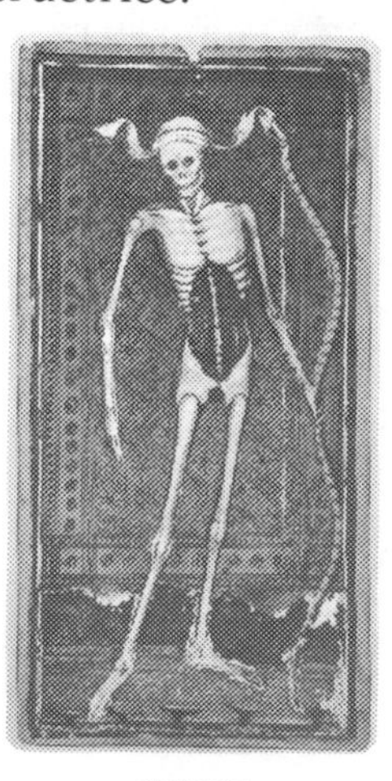

SFORZA

MORGAN-GREER

LA MORT: DESTRUCTION ET RENAISSANCE

MARSEILLE

XULTUN

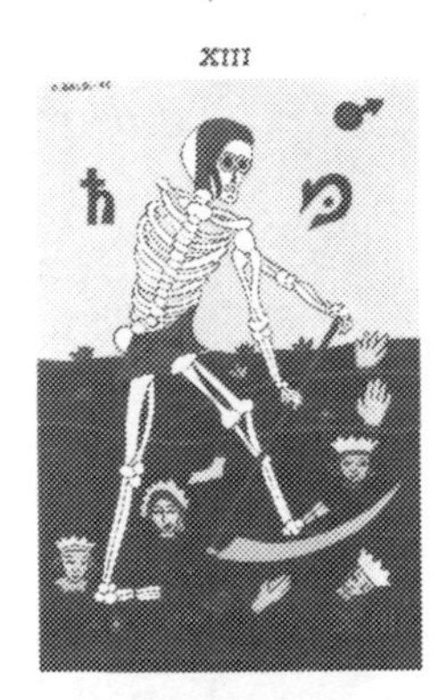

BALBI

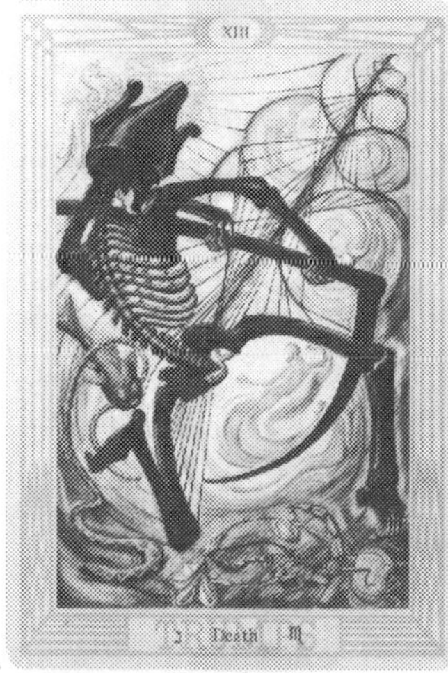

CROWLEY

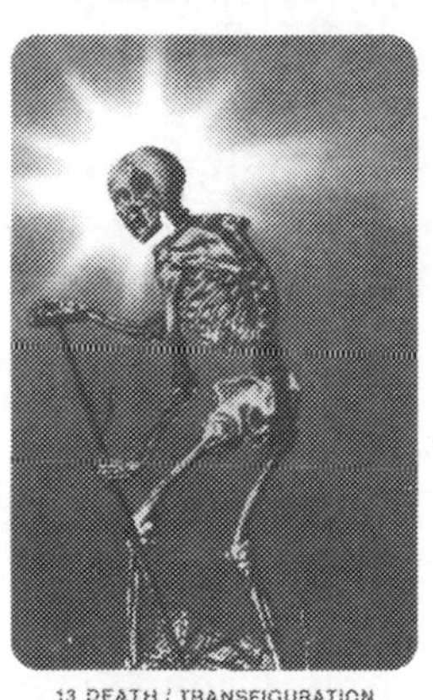
13 DEATH / TRANSFIGURATION
DAKINI

AQUARIAN

T. SORCIÈRES

RIDER

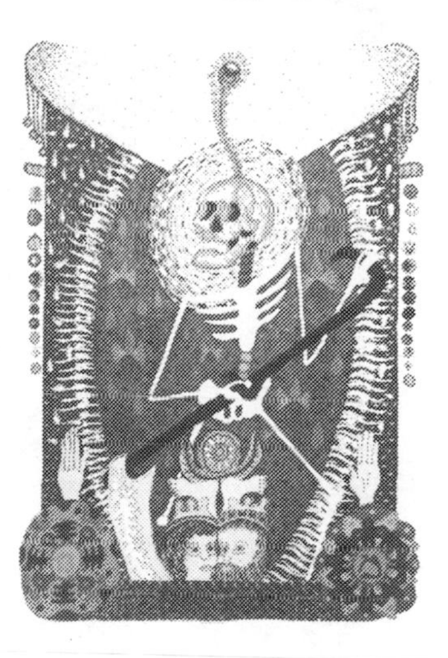
TAROT DES TZIGANES

LA MORT, UN SQUELETTE FAUCHEUR

Le diable ou l'homme-bouc aux pieds fourchus

Comme mythe, le diable du tarot s'attache nettement aux caractères bestiaux du corps: on le réduit entièrement au bouc (Crowley, Aquarian, Morgan) où sa partie inférieure, du sexe aux pieds, s'en trouve métamorphosée. La tête aussi porte des cornes, même si dans le Hurley elles se confondent avec les pointes des étoiles; dans le Marseille il a plutôt un bonnet d'âne. Sa posture est celle de la domination: debout ou assis, il est haut perché, il trône avec force, regardant bien en face. Autre symbole de ténèbres, il porte des ailes de chauves-souris. L'arrière-plan est sombre (sauf dans le Marseille et le Wirth).

— Ses outils: le bâton de feu l'emporte dans les représentations; parfois se retrouvent un appât, une épée (Marseille), une corne d'appel (Golden Dawn).

— Ce qui l'accompagne: un couple humain enchaîné à la base de son piédestal. Hurley y ajoute une femme crucifiée, jambes écartées, un homme dans une coupe enflammée. Chaque fois, la corde est détendue: ils ne semblent pas vouloir fuir ou briser l'attachement au diable. Crowley y va d'un symbole puissant: les humains miniatures apparaissent sur deux mappemondes, signifiant que le diable est partout dans l'univers.

— Le diable est personnifié par un personnage masculin, encore que parfois il soit doué de seins, comme pour illustrer la perversion de son état déchu.

KÉBÈK

MORGAN-GREER

WIRTH

TAROT DES TZIGANES

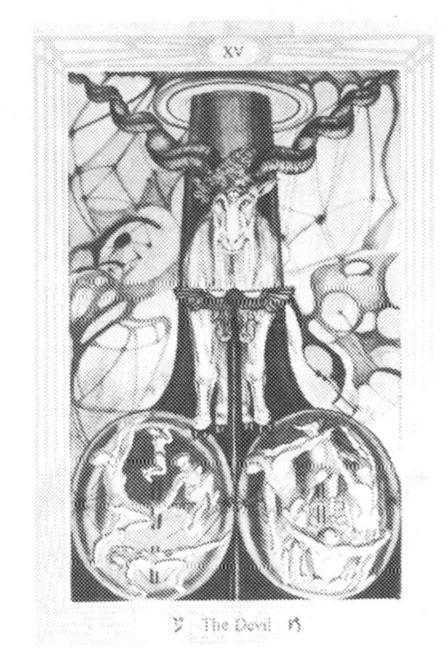

CROWLEY

LE DIABLE, UN BOUC AUX PIEDS FOURCHUS

BALBI

HURLEY

AQUARIAN

RIDER

MARSEILLE

LE DIABLE OU LES FORCES DÉSINTÉGRANTES DE LA PERSONNALITÉ

c) Un instrument thématique

Grille d'analyse

Du symbole aux thèmes

Nous avons annoncé une démarche circulaire. Il est temps d'amorcer le virage de la spirale et recomposer le mouvement, repasser du simple au complexe grâce aux thèmes.

L'archétype se présente comme un grand dénominateur commun que chacun particularise à sa façon. «La psychologie a longuement cherché à cerner un moyen d'investigation globale en évolution. Elle l'a trouvé sous l'angle de la projection.» Par là nous entendons une façon d'étudier la dynamique et la structure d'une personnalité à travers l'organisation qu'elle donne à ce qu'elle perçoit. Voici comment James Hillman, un merveilleux jungien, résume les niveaux d'analyse par lesquels on peut aborder la dynamique du Héros (le Héros ici s'entend de toute figure significative, archétypale)... le Sauveur, le Diable, etc.

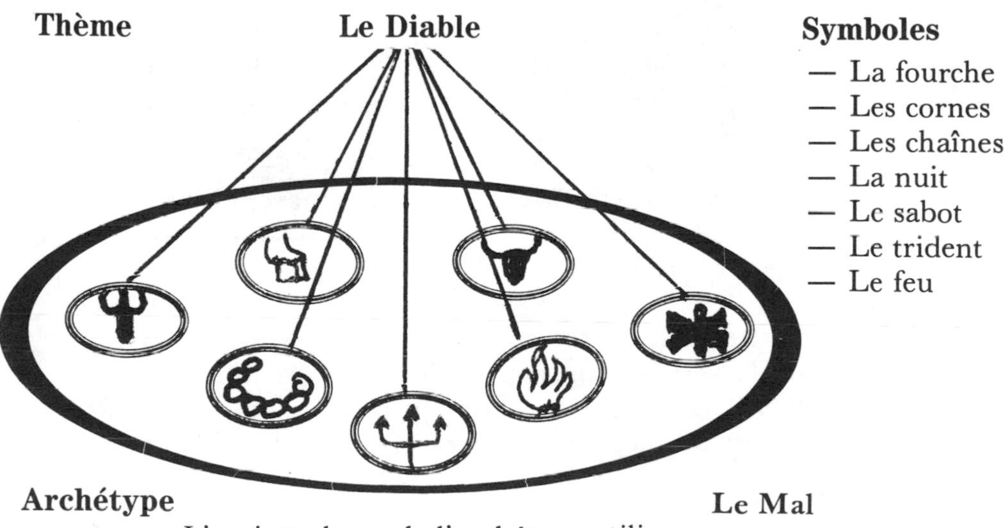

L'assiette large de l'archétype utilise
des symboles pour faire émerger
un thème particulier

EXEMPLE: LE THÈME DU HÉROS VIRIL

En s'inspirant de Hillman*, voici comment le thème du surhomme se manifeste:

1- Le **comportement:** le haut niveau d'énergie, l'initiative, les audaces, les défis relevés;

2- L'**action:** action décisive, planifier, conquérir, atteindre l'impossible, s'affirmer, faire face, dominer l'adversité.

3- Les **sentiments:** force, indépendance, développement, maîtrise, dépassement.

4- **Images:** Hercule, Samson, surhomme, bâtisseur, défricheur, fondateur de cités.

5- **La relation à l'environnement:** pour mettre en évidence son dessein, la relation se fait à partir de forces antagonistes ou collaboratrices.

6- **L'image corporelle:** il se sent grand, fort, impressionnant, sa beauté, ses gestes, sa voix captivent et suscitent l'envie.

7- **Psychopathologie:** paranoïa, masculinité, égoïsme, désir de grandeur, superpuissance, persécution par les éléments.

Cette grille devrait s'appeler la **grille passe-partout d'analyse du héros,** applicable à tout personnage ou tout élément significatif du tarot, quelle que soit la lame. Reprise sur un mode plus général, les sept niveaux deviennent:

* Hillman, James. *Re-visionning Psychology.* 1975, Harper & Row, N.Y.

GRILLE PASSE-PARTOUT D'ANALYSE DU HÉROS

1- **Le comportement,** comment agit le personnage? Quelle sorte d'énergie manifeste-t-il? (Beaucoup, peu, pas d'énergie?)

2- **L'action:** que fait-il? Pourquoi? Est-ce qu'il initie ou répond à d'autres?

3- **Les sentiments:** quels sentiments le portent? Pourquoi?

4- **L'image** qu'il donne: il fait figure de...

5- **La relation à l'environnement:** comment l'environnement lui apparaît-il? Qu'est-ce qui est important pour un tel personnage? Comment voit-il les autres?

6- **L'image corporelle:** à être ainsi et agir de la sorte, quelle image de son corps développe-t-il? (Prendre la posture, faire le geste.)

7- **Le déséquilibre:** que devient-il s'il se déséquilibre? Quelle est sa folie?

Ces sept sous-questions répondent chacune à leur manière à la question: «Qui est ce héros?» et, par le fait même: «Qui suis-je à travers ce héros? Quel aspect de moi, quel besoin, quelle motivation est alors à l'oeuvre lorsque je suis ainsi?». La synthèse donne un **thème.**

Pour mesurer la justesse de cette grille, reportons-la immédiatement sur le tarot en choisissant un thème largement exploité, celui de l'agressivité. Cette fois-ci notre grille sert à dégager la dynamique du tarot lui-même. Cette découverte des résonances d'un jeu ou de plusieurs jeux sert ultérieurement à apprécier la sensibilité de celui qui s'y attache. Nous examinons ici le révélateur pour ensuite voir de qui il est le miroir.

Exemple

L'agressivité

Au tarot, les images les plus agressives sont celles du roi et du cavalier (ou chevalier) d'épées. Ils symbolisent la victoire sur des forces adverses. Comme ils ont dominé leur monture, ils dominent par leur pouvoir les autres personnages.

Les divers jeux reproduits forment une étrange panoplie.

— Le **Visconti-Sforza** donne à ces personnages une allure élégante de salon. Ce sont des personnages jeunes, aux traits fins, aux cheveux blonds bouclés. Ils sont beaux. On peut les admirer, jouer avec eux, mais pas les craindre.

— Les personnages du **Tarot de Marseille** ont un décorum semblable. Ils sont en tenue d'apparat, le visage un peu plus sérieux mais ils ont l'allure de jouets. La menace reste fictive ou symbolique.

— Avec le jeu de la **Golden Dawn,** le symbolisme l'emporte: les personnages vont à la guerre couronnés, décorés d'une tunique brillante, ornée, ils ont des ailes. Des jeunes coureurs tirent même le char du Prince d'épées. Nous sommes dans l'allégorie.

LE VISCONTI-SFORZA

LE MARSEILLE

LE GOLDEN DAWN

LE MORGAN-GREER

— Le Page, le Chevalier et le Roi du **Morgan Greer** jouent sur un autre registre, celui de l'âge et de la force. Le premier part, idéaliste, la tête dans les nuages. Le second, tout de feu, devient soldat. Le troisième, en Roi, porte les blés, symbole des terres conquises et le gland du chêne, signe de certitude et de solidité.

LE CROWLEY

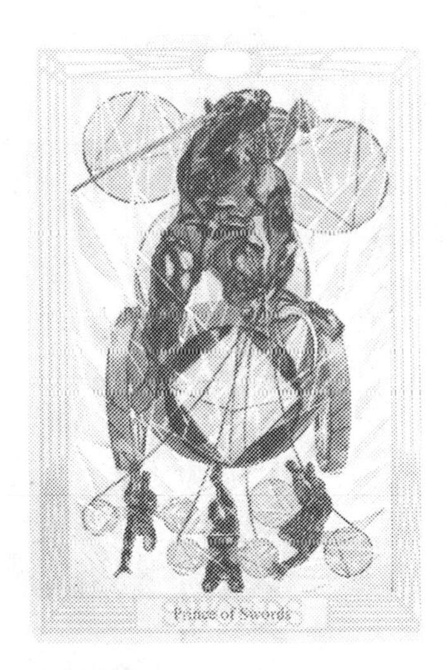

— Le Prince et le Cavalier de **Crowley** plongent aussi dans le symbolisme: celui du feu de l'action. Ils expriment la vitesse, la force du cheval cambré. Ils partent gagnants, asservissant l'énergie des autres.

LE RIDER

LE HURLEY

— **Le Rider** reprend le même thème du cavalier armé, protégé dans son armure légère, lancé au galop, tout comme **le Hurley** plus agressif encore. Le cavalier terrible a tué, il s'en glorifie en exposant les crânes comme trophées. Le roi se présente comme insondable, insensible, impénétrable. L'artiste a su rendre l'image de l'homme de fer, mi-humain, mi-robot, devant qui personne ne trouve grâce, où tous et chacun peuvent projeter leur dureté.

12 SLAY THE EGO

LE DAKINI

7 CREMATION GROUND / MEDITATION

— **Le Dakini** montre la guerre moderne dans les fours de crémation. Nous sommes dans la destruction totale, implacable, généralisée.

Modulation des images féminines et masculines selon la connaissance et le pouvoir

Reprenons la même grille en s'exerçant sur quatre lames qui jouent sur deux thèmes, la Connaissance et le Pouvoir. Ces quatre arcanes du Tarot sont en positions symétriques, la grande Prêtresse (II) et l'Impératrice (III), deux images féminines, et leurs contreparties masculines, l'Empereur (IV) et le Pape (V).

Le Hurley se détache nettement du groupe:

II- La connaissance suit la voie de l'amour et de la nature.

III- Le pouvoir est celui de la fertilité, de l'abondance, du paradis terrestre.

IV- L'Empereur transmet la connaissance d'un savoir ancien aux enfants de l'âge du verseau, tandis que

V- le Pape (V) devient le symbole du système impersonnel, abstrait, vidé de son humanité.

LE HURLEY

Le Balbi ouvre des constantes dans la série et s'en détache aussi:

II- La connaissance sacrée garde le visage jeune mais siège sur un trône sévère.

III- La puissance féminine prend l'éclat de l'or, du sceptre, elle a de l'ampleur et de la finesse dans son autorité.

IV- Dans la force de l'âge, en habits raffinés et somptueux, l'empereur tient un sceptre en mappemonde.

V- Le vieil homme sage dans des habits flous, règne au nom de la croix et bénit les pélerins.

LE BALBI

À partir d'ici, des constantes se dégagent dans la représentation des personnages. Tous sont assis et couronnés (sauf l'Impératrice du Morgan Greer).

Au plan corporel, **la connaissance** symbolisée dans la Papesse et le Pape, enveloppe et dissimule le corps de la femme comme celui de l'homme. Seules les figures et les mains sont nues et visibles chez les femmes; le Pape aura même les mains gantées.

LE KÉBÈK

LE MORGAN-GREER

CONNAISSANCE ET POUVOIR DANS LES ARCHÉTYPES MASCULINS ET FÉMININS

Dans les deux représentations du **pouvoir** le tronc se modifie: la situation du pouvoir féminin amène les imagiers à souligner les seins et le haut du corps de l'Impératrice, tandis que ses jambes enveloppées vont se fondre dans le drapé, un bout de pied s'appuie sur un croissant de lune. L'accent est porté sur la partie supérieure, coeur et tête.

Par contraste, l'Empereur est le seul des quatre personnages à montrer des jambes bien articulées. Dans la signification de l'image corporelle, les jambes servent à s'affirmer par l'action, avancer, se tenir debout. Ici, il s'assoit, se repose, jouit de ce qu'il a acquis (la jambe droite repliée), détendu, sans entrave. La partie inférieure de son corps est visible tandis que le haut demeure recouvert. Tourné de profil, il regarde vers la gauche, soit le passé. C'est l'aboutissement d'un chemin dont il est conscient.

Cette asymétrie complémentaire du traitement corporel continue dans les accessoires du pouvoir. L'Empereur tient son sceptre de la main droite, psychologiquement, celle de la relation avec autrui. L'Impératrice le tient de la gauche, celle de la relation-coeur, du lien avec soi-même et avec les proches. Sa droite tient le blason, le même que l'on retrouve sur le siège de l'Empereur. Elle tient en main ce qui sert à le supporter, lui. Sauf pour le Tarot de Balbi, un autre contraste surgit à l'examen. Les couleurs sont inversées: dans l'image de Wirth et du Kébèk, l'Aigle noir se dégage d'un fond sombre pour l'Empereur, celui de l'Impératrice sera en clair relief sur fond plus sombre, tandis que pour le Balbi et le Morgan Greer, le coloris est identique, mais la dimension de l'Aigle de l'Empereur l'emporte largement. Le pouvoir temporel masculin s'enracine mieux (les jambes), se fait plus visible (le blason) et est traité avec plus de réalisme: l'Impératrice a des ailes immenses dans quatre représentations, tandis que le dessin de l'arrière reprend cette forme en prolongement des épaules, dans les deux autres (Hurley et Morgan Greer). La tête aussi reçoit une allure cosmique grâce à un halo d'étoiles (sauf pour le Morgan Greer).

Ces modulations de l'imagerie témoignent d'une psychologie différente, et par le fait même, d'une sociologie et d'une culture différentes, bien sûr. Pour demeurer fidèle à l'optique jungienne, je proposerai ici d'envisager ces différences de traitement sous l'angle de l'Animus et de l'Anima, comme deux polarités opposées et complémentaires existant chez tout être humain. La manifestation extérieure de soi (comme homme, comme femme) a une correspondance intérieure opposée: l'Anima devient la polarité intérieure de l'homme, et l'Animus devient le mâle à l'intérieur de chaque femme.* C'est ainsi d'ailleurs que nous l'utilisons constamment dans le Tarot psychologique: le personnage, son sexe, ses attributs, son rôle sont chaque fois reportés sur le consultant qui y réagit en regard de lui-même. Le symbole renvoie sur l'infini possible pour ensuite être confronté à l'actualisation précise réalisée dans chaque être.

LE WIRTH

* Voir Jung: «Man and his Symbols»; the Anima: the Woman within, p. 177, the Animus; the Man within p. 189. Consulter aussi «Transformation(s)», un ouvrage collectif jungien par le Cercle analytique de Montréal, 1977, p. 90-101.

Grille du TAT appliquée au tarot

Nous avons fait deux exercices, celui de jauger l'intensité agressive du Héros représentée par deux lames du Tarot, et celui d'analyser le pouvoir et la connaissance dans l'imagerie des personnages masculins/féminins. Les similitudes et différences éclatent au premier regard et s'expriment mieux encore en les rattachant à la posture, au vêtement, à l'action entreprise, etc. Tous les éléments de la grille d'analyse du héros peuvent être systématiquement repris. Y a-t-il plusieurs grilles thématiques? Elles ne se comptent plus depuis qu'en 1935 l'Américain Henry Murray a bâti l'épreuve de personnalité, le TAT — le «Thematic Aperception Test» — déjà mentionné, et le lia en 1943 à une **théorie des besoins** dans son livre *Exploration de la personnalité.*

Murray avait découvert la perspective analytique de Jung grâce à une psychanalyse personnelle qu'il avait commencée avec lui pour ensuite la terminer avec Alexander à Chicago. Son test porte cette double empreinte. De Jung, il sut tirer le sens de l'image, des symboles utilisés comme sonde du conscient et de l'inconscient. Avec Alexander et l'école américaine, il put jouir de vastes moyens expérimentaux. Directeur de la Clinique psychologique d'Harvard, il réunit une équipe de recherche, et ensemble ils ont bâti une série d'épreuves sur les motivations de l'agir humain. Ils les ont validées ensuite en les mettant en corrélation avec toute une série d'autres examens psychologiques. Le TAT est donc très solidement établi. Chacun peut encore en bénéficier aujourd'hui.

Pour nous, c'est sa liste des «motivations» qui demeure l'aspect le plus intéressant. Nous reprenons cette liste ici en y joignant des illustrations extraites du tarot de Hurley.

Au lecteur de la parcourir en y adjoignant d'autres images du tarot, tout aussi expressives du même besoin. À l'inverse, il peut s'interroger pour savoir quel autre besoin peut avoir le personnage impliqué dans cette situation. C'est un exercice à faire, à oublier et reprendre plusieurs fois, surtout en groupe. La variété des «besoins» exprimés témoigne de la surdétermination dont nous avons déjà parlé dans l'analyse des qualités projectives du tarot.

Le Tarot de Hurley. . . comme images du TAT

Liste des motivations de Murray au TAT:
20 besoins regroupés sous neuf rubriques

(Anzieu, p. 138)
(Murray, p. 144-238)

Besoin de dominer — soumettre — d'agresser, — d'humilier — Besoin d'autonomie

Besoin d'accomplissement

Besoin sexuel, — Besoin de sensation, — de jouer, — de s'exhiber

Besoin de s'affilier... — de rejeter

  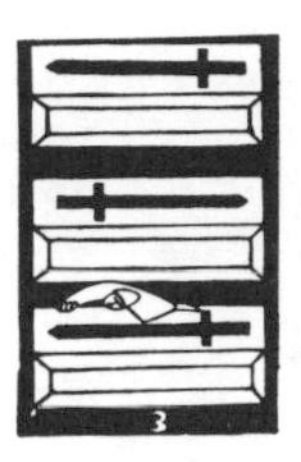   

Besoin d'être secouru... de se protéger

Besoin de s'affirmer... de se défendre, de réagir

Besoin d'éviter la souffrance... de se guérir

   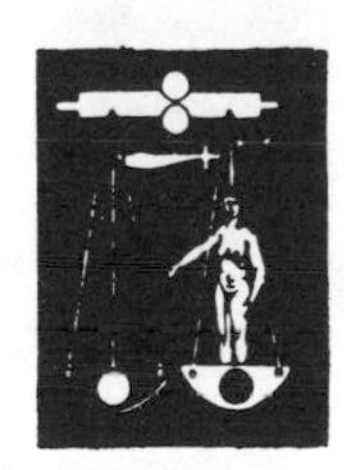 

Besoin d'ordre, d'assurer l'équilibre, l'organisation, le contrôle

Besoin de comprendre intellectuellement

UNE GRILLE THÉMATIQUE

3. LE TAROT, UN LIEU DE SYNCHRONICITÉ

a) Le domaine de la parapsychologie
b) Définition de la synchronicité
c) Le tarot: occultisme, ésotérisme ou psilogie?
d) La synchronicité de mon premier tarot
e) La synchronicité dans le tarot

JUNG
(Dessin de Michel Leuk)

a) Le domaine de la parapsychologie

D'emblée, le tarot inquiète ou indispose la rationalité en nous. Il appartient à une autre dimension, celle du symbolisme, de l'intuitif, du non rationnel, ce qui ne veut pas dire de l'irrationnel. Il obéit simplement à d'autres lois.

Traditionnellement, le tarot fait partie des instruments de divination. Faut-il dénoncer cette pratique comme de la superstition? Une multitude de devins d'occasion et de cartomanciens improvisés introduisent à l'arrière-plan de notre culture logico-rationnelle tout un fond magique où se mêlent l'ignorance et le mercantilisme. Ces manifestations de la culture populaire inquiètent cependant moins que l'ésotérisme rencontré chez des scientifiques bien informés dans leur discipline propre. Je me suis longtemps demandé s'il était opportun, dans un livre d'optique résolument psychologique, de m'engager dans la discussion des aspects magico-religieux du tarot. J'ai été bien près de céder à ma propre pression interne vers la conformité en évitant de mentionner la synchronicité, la clairvoyance ou la psychokinésie, phénomènes psychiques relevant de la parapsychologie plutôt que de la psychologie proprement dite. Dans ce manuel de base, je me dois d'en discuter.

C'est donc par cette dimension que je compléterai l'étude du tarot. Ayant situé la parapsychologie, je présenterai les notions de synchronicité et de psychokinésie comme étant deux façons similaires d'aborder la dimension psychique. L'application sera ensuite faite au tarot, en commençant par le premier grand tarot que j'ai moi-même vécu, tarot qui fut à l'origine de mon émerveillement personnel à l'égard de cet outil spécial. J'y avais découvert toute la valeur dynamique projective quand s'est ajoutée l'ouverture sur la psychologie transcendantale grâce au jeu de la clairvoyance et de la synchronicité. Ce fut un choc positif très important pour la suite des événements.

Au cours de son évolution, la parapsychologie a connu diverses appellations*: «**recherches psychiques**», en 1882 à Londres et aux États-Unis en 1885; «**parapsychologie**», en 1889, terme introduit par Max Dessoir, en Allemagne, et repris en 1927 par le psychologue McDougall aux USA; «**métapsychique**», en 1905, à Paris, terme proposé par le physiologiste français, Charles Richet, et consacré par la création de l'Institut Métapsychique International en 1919; «psychotronique», en 1968, à Prague, terme préconisé en Europe de l'Est; au Québec, depuis 1974, on préfère parler de «psilogie».

Psi (ψ) est la vingt-troisième lettre de l'alphabet grec, celle qu'on trouve à la racine de tous les termes «psy» de la langue moderne (psycho/logie... psych/iatrie... psych/analyse). Le terme grec «Psukhê» veut dire «âme» (Larousse, Quillet, Robert, Fodor) au sens de «souffle», «vie». Il témoigne de l'unicité de toutes les sciences «psy» autour du même objet.

Comme science moderne, la psychologie existe depuis à peine un siècle. Pour protéger ses assises et assurer sa rigueur, elle a mis de côté certains phénomènes qui échappaient à l'observation courante. Cette tranche trop subtile a reçu le nom de «parapsychologie» (para — veut dire à côté, en parallèle) «pour caractériser toute une **région frontière encore inconnue** qui sépare les états psychologiques habituels des états pathologiques» (Bender, 1976). Par

---

* Voir l'excellent article d'Andrée Bissonnette: *Les appellations diverses de la psilogie,* texte d'une conférence présentée à la XXIième réunion du Comité de psilogie tenue le 17 septembre 1982, à l'Université de Montréal.

cette définition, Dessoir et Bender veulent signifier des phénomènes non conventionnels, rares peut-être mais normaux ou supranormaux. Cette région «inconnue» est celle du **psi,** comme on l'appelle familièrement, ou des phénomènes **psychiques.**

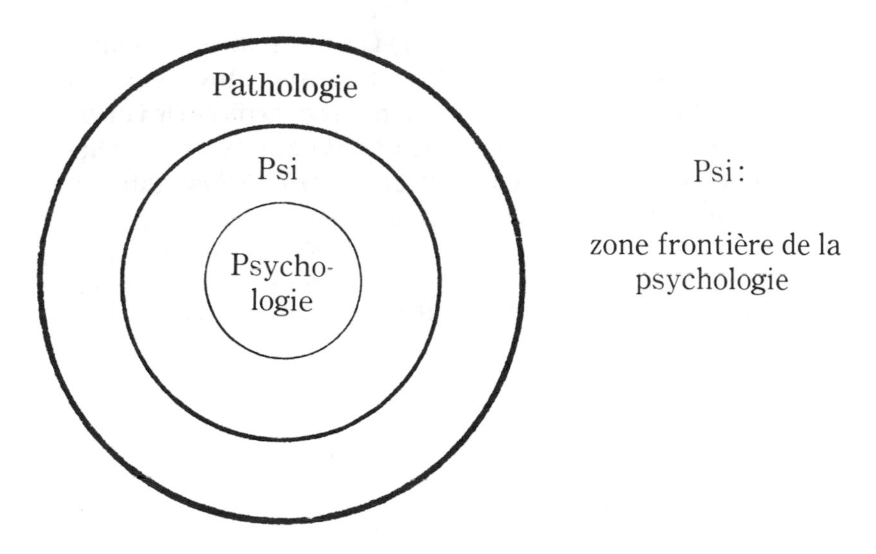

L'ensemble du domaine psychologique

Classiquement, la parapsychologie comprend les manifestations suivantes: la télépathie, la clairvoyance et la précognition regroupées sous le vocable général de phénomènes **réceptifs** (ou «**psiesthésie**», ou «**perception extra-sensorielle**» selon le terme de J.B. Rhine) tandis que l'aspect **actif** est désigné sous le terme de «**psikinésie**» (les variantes du même terme furent «**télékinésie**», «**psychokinésie**», ou en abréviation **pk**, toutes ces appellations sont dérivées de la même racine «kinê», mouvement).

L'ensemble de ces phénomènes continue à être marginalisé par le courant scientifique officiel bien que depuis quelques décennies des chercheurs venus de toutes les disciplines (psychologues, médecins, physiciens, mathématiciens, etc.) vérifient expérimentalement et cliniquement l'existence de ces phénomènes. Le problème n'est cependant pas résolu car on ignore le processus sous-jacent à leur existence. Ils ne sont même pas mutuellement exclusifs: au contraire, la télépathie, la clairvoyance et la précognition sont difficiles à cerner individuellement. Rhine, le fondateur de la parapsychologie expérimentale de l'École américaine, les regroupe sous le terme général de «perception extra-sensorielle» (P.E.S.). D'autres auteurs élargissent la nomenclature jusqu'à y inclure des manifestations rares, spectaculaires mais dûment démontrées. Dr Howard Eisenberg, psychiatre exerçant à Toronto et professeur à l'Université York, juge utile d'en spécifier plusieurs selon le tableau suivant:

ESPÈCE DE PHÉNOMÈNES PSYCHIQUES SELON LE DR HOWARD EISENBERG

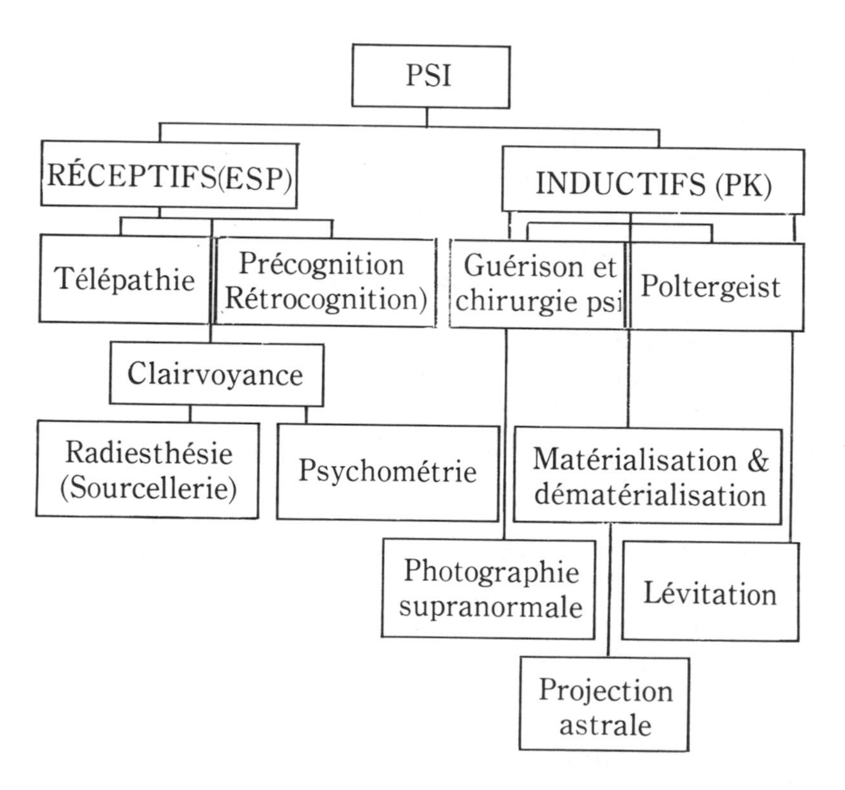

Tableau tiré de «Les espaces intérieurs», éditions du Jour, coll. VIVRE p. 37.

C'est une subdivision à **contenus spécifiques.** Jung et Bender préfèrent aborder globalement ces phénomènes en les situant quant à leur concordance profonde, sous le terme de **synchronicité:**

«En avançant la notion de synchronicité, Jung les inclut... comme des exemples de coïncidences significatives entre des personnes et des événements pour lesquels une relation d'ordre émotionnel ou symbolique ne peut être expliquée par une série de causes et d'effets». (Bolen, p. 143)

La synchronicité devient un concept **unitaire,** s'appliquant indistinctement à tous les phénomènes psychiques énumérés jusqu'ici. Voici comment.

SYNCHRONICITÉ VS PERCEPTION EXTRA-SENSORIELLE (ESP) ET PSIKINÉSIE (PK)

1) **La télépathie:** une communication directe entre deux vivants, sans le support habituel (physique ou sensoriel) assurant la transmission d'information. Exemple: le téléphone sonne et Y a la conviction intérieure que la communication provient de X, sans qu'aucune raison n'appuie cette intuition.

Y: «Je n'ai pas eu de nouvelles de Jean depuis des années... Ce serait bizarre s'il me téléphonait»... et le téléphone de Jean survient précisément à ce moment, sans que rien n'ait laissé prévoir cet appel.

2) **En psikinésie:** la célèbre rencontre de Freud et Jung, à Vienne en 1909, où des coups frappés apparurent après que Jung les eût prédits.

«C'est possible de produire un bruit»

CRAC!!

«Non... c'est ridicule»

Jung Freud

Exemple: «Après avoir demandé à Freud s'il croyait à la perception extrasensorielle, (Freud refusant absolument d'y croire), Jung eût une sensation de brûlure au thorax, juste avant que ne se produise un énorme bruit de détonation. Freud protesta que c'était là une coïncidence, fortuite. Pour prouver son point, Jung prédit une nouvelle détonation qui eût lieu sur le champ.»*

Abordés comme synchronicité, ce sont deux exemples de faits où la relation entre la connaissance (en 1) et l'action en (2) paranormales sont en rapport avec l'intention de l'agent sans que l'on puisse invoquer que l'intention «cause» l'effet, selon ce qu'on connaît des lois habituelles de la cause et de l'effet.

---

* Cet incident a été maintes fois cité par différents auteurs. Nous en avons extrait la narration ici dans *Les racines du hasard*, d'Arthur Koestler. (1972), Calman-Lévy.

b) Définition de la synchronicité

La synchronicité devient un concept unitaire, la manifestation d'une force où la psyché, sans tenir compte des frontières de l'organisme, agit sur l'environnement. Alan Vaughan, auteur de *Synchronicity, incredible coincidence,* se situe de la même façon:

> «En accord avec les théories du célèbre psychologue suisse, Carl Gustav Jung, Bender défend la théorie selon laquelle la psyché et la matière semblent «inséparablement liées», et que les états psychologiques intérieurs et les événements physiques extérieurs peuvent se retrouver en fusion sous l'effet de puissances émotionnelles et psychiques». (Bolen, p. 142)

Parce que la relation significative entre la cause et l'effet échappe aux lois physiques connues, Jung et le physicien Wolfgang Pauli sont tombés d'accord pour définir la synchronicité comme une «relation acausale». Le concept de synchronicité suppose que deux événements totalement indépendants en apparence sont, de fait, intimement liés et que cette relation défie les lois habituelles du déterminisme causal. Il y a **coïncidence significative** plutôt que hasard. La synchronicité suppose qu'un système particulier (par exemple, l'être humain, le jeu des événements) est en relation particulière avec l'univers, système global.

Des exemples

Pour illustrer sa théorie, Jung cite plusieurs événements significatifs survenus entre lui-même et ses patients:

> «Je marchais avec une de mes patientes dans un bois. Elle me raconta le premier rêve de sa vie qui lui avait laissé une sensation inoubliable, et où elle avait vu le spectre d'un renard descendre les escaliers de la maison de ses parents. À ce moment, un vrai renard sortit des

buissons à quelques mètres devant nous et nous précéda sur le chemin pendant quelques minutes, comme s'il avait été notre partenaire en l'occurrence.»*

Pourquoi ne pas dire que c'est pure coïncidence? Parce que la conversation portait sur un point émotivement chargé par la patiente de Jung. Le brusque surgissement du renard (événement indépendant) semble appelé psychiquement par l'intensité intérieure. Apparemment, Jung fut poursuivi toute sa vie par ce type de coïncidences chargées de sens comme en témoigne son autobiographie *Ma vie**. La concordance significative d'événements extérieur et intérieur devient plus spectaculaire encore dans l'exemple du scarabée qui l'amena à classer tous les phénomènes de perception extrasensorielle comme des événements synchroniques:

«Une jeune femme que je traitais fit un rêve, à une époque critique, dans lequel quelqu'un lui donnait un scarabée d'or. Pendant qu'elle me racontait ce rêve j'étais assis le dos à la fenêtre fermée. Soudain, j'entendis un bruit derrière moi, comme si on frappait doucement.
Je me retournai et vis un insecte qui voletait à l'extérieur en se heurtant au carreau. J'ouvris la fenêtre, la bestiole entra, je l'attrapai au vol. C'était ce qui, sous nos latitudes, se rapproche le plus d'un scarabée, un coléoptère des jardins, Cetonia Aurata, qui contrairement à ses habitudes avait éprouvé le besoin de pénétrer à ce moment-là dans une pièce non éclairée.»**

---

* *Ma vie*. Souvenirs rêves et pensées recueillis par Aniela Jaffé, traduits par le Dr Roland Cahen et Yves le Lay. Collection Gallimard 1973.

** Jung, C. *The Structure and Dynamics of the Psyche.* Collected Works, vol. VIII. Tr. Hull, Londres, 1960.

Selon la conception de la causalité linéaire, on ne peut dire que le récit du rêve cause l'apparition du scarabée... et pourtant ce scarabée semble surgir tellement à point qu'on est tenté d'appliquer le concept de causalité circulaire. C'est la causalité observable dans un système interdépendant (l'eau, l'air...). La psychologie et l'observation courante appliquent plus volontiers les lois de la causalité linéaire au comportement humain. En synchronicité, dans certaines conditions, la causalité circulaire semble la seule capable de rendre compte des événements paranormaux de télépathie, de clairvoyance, de psikinésie. Exemple: expérimentalement, en laboratoire, A pense à un mot, une scène etc. À quelques rues de là, B «reçoit mentalement» le mot, la scène évoquée par A. Quel type de cause invoquer? Personne ne connaît actuellement la nature de cette relation mais le modèle explicatif renvoie au type de causalité circulaire, supposant que, d'une certaine façon, les êtres vivants, et les humains tout particulièrement, ont un réseau d'intercommunication non encore identifié. C'est ce que Jung a voulu désigner par synchronicité: deux événements sont reliés d'une façon significative sans que la cause en soit connue. Nous ne pouvons affirmer que la connexion, non la cause.

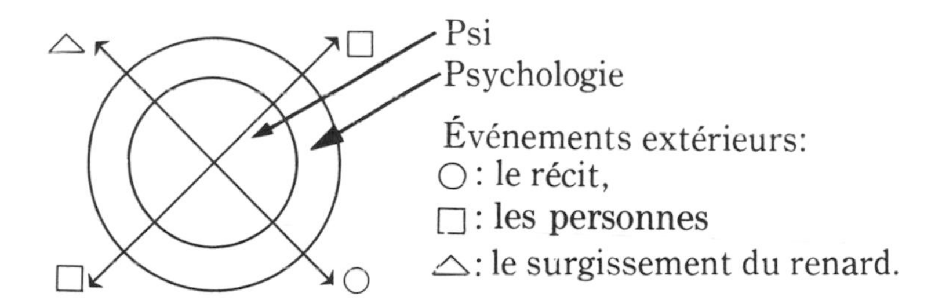

En synchronicité, l'événement intérieur se lie à l'événement extérieur d'une façon significative.

> En reportant le psi au coeur de la psychologie, à son noyau fondamental, la synchronicité traverse la psychologie et inclut l'événement extérieur. La personne humaine est alors considérée comme un rouage d'un plus grand mécanisme, celui de l'Univers. C'est une mégapsychologie.

Au plan psychologique, quelles sont les conséquences pratiques d'une telle conception? Alan Vaughan* en dégage certaines. Il semble que:

1- nous soyons reliés psychiquement par des liens de conscience;
2- nos scénarios de vie sont en synchronicité les uns avec les autres;
3- certains ont une connaissance prémonitoire de ces possibilités;
4- nos habiletés psychiques opèrent à un niveau inconscient;
5- deux facettes d'un même vecteur, les phénomènes psi et la synchronicité se manifestent également dans la vie des sensitifs.

Vaughan énumère encore de multiples implications de ce concept qu'il connaît fort bien, autant comme sensitif que comme écrivain spécialisé en psilogie. Nous en avons tiré l'essentiel. Il est temps maintenant d'appliquer la notion de synchronicité au tarot envisagé comme un support psychique.

---

* Vaughan, Alan. *Synchronicity; incredible coincidence. p. 202.*

c) Le Tarot: occultisme, ésotérisme ou psilogie?

À travers les siècles, le tarot a été porté par les courants occultistes et ésotéristes. Cela lui donne une fort mauvaise presse aux yeux des scientifiques, car ils ignorent que les phénomènes psychiques font l'objet d'autant de traitements divers que varient les disciplines qui les abordent:

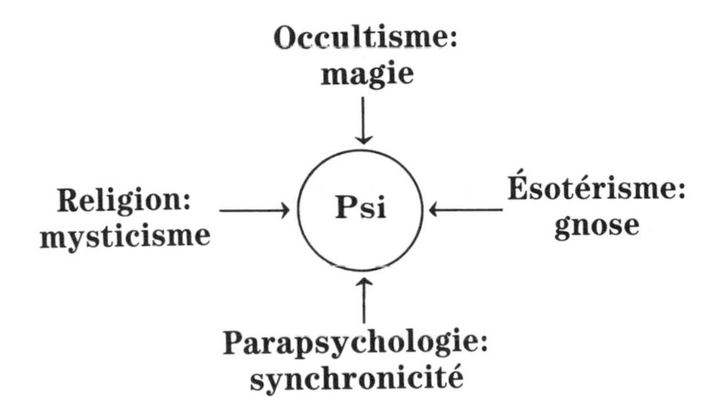

QUATRE POINTS D'ENTRÉE DANS LA CONNAISSANCE DU PSI

L'ensemble des traditions occultes cherche à transmettre des procédés (incantations, formules rituelles, passes magnétiques, invocation de puissances supérieures) qui produisent un effet au-delà du commun. Dans cette lignée, le Tarot a été associé à la manipulation d'énergies visant à modifier le cours des événements futurs. Cette utilisation est rarement citée dans la littérature que j'ai consultée. Rare aussi est l'usage du Tarot dans un contexte religieux, sauf par le courant kabbaliste qui relie la lecture du tarot à l'Arbre de vie, — ou Sephiroth, (voir en particulier AD Grad, Dicta et Françoise, J-L Victor).

L'ésotérisme (du grec «eiso», «au-dedans») se présente comme «une doctrine secrète transmise par voie orale de maître à disciple par initiation». «Les systèmes religieux ont toujours eu des formes exotériques et ésotériques, c'est-à-dire un enseignement public et un enseignement réservé à des élus.» (Pauwels et Feller, p. 174) Cette connaissance sera féconde grâce à la réception, à l'assimilation, à la maturation intérieure. «Il s'agit, en effet, pour l'ésotériste, d'acquérir une connaissance intuitive, supra-rationnelle et transcendante» (Encyclopédia Universalis, p. 451). C'est dans cet esprit que le Tarot a été maintes fois étudié par des Maîtres comme Eliphas Levi, Papus (Dr Gérard Encausse), pour ne citer que les plus importants. Cette voie a été largement utilisée avant nous mais elle n'est pas la nôtre.

Notre approche est résolument psychologique et psychique: nous voulons rendre au consultant la liberté de puiser en lui-même toute la connaissance dont il a besoin tout en devenant un observateur averti des synchronicités présentes qui ajoutent une perspective élargie. Le choix des lames, par exemple, relève largement de la psychokinésie lorsque la consultation se fait dans un contexte approprié. La lecture qui en est faite peut inclure la clairvoyance comme une intuition aiguisée. Le sens et les limites de cette approche se préciseront bientôt.

Michel Leuk

Freud a fait partie des deux sociétés d'étude des phénomènes psi de son époque, l'ASPR et la SPR.

d) La synchronicité de mon premier tarot

Ma première expérience significative du Tarot se fit d'une manière imprévue. Elle a démarré par la curiosité: la biographie de Paul Rebillot mentionnait les tarots comme outils de projection gestaltique. Je me procurai un jeu à Monterey avant de quitter la Californie. Je trouvai «par hasard» le seul jeu de facture psychologique existant, celui de Jack et Rae Hurley dessiné par John Horler, artiste de Vancouver séjournant à Esalen. Ces deux coïncidences sont banales: d'abord, l'admiration que j'ai éprouvée pour cet extraordinaire thérapeute, Paul Rébillot, a légitimisé pour moi l'usage du tarot en Gestalt puis, la découverte d'un outil approprié, le jeu de Hurley et Horler, a apporté le deuxième maillon nécessaire pour gagner ma confiance envers le tarot en cet hiver 1975. Le troisième élément décisif allait venir de l'usage même du jeu qui s'imposera directement à moi.

De retour au Québec, confinée à l'intérieur de la maison pendant une tempête de neige, L.L., un ami en visite, me pria de lui faire un tarot. Je lui fis faire ce premier tirage comme on suit à la lettre les instructions d'un nouveau jeu de société. Ce tirage devait être naïf et pertinent car je me souviens combien nous avons ri parce que «tout tombait pile». Mon copain avait tendance à attribuer ce résultat à ma formation professionnelle: «Parce que tu es psychologue et que tu me connais... tu parles à travers les cartes pour me dire ce que tu sais déjà.» Sans l'admettre, j'étais d'accord avec lui: je pouvais ajuster les commentaires «tout venant» du tarot à sa situation. Pour mieux voir le mécanisme en jeu, il me pria de m'en ouvrir un avec lui. Je m'exécutai bien à contrecoeur, n'aimant pas beaucoup parler de moi. La semaine suivante, un autre ami survint et comme il voulait tout révolutionner dans sa vie (femme, travail, maison) j'acceptai de l'accompagner dans sa réflexion/décision par le truchement du tarot. Ma contrariété fut grande lorsqu'il me pria «de m'en faire un aussi, histoire de voir comment ça marche». J'étais excédée d'avoir à ajouter encore une fois un second tarot me concernant. Après l'immense brassage intérieur que j'avais opéré à Esalen, je n'avais pas tendance à rediriger le regard sur ma personne à la demande amicale de chacun. J'étais donc très fermée et décidée à expédier rapidement cette simili démonstration mais je comptais sans la synchronicité du tarot.

Je fis donc l'étalement des treize cartes de la Pointe Diamant et la première carte que je retournai fut la **carte blanche**. J'en fus surprise et saisie. Cette lame me rappelait la carte blanche du test TAT dont le psychologue se sert précisément dans la situation où je me trouvais: lorsqu'un sujet se ferme et ne veut pas s'impliquer, un professionnel d'expérience a recours à une carte blanche sur laquelle le sujet examiné est invité à inventer une histoire de son cru. Il n'y a alors pas de faux-fuyant possible. C'est une manoeuvre pour forcer le jeu et signifier «plonge ou abandonne». J'expliquai à mon compagnon que le tarot me traitait comme un professionnel de longue expérience et que je me sentais coincée. Je décidai donc de plonger pour voir ce qui en résulterait. En accord avec la technique projective du feuillet d'instructions de Hurley, je fis le lien avec ma situation: j'avais carte blanche à ce moment de ma vie. Je vivais une renaissance et je voulais désormais choisir chaque jour comme un poème écrit sur une page neuve.

Connaissant alors la «logique» de ce tirage, je savais que je trouverais en deuxième position «la contrepartie inconsciente, l'autre polarité» qui équilibre la première. Je dis à mon compagnon que si ça marchait, je trouverais dans cette deuxième carte «LA MORT», puisque je ne peux renaître sans mettre fin à tout ce que je dois abandonner. Je blaguais à demi. Mon humour tourna au sérieux lorsqu'effectivement j'aperçus la carte de la mort au bout de mes doigts, exactement à la place où je venais de la prédire. Obéissant à la consigne, je décris encore cette deuxième carte et son application dans ma vie, énumérant tout ce à quoi je voulais renoncer.

Face à la troisième position, je savais que je retrouverais une lame reflétant «comment je me comporte au milieu de ces deux polarités», et j'annonçai à mon copain que je trouverais «LE JUGEMENT», lame qui dans le feuillet de Hurley renvoie à la position de discernement et de réjouissance: «Les énergies coulent à flot, en harmonie, s'équilibrant dans leurs aspects yin yang». Je retournai effectivement «Le Jugement» et je fus complètement confondue par la «pertinence» des cartes «choisies au hasard». Mon respect le plus vif était acquis envers le tarot. Je saisissais l'importance de l'avertissement écrit sur la pochette du jeu: «S'en servir avec prudence. C'est un outil psychologique qui peut vous projeter dans un état psychique imprévu».

Comment la psychokinésie avait-elle joué alors que je n'avais aucune intention de collaborer? Pourquoi ma clairvoyance s'est-elle éveillée? Ces deux processus s'étaient déclenchés sans aucune intention de ma part. Pendant longtemps, je trouvai plus simple de parler de synchronicité, terme global qui s'applique indifféremment à la psychokinésie (dans la manipulation des cartes) et à la clairvoyance (par l'imagerie mentale éveillée).

Pour moi, la zone «psi» était traversée depuis longtemps mais je ne m'attendais pas à la retrouver dans le tarot. La télépathie, certaines petites clairvoyances de la vie quotidienne, des rêves prémonitoires, tout cela m'était familier, mais je ne m'attendais pas à la synchronicité du tarot. J'en ignorais encore le terme, mais comme toutes les synchronicités, j'ai vécu ces coïncidences dans l'émerveillement. Elles m'ont redonné la vive certitude d'une force supérieure survenant au coeur des moments les plus simples. «La joie accompagne tout événement transcendant», dit Bolen.

Pourquoi ce premier vrai tarot a-t-il créé une impression si profonde? En l'analysant rétrospectivement, plusieurs facteurs émergent. La définition opérationnelle de la synchronicité s'y retrouve pleinement: **l'objet juste** se présente d'une **façon inattendue** au **bon moment** en face de la **bonne personne** et il joue un **rôle de convergence** en **accord** avec une **intention profonde.** Grâce à mon entraînement professionnel, j'ai été alertée par la carte blanche, surgissant pour refléter mon sentiment actuel (mon blocage) aussi bien que ma disposition de fond (être libre, avoir carte blanche). Parmi les 78 lames, c'est la seule qui pouvait exprimer ce paradoxe, signifier en même temps l'ouverture et la fermeture. J'ai été émerveillée de ce «langage à double sens», comme dans les rêves où il y a des jeux de mots en images. À la longue, j'ai découvert que l'imagerie du tarot peut être aussi futée et jouer sur des registres multiples. C'est d'ailleurs ce qui m'a mis sur la piste de l'archétype jungien que je présente ici.

Cette première synchronicité du tarot tient aussi du spectaculaire à cause de la prévision énoncée à l'avance et confirmée ensuite si ponctuellement à chacune des trois premières cartes. Comment ai-je pu «deviner» cette séquence de lames sans y croire ? Cette connaissance intuitive relève de la clairvoyance. Sans le réaliser, j'étais dans un état non-ordinaire de conscience où l'accès à de l'information peut s'effectuer indépendamment de l'usage des canaux habituels de connaissance. Le tarot favorise ces moments privilégiés. Au cours des tarots projectifs, guide et consultant ont accès a un champ élargi de conscience. Ils ont alors le sentiment de partager quelque chose de spécial et d'unique. L'intensité de leur présence s'accompagne d'un sentiment de clarté, de discernement teinté de gravité et de joie.

Quant à moi, je venais de découvrir un instrument étonnant. Étonnant par ses dehors naïfs: cet ami n'était pas prêt à consulter un psychologue tandis qu'un tarot le servait bien. Étonnant pour moi: j'y trouvais une qualité mystérieuse qui ajoutait à l'art de la consultation psychologique une facilité et une profondeur nouvelles. La vue d'ensemble de mon premier tarot fut une synthèse vivante qui me servit de point de repère pendant tout un cycle de sept ans. Le voici donc:

SCHÉMA POINTE DIAMANT DE CE PREMIER TAROT

La synchronicité de ce premier tarot en «pointe diamant»
Le miroir de tout ce qui était important alors (mars 1975)

---

13. «Nouvel ascendant»

Mon père, un pionnier,
moi aussi en psychologie.

8. «L'intuition juste à avoir»

systématiser,
théoriser...

1. « où j'en suis... »

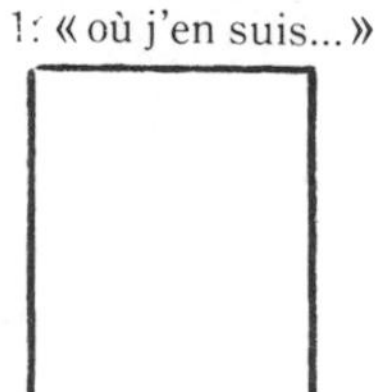

J'ai carte blanche
tout à rechoisir

10. «Les changements à faire»

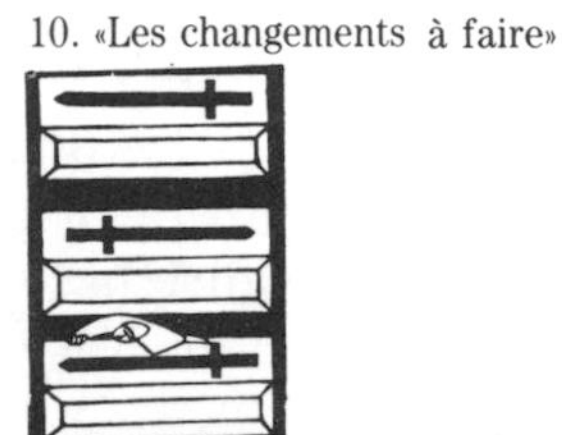

Me délivrer de la
culpabilité d'être
différente des autres

12. «Le noyau ancien»

Durant ma formation,
aucune psychologie
n'a donné place
au psi.

6. «L'idéal»

me guérir

3. «Ma place»

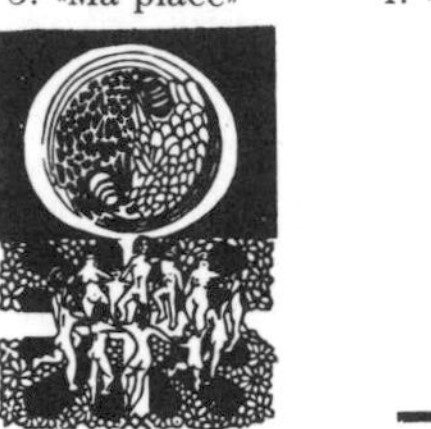

Célébrer
et discerner

4. «Le favorable»

9. «L'avenir»

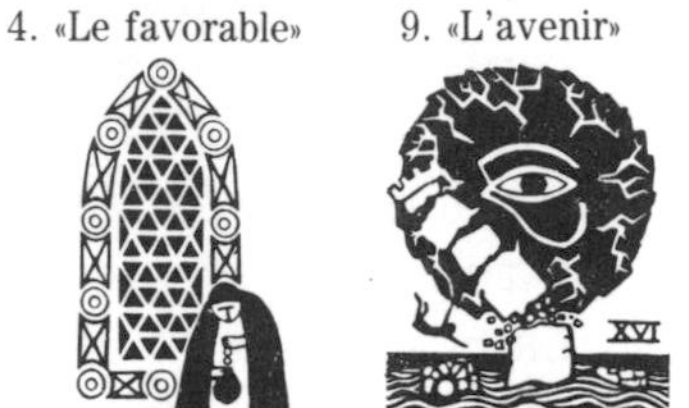

Le trans-
cendantal

un écroulement
de mon monde
actuel.

7. «Ce qui me motive
à agir»

La recherche de l'amour.

2. «La contre-partie
inconsciente»

accepter de changer

5. «Le difficile»

garder l'équilibre.

11. «Le fond de la question»

retrouver la joie de vivre.

CE PREMIER TAROT, UNE VUE D'ENSEMBLE CONCRÈTE ET SYNTHÉTIQUE À LA FOIS, OÙ LA SYNCHRONICITÉ A ÉTÉ AU RENDEZ-VOUS DES TREIZE CARTES.

1. J'ai carte blanche dans ma vie: j'ai tout à rechoisir.
2. Je vais alors abandonner, laisser mourir, voir disparaître beaucoup de ce qui existe dans mon travail, mes liens, ma vie concrète.
3. L'esprit qui m'habite en ce moment est celui du discernement, du «Jugement» comme si ma vie défilait devant moi.
4. Les facteurs favorables: garder le lien avec l'esprit religieux de mon enfance, mais thésauriser autrement. Être en contact avec ce qui me transcende.
5. Le difficile là-dedans, garder mon équilibre; j'entre dans l'inconnu.
6. Mon idéal: devenir celle qui «guérit», qui soigne, et d'abord finir de me guérir moi-même. Apprendre et développer l'autoguérison.
7. Ce qui me motive à agir: la recherche de l'amour.
8. L'intuition juste à avoir: théoriser pour expliciter ma vision du monde, systématiser, comprendre tous les aspects du psi.
9. Vers quoi je m'en vais: des changements globaux; en quelques années, il ne restera rien de ce qui me supporte maintenant: maison, lieu de résidence, travail, système de pensée, liens. L'oeil d'Horus, la voyance étant en éveil, j'aurais accès à un autre type d'univers, beaucoup plus fluide (l'eau).
10. Les changements à apporter pour y parvenir: me délivrer de mon sentiment de culpabilité d'être différente des autres.
11. Le fond de la question: ce nouveau mode de vie me fera retrouver la joie de vivre.
12. Le facteur ancien d'où part tout ce dynamisme; l'inadéquacité du système psychologique qui m'a formée sans égard pour le psi.
13. L'image de mon père comme pionnier, je ferai de même dans le domaine psi.

Ce premier tarot fit époque pour moi. Je pus lentement l'associer à ma vie professionnelle grâce à toutes les demandes que je recevais et grâce à la reconnaissance que mes collègues y apportaient chaque fois que j'en expliquais le principe projectif. La venue de Paul Rébillot à Montréal a consolidé le respect que mon milieu professionnel avait déjà pour le tarot. Je me suis décidée à écrire ce livre pour mieux partager les finesses du métier avec ceux et celles que le tarot psychologique intéresse. L'écrit est plus accessible que l'enseignement oral, chacun en dispose à loisir.

e) La synchronicité dans le Tarot

Rappelons la trilogie de base sur laquelle repose tout tarot psychologique: le pouvoir évocateur du langage imagé, la surdétermination de l'archétype qui éveille certains niveaux conscients et inconscients de l'activité psychique et, enfin, la synchronicité jouant du hasard pour faire surgir les symboles les plus appropriés à la vie du consultant. À mon avis, ces trois facteurs ont une importance égale et confèrent au tarot un rôle semblable à celui du I ching, le «livre des transformations» de la Chine antique où la synchronicité des tirages constitue la voie d'accès à la vérité particulière avec laquelle le consultant doit être en contact au moment de sa requête.

Comment se manifeste la synchronicité au tarot? Les nombreux exemples apportés dans le manuel pratique ont presque tous un caractère synchronique avoué ou implicite. Le «Tarot-Questionnement» de Lise (p. 195) constitue un petit bijou. L'enchaînement des cartes accompagne parfaitement sa démarche comme une mélodie et son orchestration. Le «Tarot d'une carte» réunit un petit groupe pour qui l'émergence étonnante de certaines lames révèlent aux participants qui se connaissent à peine des dénominateurs communs entre eux; leurs expériences de viol, de drogue et de solitude. Cette synchronicité «groupale» a permis à ces quatre inconnus de faire une plongée rapide et profonde du vécu qui les réunissait inconsciemment.

Les exemples inattendus ne manquent pas: la synchronicité agit comme un partenaire-surprise qui connaîtrait les dessous et se charge de les révéler au guide et au consultant s'ils y sont attentifs. Elle efface les frontières que le consultant s'était fixées plus ou moins consciemment ou celles que le guide, par discrétion, ne voulait pas traverser.

Exemple: je faisais un tarot dans un café à un homme d'une trentaine d'années. Il devait retourner en prison à la suite d'un long procès. Un accident en état d'ébriété avait entraîné mort d'homme. À ma surprise (j'en étais mal à l'aise), la lame de la Justice apparaît en position «Jupiter» dans le tarot Pointe Diamant. Connaissant l'horreur que lui inspirait la prison, jamais je n'aurais osé soutenir que le retour derrière les barreaux lui serait favorable. D'un ton tranquille, cet homme me déclara pourtant que la meilleure chose qui pouvait lui arriver, c'était de payer sa dette... «après ça, ma vie en sera changée». Il se connaissait et tint parole. La synchronicité l'a amené à verbaliser le fond de sa position.

Pour reprendre l'expression d'Ombredane, la synchronicité provoque parfois des projections cathartiques très fortes.

Par exemple: Je recevais un musicien-poète pour un tarot Pointe Diamant. Les premières cartes ouvraient sur un monde intérieur chaleureux, vif, coloré, une sorte d'enchantement du coeur et de l'esprit. À la position Vénus (l'idéal d'amour et de beauté) surgit le «Soleil». En voyant les deux jeunes enfants nus, il en est vivement troublé et fond en larmes. Le seul objet de ses désirs amoureux, ce sont les jeunes de sept à dix ans. Spontanément, il n'en aurait rien dit mais la synchronicité du tarot lui a fait savoir qu'il pouvait s'ouvrir. Ce fut le moment le plus important de nos rencontres.

Parfois, la synchronicité prend l'allure d'un trou dans mon horaire pour accueillir une demande imprévue: un jour, une personne d'une ville étrangère s'amène au moment d'une annulation de rendez-vous. Je la reçois immédiatement plutôt qu'au lendemain comme convenu. Ce fut le dernier rendez-vous de la semaine, une mortalité me fit annuler tous les engagements de la semaine. Elle tenait à son tarot et l'obtint grâce à la synchronicité des événements.

Les expériences de synchronicité constituent fréquemment une démonstration, humble peut-être, mais vivement ressentie d'une présence attentive à soi, d'une relation à la totalité. Jean S. Bolen l'exprime ainsi:

> «Finalement, au niveau le plus profond, la synchronicité peut nous aider à prendre conscience que nous faisons partie d'un monde bien plus grand que nous-même (...) et nous mettre en contact avec l'archétype du Soi». (introduction au «Tao de la psychologie)».

Nous ne saurions mieux dire. Le tarot agit ainsi et nous lance un clin d'oeil de rappel en passant.

Le guide et la synchronicité

L'événement synchronique transforme complètement le sens d'une rencontre. Lorsque d'un événement banal jaillit soudain une coïncidence significative, la communication s'approfondit soudainement. Comment le guide peut-il signaler cette dimension sans déclencher une attitude magico-religieuse?

Jean S. Bolen y répond en suggérant une approche de même type qu'Agatha Christie apportait dans la recherche de la connection mystérieuse entre différents éléments. C'est une approche intuitive qui, par associations libres, se combine avec un examen factuel et objectif. Devant chacune des lames qui ont une résonance inattendue, le guide peut suggérer certaines questions comme:

— quel est le sens ou la portée de cette lame pour vous?
— quelle autre circonstance rappelle-t-elle?
— quelles possibilités révèle-t-elle?

L'une ou l'autre de ces questions servent à dépasser le stade de l'émerveillement: «Est-ce que ce n'est pas fantastique! Cette carte révèle que... cette carte coïncide avec tel événement...» pour se poser la question: «Qu'est-ce que cela peut signifier? Il faut éclaircir le mystère afin de découvrir le sens encore clair/obscur de telle connection en train d'émerger de l'inconscient.

Pour conclure, nous nous inspirerons du même auteur pour proposer un exercice d'identification des synchronicités dans votre vie. Cet exercice se fait de la même manière que celui proposé précédemment en rapport avec l'archétype du héros dans votre vie.

EXERCICE D'IDENTIFICATION DES SYNCHRONICITÉS

1. Préparation.
   Se relaxer, prendre une position confortable, desserrer les vêtements contraignants, respirer profondément plusieurs fois.

2. Émergence du souvenir des synchronicités.
   Réfléchir aux rencontres significatives de sa vie: celles qui ont créé des liens importants, qui ont ouvert une nouvelle carrière ou qui ont provoqué une maturation intellectuelle, psychologique ou spirituelle. Se rappeler les personnes rencontrées qui ont profondément influé, d'une façon ou de l'autre, sur le cours de sa vie.

3. Reviviscence des synchronicités.
   Laisser émerger clairement un souvenir-clé. Revoir les circonstances particulières entourant ces rencontres. La rencontre se révèle-t-elle synchrone du point de vue

intérieur? Quelque temps auparavant, peut-être que cette rencontre n'aurait eu aucun effet. Quels sont les facteurs ou les circonstances qui ont facilité l'ouverture intérieure et la réceptivité?

4. Identification du sens de la synchronicité.
   Pendant que l'imagerie se déroule, se distancer graduellement, voir le courant dynamique de fond, discerner l'orientation de vie qui allait être consolidée, s'il s'agit d'une synchronicité positive. Voir les chemins qui allaient se fermer ou les liens qui allaient se briser, dans le cas de synchronicité négative.

5. Réappropriation de son rôle propre dans cette synchronicité.
   Ces circonstances constituent une réponse externe à des dispositions intérieures: se laisser assumer la responsabilité du choix fait. Célébrer la joie d'une synchronicité positive. Se mettre dans des dispositions de détachement en regard d'une synchronicité négative: voir en quoi elle était nécessaire. Identifier la force majeure en jeu; par exemple, en terme de tarot, quelle lame majeure s'associerait à l'expérience vécue dans cette situation?

6. Correspondance avec le tarot.
   Étaler les cartes et se laisser attirer vers les lames qui correspondent au sentiment évoqué. Passer à travers tout le paquet puis reprendre les arcanes retenues: voir comment elles illustrent le jeu de forces en cause. Comment se présentait la situation extérieure? (regrouper les lames correspondantes) Quelle réponse personnelle a été apportée? (regrouper les lames) Quelles conséquences ont suivi? (identifier encore les lames correspondantes)

LE TAROT ET LA PSYCHOLOGIE

Dessin de Louyse Doucet

LONGTEMPS, LE TAROT A ÉTÉ UN OUTIL ÉSOTÉRIQUE DE CONNAISSANCE, UN INSTRUMENT OCCULTE DE POUVOIR. . . ICI, IL EST PRÉSENTÉ COMME UN MIROIR DE SOI OÙ SE JOUE LA PSYCHOLOGIE DE CHACUN.

II — MANUEL PRATIQUE

DIRE SON HISTOIRE PERSONNELLE POUR EN CHANGER LE COURS

1. S'OUVRIR UN TAROT

a) Tarot psychologique versus tarot divinatoire

Ce qu'est un tarot psychologique
Le fondement ou l'esprit d'un tarot psychologique

b) Mise en situation

Choix d'un lieu
Choix d'un jeu
Choix d'un guide
Choix d'une question
Choix d'un tirage

c) Rôles de guide et de consultant

Être consultant, être guide
Pourquoi accepter d'être guide
Établir un mini-contrat
Dynamique du contrat
Difficultés possibles

d) Divers niveaux d'un tarot psychologique

a) Tarot psychologique versus tarot divinatoire

Ce qu'est un tarot psychologique

Je ne saurais le dire simplement. L'expérience en est si diverse. Pour les uns, c'est la découverte d'une grille d'idées-force, celle de l'expérience humaine. En s'y attachant, certains se sont révélés à eux-mêmes, comme on se découvre en marchant dans les souliers de son Héros.

Pour d'autres, c'est faire l'expérience d'un miroir intérieur. Comme on se tient devant une glace pour s'observer, changer l'arrangement de ses vêtements, ainsi le tarot leur a révélé où ils en étaient au-dedans d'eux-mêmes et ils ont pu modifier leur situation intérieure.

Une description factuelle: s'ouvrir un tarot psychologique, c'est se servir des images polyvalentes qu'une tradition populaire a mise à la disposition des gens pour se connaître. C'est encore vague.

Comparons-le au **tarot divinatoire:**

- tous deux visent la connaissance de soi;
- tous deux utilisent les lames placées dans un certain ordre prévu;
- ils se font avec l'aide d'un guide;
- leur résultat dépend de l'intensité avec laquelle on l'aborde.

La différence vient de ce que le tarot divinatoire se base sur la **voyance,** tandis que le tarot psychologique mise sur la **projection** du consultant.

On va se faire dire la bonne aventure chez un voyant en l'écoutant passivement; **on s'ouvre un tarot,** on se raconte soi-même, on se découvre en se communiquant à celui qu'on a choisi comme guide. C'est une **démarche active.** Le grand mécanisme de base qui donne au tarot psychologique tout son ressort, c'est la **projection,** soit la mise en scène (l'extériorisation) de tout ce que l'on porte intérieurement. Le tarot permet de se connaître en se livrant le plus directement et le plus totalement possible.

Le fondement ou l'esprit d'un tarot psychologique

Pour comprendre quel scénario se déroule dans la tête du consultant qui crée le message, une seule règle de base pourrait s'énoncer ainsi: STIMULER, SURTOUT ÉCOUTER ET NE PAS NUIRE. Que le guide laisse le champ libre au consultant venu pour se connaître, lui donne tout l'espace pour se «produire», comme sur une scène. Et c'est bien d'une scène qu'il s'agit. Une à une, les cartes du tarot vont permettre à une partie du moi de s'exprimer, de montrer les personnages intérieurs qui créent le drame, la comédie, ou le poème. Chacun de nous est habité par des noyaux de forces qui vont se heurter aux images du tarot, lui donner leurs résonances, et se révéler pour ce qu'elles sont: une programmation intérieure pré-établie, fonctionnant souvent à l'insu même de celui qui agit — il vaudrait mieux dire — de celui qui est agi par ces forces.

Tout se passe pour l'être humain comme pour un avion dirigé par un pilote automatique. Un filtre perceptuel capte les stimuli extérieurs, les classe automatiquement, déclenche une conduite appropriée, prévue d'avance. Comme les avions, nous traversons des corridors balisés. La programmation a été inscrite à l'avance par nos conditionnements passés, notre système de valeurs, nos mécanismes de défense. Avant même l'âge de raison, les jeux sont faits... ou presque, et rares sont les instruments qui permettent de révéler d'abord et puis ensuite de corriger les paramètres successivement inscrits en nous. Toutes ces prescriptions inconscientes y sont gravées et le jeu de la libération sera de se connaître soi-même en devinant les règles du jeu de sa propre vie. Ce «CONNAIS-TOI TOI-MÊME», de fait, pourrait se traduire par «**DEVIENS CONSCIENT DES MÉCANISMES QUI TE FONT AGIR**». Le tarot t'offre des personnages comme des poupées de carton pour adultes. Insuffle-leur ta vie, tes idées, tes sentiments et, à travers elles, tu te verras agir comme en un miroir. Ainsi fait l'enfant qui joue au dentiste et révèle sa peur, ou qui gronde son chien comme il a été grondé, ou crie dans le noir, révélant ses monstres imaginaires. Ce jeu projectif à travers le tarot peut même épouser ton style mental. Si tu souhaites percer tes mystères obscurs en voyageant dans ton inconscient avec souplesse et grâce, tu le peux. Si tu souhaites comprendre en toute passion, vas-y, jouis, hais, aime, crie, sans entraves. Tu es ton metteur en scène. Le contexte du tarot est de toute sécurité. Ce voyage intérieur se passe en miniature. Tous les essais sont permis. Trouve ta voie, c'est la seule gageure.

b) La mise en situation

Pour s'ouvrir un tarot psychologique, certains choix sont pré-requis. Il est préférable d'en développer l'expérience avec qui a déjà vécu et maîtrisé cette forme de tarot mais il peut arriver au chercheur solitaire de s'installer et de réaliser son premier tarot... en présence de lui-même, de ce livre et d'un contexte le plus amical possible: une bougie ou un coin de soleil, une fleur, une musique de soutien, et hop! la plongée en soi s'amorce.

Choix d'un lieu

Le choix d'un lieu a aussi son importance. Où s'installer? Chez soi? Chez l'autre? Dans un café où l'échange s'allongera dans un contexte d'accueil et de détente? Au cas où les émotions pourraient devenir très fortes, il vaut mieux se mettre à l'aise chez soi, là où on est certain de pouvoir se laisser aller à sa colère ou à sa peine.

Donnez-vous de bonnes conditions pour votre voyage intérieur. Permettez-vous de partir et de revenir autre, différent, allégé. Prévenez les intrusions, protégez votre porte en mettant à l'extérieur un petit mot: «Ne pas déranger». Débranchez le téléphone, surtout lors d'un tarot élaboré.

Choix d'un jeu

Nous avons déjà présenté quelques jeux. Au moment de commencer cette démarche, ouvrir celui ou ceux que l'on a à la portée de la main. Les regarder lentement, «en état second», c'est-à-dire les voir en étant attentif à celui qui éveille le plus de résonances en soi par le style, la forme, le coloris, la plénitude ou le dépouillement, la richesse symbolique, l'impression d'ensemble. Cela se passe comme on choisit une source d'inspiration.

En guise de rappel:

— certains jeux sont impropres au tarot psychologique;
— si on dispose d'un tel jeu (ex.: le Tarot de Marseille), enlever les lames mineures et procéder avec les cartes figuratives seulement; les vingt-deux lames majeures (et la blanche) suffisent.

Choix d'un guide

Avec qui s'ouvrir un tarot? Peut-on le faire seul? Oui, certains ont de l'entraînement à plonger dans leur for intérieur sans tricherie. Ils peuvent s'ouvrir un tarot seuls... quitte à le reprendre un peu plus tard, avec cet être cher non disponible sur le coup. Je dirai cependant que c'est exceptionnel. Nous avons besoin de présence et de chaleur pour éclore à nouveau. La quête de soi passe par le regard de l'autre, par son coeur, par sa main rassurante. J'irais jusqu'à dire que le guide devient un «moi de substitution», c'est-à-dire une personne qui peut tenir le monde en place pendant qu'on risque de laisser s'écrouler son monde personnel. Certaines personnes l'ont travaillé seules, elles ont remué tout un matériel intérieur tellement dense qu'elles ont eu peur. Pour prévenir cette panique, il vaut mieux rechercher la présence d'un guide-ami. Lorsqu'on abandonne sa vieille peau (cela arrive), l'autre sert de protection. La qualité de la relation devient la matrice de cette renaissance.

Choisissez la présence amicale et vigilante de qui vous laissera prendre de l'expansion sans en prendre ombrage. Choisissez quelqu'un de centré: le vide qui accompagne l'extraordinaire état d'attention à l'autre permet des naissances lumineuses et paisibles. Choisissez quelqu'un qui vous réjouit le coeur et l'esprit. Invitez aussi une force supérieure au rendez-vous: faites-le sous le signe de la Force, de la Lumière, de l'Amour, de la Paix ou du Soi.

Choix d'une question

Les questions les plus étonnantes ont été posées concernant la santé, les amours, le travail, les choix, les engagements, etc.

Sur soi

— *«Vais-je me sortir de la prison de mes tabous?» (Lisette, 35 ans, au moment où elle veut donner de l'expansion à sa vie).*

— *«Pourquoi je limite tant ma vie émotive?» (Françoise, avocate, 25 ans).*

— *«Je suis gêné de m'exprimer, pourquoi?» (Fernand, musicien, 25 ans).*

— *«Je veux tout simplement m'éclairer sur ma vie personnelle.» (Pascal).*

Sur son travail

— *«Qui suis-je et dans quoi je m'engage?» (Claire, travailleuse sociale, 30 ans, songeant à s'impliquer dans des mouvements socio-politiques).*

— *«Le projet «Cartouche», qu'est-ce que ce sera?» (Louis, homme d'affaires prêt à faire des investissements d'un quart de million).*

— *«Je suis dans un tournant de ma carrière, sur quoi vais-je déboucher?« (Jean, psychothérapeute et écrivain).*

Sur ses relations

— *«Ma relation avec mon fils de deux ans.» (Alice, vivant seule avec lui).*

— *«Ma femme s'est suicidée, y suis-je pour quelque chose?» (Jean).*

— *«Je voudrais apprendre à penser à moi, ne plus être avalée par mon mari qui absorbe toute ma vie.» (Yolande, en fin de quarantaine).*

Sur son évolution

— *«Qu'y a-t-il de possible pour moi maintenant?» (Michelle, 38 ans, en terminant sa psychothérapie).*

— *«Le prix à payer en divorçant, solitude ou renouvellement?» (Solange, trente-deux ans).*

— *«Pourquoi je dévale la pente? Comment m'arrêter?» (Roger).*

À l'occasion d'anniversaires, de décisions importantes

— *«Qu'est-ce que je cherche dans mon amour pour Suzanne?» (André, 20 ans, hésitant à se marier).*

— *«Mes seize ans, je veux les vivre à plein: qu'est-ce que ce sera?» (Jennifer s'offre un tarot psychologique comme cadeau d'anniversaire).*

— *«Trois événements à la fois: une promotion, ma femme me remet la garde de notre fils, ma compagne veut que nous vivions dans deux appartements séparés. Comment passer à travers ça?» (Guy).*

Formuler clairement sa question joue un grand rôle: permettre de se centrer, établir une relation franche, préciser sa pensée, clarifier l'implication personnelle nécessaire à la nature engageante du tarot psychologique, et établir la différence avec le tarot divinatoire. Un exemple fera mieux saisir cet enjeu.

Clarification de la question exemple

J'étais en train de m'installer pour traiter de ce point, dehors au soleil sur la galerie d'un centre de croissance où je m'étais isolée quand un petit groupe de visiteurs s'est approché et immédiatement, devant l'étalage des tarots, la discussion s'est orientée sur le tarot psychologique. L'un deux, étudiant en psychologie, voulut une démonstration. L'interaction qui suivit représente bien le genre de cheminement à faire pour déclencher une question qui prenne véritablement du sens pour le guide et le consultant.

Lui: «*Quelle sorte de question poser?*»

Moi: «*N'importe quelle question psychologique qui vous tienne à coeur.*»

Lui: «*Mais encore?*» *(Comme s'il n'avait pas de préoccupations personnelles, ou que ce serait mal venu de les faire connaître.)*

Moi: «*Pour un étudiant, souvent se posent les questions: Vais-je réussir mon cours? Qu'est-ce qui se passe entre mon amie et moi? Pourquoi suis-je encore en difficultés financières...? Peu importe pourvu que ce soit une vraie question, réelle, authentique en ce moment.*»

Lui: *(Il cherche mais ne trouve pas.)* «*Vais-je marier une brune?*»

Moi: «*Non, ça ne va pas. Aussi bien consulter une tireuse de cartes qui fait de la voyance... à moins que vous ayez une obsession sur les brunes et que cela vous contraigne dans vos amours.*»

Lui: «*Est-ce que je vais pratiquer en psychologie?*»

Moi: «*Pourquoi vous vous demandez cela?*»

Lui: *«Pour savoir.»*

Moi: *«Et pourquoi la question se pose-t-elle? Dans un tarot psychologique, on refuse de plonger directement dans le tarot avant d'avoir plus de prise sur la question. Si le consultant refuse de s'impliquer en étant si avare d'informations personnelles, le processus tournera court. Rien de significatif ne sera partagé... et on va au devant d'un échec. Il vaut mieux alors ne pas commencer.»*

Lui: *«Je comprends, mais c'est pour moi une vraie question.»*

Moi: *«D'accord, et la raison pour la soulever n'a pas besoin d'être angoissante. Il peut s'agir d'un choix entre plusieurs possibilités, d'obstacles de santé, etc.»*

Lui: *«Vous voulez une implication de ma part.»*

Moi: *«Exact.» (Comme mon sentiment devient clair quant au sérieux de la question, je lui tends le jeu pour qu'il en tire une.)*

Il pige la PRINCESSE DE COUPES.

Moi: *«Décrivez-la...» De fait, Jean décrit la carte et répond très bien à l'invitation de faire des liens entre ce qu'il en dit et ses préoccupations.*

Ici, la recherche de la question a joué trois rôles bien définis: déclencher son implication, prendre le jeu au sérieux, stimuler sa concentration. De plus, le contact entre nous, étrangers jusque-là, s'établit dans le respect mutuel. Nous avons fait ensuite des rapprochements entre le Tarot et les tests projectifs usuels, TAT et Rorschach, il saisissait la pertinence du rapport.

Choix d'un tirage

Le point de départ le plus simple: choisir **une seule carte,** lire les instructions et noter son expérience, spécialement si on agit seul. Dans un deuxième temps, passer au tarot **MIROIR DE SOI** pour faire le tour d'un tarot et de soi-même du même coup. Encore une fois noter ou photographier cet étalement de cartes symbolisant le point où vous en êtes. Vous croyez que vous vous souviendrez mais non, la mémoire est un phénomène organique. Vous vous rappellerez de ce qui est demeuré semblable mais ce moment unique aura disparu.

Une question vous presse? Vous avez le choix entre le TAROT-QUESTIONNEMENT, un tirage à TROIS CARTES, si la succession du passé, présent, avenir compte beaucoup; ou du TIRAGE À QUATRE CARTES si vous estimez que le lien entre vous et une personne (ou une situation) va de pair avec l'aboutissement du problème.

Les tarots plus élaborés se prêtent à une longue rencontre avec soi-même, lors de son anniversaire ou d'une mise au point d'envergure.

c) Rôles de guide et de consultant

Être consultant, être guide

Serait-il approprié que l'utilisateur des tarots se dénomme un taroteur/une taroteuse? Ici, nous avons préféré les termes de «guide» pour celui qui écoute, dirige le jeu, et le mot «consultant» pour qui s'ouvre au tarot. Consultant, non pas comme on consulte un devin mais comme on s'adresse à un sage, plus précisément à ce sage que l'on a à l'intérieur de soi, le guide participant à ce cheminement pour maintenir un bon cap.

Nous aurions pu choisir un autre terme: être explorateur de soi, pratiquer le tarot-analyse, être un ouvreur de tarot mais les nombreux sens que le petit Larousse accorde au mot «consulter» s'appliquent tous:

— prendre avis, prendre conseil (même de soi);
— chercher un renseignement (s'informer);
— se rendre compte (devenir conscient);
— conférer, délibérer (avant de décider).

Le consultant accepte d'exposer son problème. Il prend l'initiative du dialogue et doit s'exprimer le plus complètement possible pour que l'échange demeure valide, plein. Le tarot exige une certaine énergie mais se déroule sans rien forcer. Tout est dans la justesse de l'interaction. Ce manuel exprime des règles simples, explorez-les à fond, vous verrez qu'elles servent de fil d'Ariane. Même si on croit perdre la direction au milieu du labyrinthe, la sortie s'ouvre sur plus de clarté.

Pourquoi accepter d'être guide?

Comment a-t-on du plaisir à devenir guide? Après leur premier tarot, la plupart connaissent un moment d'enthousiasme contagieux et se prêtent volontiers à accompagner des amis dans leur initiation au tarot. Certains trouvent l'expérience exigeante et démissionnent. D'autres y goûtent et y restent. Pourquoi?

Qu'en est-il de ce plaisir de cheminer avec l'autre? Je sais que pour Pierre, c'est l'occasion de se connaître lui-même, comme en un miroir. Il peut difficilement nommer son expérience tandis que celle des autres lui apparaît fascinante. En s'ouvrant des tarots, Marie échappe à son isolement, à la solitude de sa démarche. Elle recherche une participation étroite à la vie affective des autres comme à la sienne. C'est l'occasion de demander et de recevoir sur une base de réciprocité, dans un cadre bien défini. Dans l'ensemble, ouvrir un tarot c'est plonger dans un bain d'humanité, raviver ses sources, apprendre à devenir transparent, accessible, empathique. Pour dire net, c'est apprendre à aimer et risquer aussi d'être aimé.

Établir un mini-contrat

Chaque tarot psychologique comporte trois temps distincts:

* la préparation, les choix préalables, le mini-contrat;
* le tarot proprement dit ou le voyage intérieur;
* la fin du tarot: mettre fin au contrat d'entraide explicite, faire le bilan et se remercier.

C'est comme une naissance. On sait qui doit accoucher et le rôle de l'aidant est clair. Tout est centré sur la délivrance. Après coup, on fait le bilan d'un événement qui normalement rapproche beaucoup les participants. Un tarot bref, de quelques cartes, s'offre facilement. Un tarot élaboré exige plus de temps et plus de disponibilité: le contrat de service doit devenir plus explicite. Entre amis, l'échange prévoit souvent que chacun fera son tarot à tour de rôle, mais tel n'est pas toujours le cas. L'expérience réciproque des deux rôles fonde un échange fructueux.

Dynamique du contrat

Le contrat, tel qu'exprimé ouvertement, concerne l'entente de s'accompagner dans le cheminement d'un tarot psychologique. Quelle est la dynamique sous-jacente?

Après avoir ouvert quelque centaines de tarots, il m'apparaît clairement que cet échange obéit à ce que Maslow appellerait le besoin de réalisation de soi. Le diagramme de la hiérarchie des besoins s'exprime ordinairement de la façon suivante:

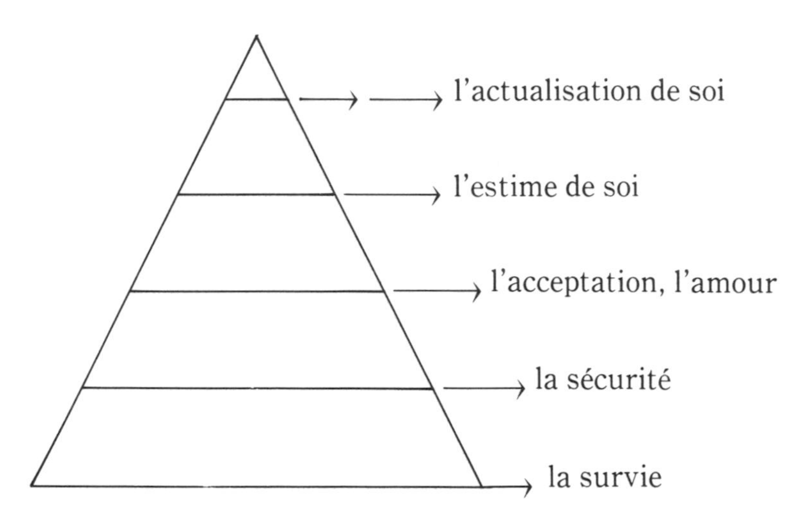

LA PYRAMIDE DES BESOINS DE MASLOW

Cette pyramide suppose que les besoins de base ont été suffisamment satisfaits pour que la personnalité cherche une expansion de plus en plus grande. Tous les niveaux sont impliqués dans le tarot psychologique à des degrés divers. La sécurité, par exemple, dépend du degré de confidentialité que le consultant escompte trouver chez le guide.

L'estime, l'acceptation, l'accueil positif ont servi de philosophie de base à toutes les consignes données. La clé de voûte cependant demeure le besoin d'actualisation de soi. Voici comment cette dynamique imprègne le déroulement du tarot.

Au tarot psychologique, le besoin de s'accomplir se traduit, chez la plupart des gens, dans:

— l'inclination à terminer chaque carte d'une façon positive, même les représentations pénibles ou catastrophiques sont finalement intégrées sous un angle favorable;

— après un «balayage» de tous les éléments disparates d'une image, ils laissent tomber spontanément ce qui leur semble inutile, incongru, aliénant; ils ont besoin de cohésion;

— ils s'arrangent en quelque sorte pour prendre le monde tel qu'il est (ici les données de la carte) et en même temps l'améliorer (il est facile de les amener à répondre à des questions comme: «Qu'est-ce que tu peux faire devant ça?»);

— le ton est celui de l'espoir, de l'élan, du désiré, du faisable;

— ils ont du plaisir à introduire un certain ordre dans le chaos, la flexibilité dans les contraintes, l'élégance ou la netteté dans le déroulement de l'action.

... en un mot, ils se plaisent à faire du bon travail, à sentir que le guide reconnaît leur valeur, à apprécier et voir apprécier leur cheminement. La dynamique de base en est donc une de **coopération dans l'actualisation de soi**, à travers la mini situation du tarot. Le guide peut compter sur la motivation de son compagnon de route, sur son désir d'accomplissement. C'est une synergie qui habituellement porte fruit.

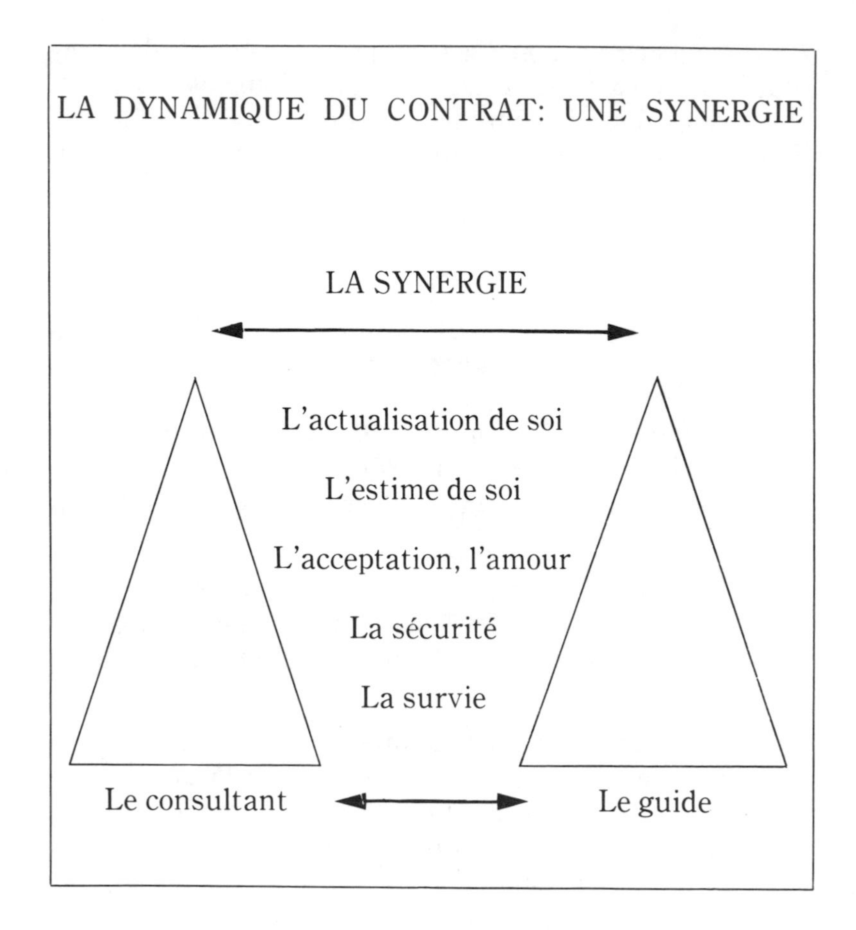

Les deux sont en interaction: les dynamismes et ressources de chacun interagissent à chaque niveau. Le tarot, son déroulement, son climat, se saisissent mieux en illustrant une seule synergie centrale (cf. dessin ci-après), qu'elles proviennent de deux ou plusieurs personnes. Cette spécificité de l'interaction unique est bien démontrée dans des groupes de tarot-animation où j'invite chacun à partager son tarot (une ou deux cartes) à tour de rôle avec plusieurs participants. Le sens perçu s'élargit, se colore, s'anime différemment à chaque partage.

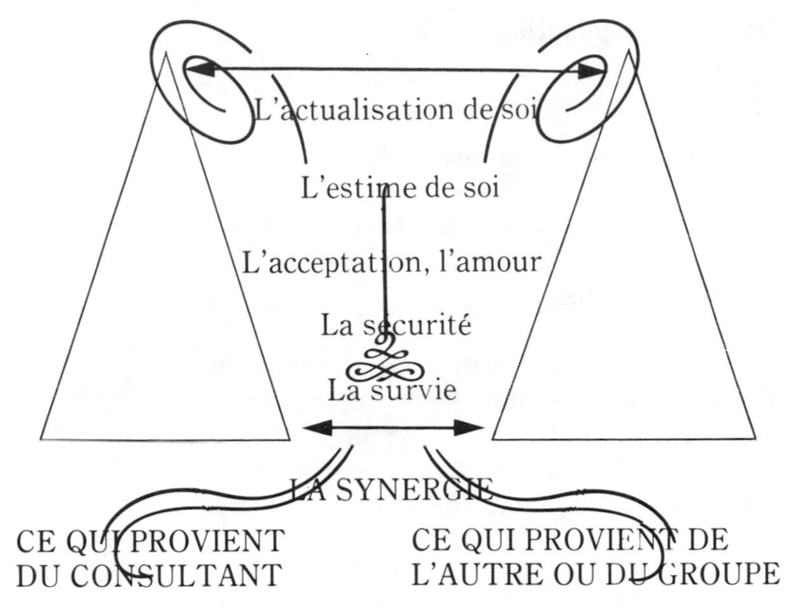

C'est sur ce dynamisme que je m'appuie pour rassurer les apprentis guides: «Votre partenaire sent intuitivement qui vous êtes et il ne vous apportera que ce que vous pouvez porter. Faites-lui confiance».

Difficultés possibles

«Et si un tarot tourne mal?»

Je me fais souvent poser cette question, probablement parce que certaines lames déclenchent facilement des émotions intenses.

Si ce voyage intérieur aboutit à une impasse, que faire? Dans toutes ces nouvelles techniques d'auto-développement*, d'auto-thérapie — pas plus qu'avec l'aide d'un spécialiste d'ailleurs — l'aboutissement miracle n'est promis à tout coup. Parfois le cheminement est laborieux ou incertain. Le guide a l'impression que les projections ont soulevé une douleur ou une anxiété inutiles. Il n'a pas à en juger. Il doit poser la question: «Avons-nous tourné en rond? En es-tu au même point? Ai-je éveillé ce que tu voulais continuer de tenir mort?». Ces questions favorisent un déblocage et font partie de l'écoute active. Ce partage allège aussi le guide: les gains intérieurs non manifestes peuvent être verbalisés.

Et si, malgré tout, le tarot semble persister dans une description sombre de la réalité passée, présente et future?

J'ai vécu quelques rares tarots de ce type. Ils ont malheureusement été suivis de périodes de «tunnel noir». J'en garde un malaise, comme si j'avais le pouvoir de supprimer les adversités de la vie. Dans ces circonstances, j'ai besoin de me rappeler qu'il n'y a pas de mauvaises cartes: l'énergie qu'on leur attribue provient du consultant. Intuitivement, certaines personnes sentent s'amonceler des obstacles, des influences adverses, des contraintes insurmontables. Je pose alors la question suivante: «Et si c'était vrai, aimerais-

---

* Consulter l'ouvrage de Jean Garneau et Michelle Larivey *L'auto-développement* pour saisir les complexités d'un tel processus. 79, Les Éditions de l'homme.

tu mieux l'avoir prévu? Après avoir scruté à la loupe si cette mauvaise perspective de vie ne dépend pas de toi, comment expliques-tu cette incidence?». Nous examinons alors les facteurs liés à l'environnement, aux relations interpersonnelles, à la conjoncture. J'ajoute aussi une autre carte pour répondre à la question: «Est-ce inévitable?» ou «Ai-je quelque chose à gagner de ces épreuves? Quel rôle jouent-elles dans mon évolution?». D'autres fois, un tarot s'est bien déroulé, pourtant le lendemain, le consultant reprend contact, parce que bouleversé. Nous élucidons ces émotions «post scriptum» de la même manière, soit en dialoguant ou en tirant quelques cartes complémentaires.

«Mais n'y a-t-il pas des cartes terribles?
La Mort, le Fou. . .?»

Certainement, quelques lames ont un impact profond, rejoignant notre expérience de la rupture, (La Tour ou «Maison-Dieu»), de la solitude (L'Ermite), de la folie, de la maladie et même de la mort. Ces réalités existent à l'intérieur de nous comme à l'extérieur. Les lames majeures sont tout particulièrement de nature à susciter la réflexion sur les grandes dimensions de l'existence qui confrontent tout être humain un jour ou l'autre. Ces expériences fortifient l'être ou l'écrasent s'il ne peut y faire face... ou s'y abandonner sereinement. Le guide accueille la peur, l'angoisse, la révolte, le désespoir... tout l'inexprimé, le tabou, le secret, l'interdit, le honteux, le médiocre, le non désirable. Il l'accueille d'un coeur ouvert, il fait place à de tels sentiments tout simplement parce qu'ils existent. Le consultant dépose son fardeau intérieur sous le regard attentif du guide. Il le reprendra bien assez vite. Si le guide est capable d'acceptation inconditionnelle, l'opération se déroule sans heurts. S'il se sent menacé ou inconfortable, il peut l'exprimer: «Écoute, je me sens moi aussi mal à l'aise devant ton problème. Je n'aimerais pas à être à ta place, ce n'est pas facile, mais que comptes-tu faire pour te venir en aide là-dedans?» L'essentiel, c'est que le consultant prenne conscience de son vécu et demeure centré, en contact avec ses ressources internes et externes présentes.

Examinons maintenant l'autre facette de cette même question. Y a-t-il des lames «mauvaises»? Non. Chaque arcane représente une situation humaine dans toute sa complexité, donc dans sa double face «d'ombre et de lumière», pour utiliser les termes jungiens. Ainsi,

— la mort devient la source de la transformation radicale de son expérience, une renaissance;
— la Maison-Dieu: le symbole de la destruction-restructuration sur de meilleures assises;
— l'Ermite: la solitude, source de connaissance et de maîtrise de soi;
— le Pendu: un changement brusque de vision du monde, une ouverture sur le spirituel (avoir le ciel sous les yeux plutôt que la terre);
— le Fou: la recherche d'une sagesse peu commune, la marginalité inhérente à la fidélité à soi-même;
— etc.

Chaque livre ou livret d'instructions accompagnant un jeu de tarot couvre ces deux polarités. Nous recommandons d'en faire lire le sens par le consultant après qu'il ait complété avec son guide l'exploration personnelle, subjective. Cette lecture **s'ajoute** plutôt qu'elle ne se substitue au sens déjà donné.

---

*Film 58 min., couleur, produit au Centre International de Recherche Spirituelle, réalisé par M. Jean-Louis Victor, à la caméra M. Jacques Marchand (Les communications de l'IRIS) et présenté au Festival du Cinéma Québécois 1978. Mme Simone Piuze collabore à la démonstration du Tarot Psychologique.

d) Divers niveaux d'un tarot psychologique

Tous les tarots dont il sera question dans cet ouvrage sont de type psychologique mais ils agissent à des niveaux différents. Certains sont qualifiés de **projectifs**, d'autres de **tarots/croissance**, d'autres de **tarots thérapeutiques**.

• Un **tarot projectif** se base sur le sens de la lame mis en relation avec son vécu personnel et confronté ensuite avec les diverses possibilités ordinairement attribuées à cette lame. C'est la forme psychologique la plus simple, celle de tout débutant. À travers elle, on obtient déjà des résultats intéressants. Il n'en faut pas plus pour gagner quelqu'un au tarot psychologique.

• Le **tarot de développement de soi** ou **tarot-croissance** prend une forme plus élaborée. Toutes les approches de la psychologie humaniste s'y prêtent: la connaissance de soi peut prendre l'allure de la gestalt, de l'analyse transactionnelle, de la psychosynthèse; elle peut aussi jouer dans des contextes d'auto-guérison, d'exploration de la masculinité/féminité, dans la compréhension inter-raciale, dans l'approfondissement des relations psychologiques d'un couple, etc. Ici, des techniques particulières s'ajoutent au tarot projectif de base. Elles sont propres à la modalité du courant psychologique évoqué (v.g. la gestalt) ou prévue en fonction de la problématique particulière (les relations entre les membres d'un couple, d'un groupe, etc.) ou du thème à vivre (la tendresse, la colère, la créativitié, etc.).

• Le **tarot thérapeutique** désigne l'emploi précis d'un jeu de tarot dans le contexte de la thérapie professionnelle. Certaines personnes sollicitent cette approche après avoir vu le film réalisé sur cette technique (1979)*. Les lames servent de cristallisateur des émotions et des problèmes du consultant. Cette forme se pratique par des thérapeutes de métier et dépasse le cadre de ce livre.

JODOROWSKY ET LE TAROT DE MARSEILLE

De multiples formes libres et spontanées existent et sont continuellement à inventer.

2. EXPLORATIONS LIBRES ET SPONTANÉES

a) Tirage d'une carte: juste un contact

Les occasions
Les buts
Exemple: tirage d'une carte pour ouvrir
un groupe

b) Tarot "miroir de soi" ou "mon monde"

Description
Quelques exemples

c) Tarot-questionnement

Origine
Description
Technique d'interrogation des cartes
Exemple détaillé clarifiant
quelques technicalités

a) Tirage d'une carte — juste un contact

L'expérimentation du tarot se prête aux circonstances les plus diverses. J'ai pu le vérifier à maintes reprises.

Les occasions

— Lors de l'ouverture d'un groupe: «Qu'est-ce que je viens faire ici?»

— Avec des amies, autour d'une table: «Qu'est-ce que je peux partager d'intéressant avec vous ici?»

— Au début d'une rencontre thérapeutique, lorsque le consultant se sent confus et dispersé: «Quelle énergie m'habite? Qu'est-ce qui se passe d'important?»

— Dans un atelier d'écriture et de mise en scène: «Quel rôle, quel personnage je veux jouer?»

— En commençant un groupe de tarot entre inconnus: «Qu'avons-nous à partager, à vivre ensemble?»

Les buts

Essentiellement, le tarot d'une carte sert à:

— prendre contact avec soi-même, soit un tarot-contact;
— intensifier une émotion, la préciser, l'habiter, soit un tarot contemplatif ou tarot-méditation;
— préciser une intuition, un pressentiment, soit un tarot-clarification;

— se rallier à une énergie dominante au moment d'entrer en action, soit un tarot d'action;
— ouvrir la communication dans un groupe qui doit cheminer ensemble, soit un tarot d'animation de groupe.

La façon la plus simple d'avoir accès au tarot est d'exprimer une interrogation et de retourner une carte prise au hasard. Nous allons utiliser l'exemple du «groupe de tarot entre inconnus» cité plus haut, pour illustrer les interactions suscitées par cette façon de procéder.

Exemple: tirage d'une carte pour ouvrir un groupe

Situation

Pierre se sert occasionnellement du tarot depuis quelques mois et il a motivé trois personnes qu'il connaît peu à s'intéresser au tarot psychologique.

Les deux hommes et les deux femmes, âgés entre 25 et 35 ans, se sont donc réunis avec moi comme guide pour aborder l'apprentissage du tarot.

Le jeu est étalé, faces cachées. Chaque personne devra piger une carte.

Consigne

«Chacun tire une carte en se laissant attirer par l'une d'entre elles, comme si c'était un aimant qui capte l'énergie qui vous habite. Regardez-la, contemplez-la, attardez-vous comme on le fait parfois à une image d'un rêve ou à une énigme. Voyez les souvenirs, les émotions, les associations d'idées qu'elle soulève.»

À tour de rôle les participants partagent ensuite le sens que prend la carte pour chacun d'eux.

Choix du jeu: le Hurley et Horler

Ce petit groupe étant relativement détendu, l'échange prend immédiatement un ton d'intimité. Les noms sont fictifs.

Pierre: Tire le 3 DE COUPES. Il en commente le sens:

«Le trois. Aujourd'hui c'est le trois. Je quitte mon emploi de commis et les secrétaires m'ont fait une fête d'adieu. (Il se tourne vers moi). Je te remercie de m'avoir appris à vivre mes émotions car sans ça je n'aurais jamais pu supporter ça. Une m'a pris dans ses bras. C'est simple, hein?, mais avant ça me mettait en panique. Une autre m'a dit que je lui manquerais pour son café le matin, j'avais la larme à l'oeil. Je commence à pouvoir supporter de me sentir aimé et de ne pas vouloir aller me cacher.» (Il est gêné et content. Il en rayonne.)

Jeannine: LES AMOUREUX

«Pouff! Je savais bien que ce fichu jeu m'amènerait à parler de ça. Chaque fois que je pense aller en groupe de thérapie, j'ai peur d'avoir à parler... pas du viol... mais de l'agression dont j'ai été victime il y a deux ans. J'étais à l'étranger, je ne connaissais personne à qui le dire, c'était encore pire. J'ai eu une telle peur de sa violence. Il faut encore que ça revienne sur le tapis. Regarde comme ils sont crispés, tendus, ficelés, quelle horreur!» (Elle en a assez dit pour le moment. Elle se tourne vers Jean.)

Jean: LE TROIS DE BÂTONS

«Je ne suis pas mieux. Je me vois pris ici entre deux gardes. Je suis tout noir. J'essaie de négocier mon passage. C'est comme la «dope» que j'essaie de couper. Je ne peux pas faire deux pas sans me buter contre ce problème-là.»

Isabelle: LE SIX DE COUPES

«Mes vieux, me voilà aussi avec mon histoire de jalousie: je suis là entre ces deux hommes... un artiste et un avocat. Je ne sais pas me décider et j'entretiens des histoires de jalousie. J'espère que je vais régler ça ici.» Elle regarde Jeannine qu'elle connaît, puis les deux hommes, d'un air rieur et désolé et pousse un grand rire. Le groupe est démarré.

Il y a une ouverture et une complicité entre chacun. Le support dont ils sont capables apparaît immédiatement. Jeannine reçoit bientôt les commentaires de Pierre qui, avant sa thérapie, avait l'habitude de forcer le consentement des filles à tel point qu'il a eu à faire face à une accusation de viol. C'est plus qu'une coïncidence, nous devons parler de synchronicité: ce tarot a fait ressortir les problèmes pour lesquels ces quatre jeunes adultes ont une parité, soit le viol, les difficultés envers les drogues légères, celles de Jean, sont aussi partagées par Isabelle et Pierre. Tous les quatre vont se révéler vivre une situation de solitude, vivant en quasi célibataires même si l'une est divorcée et a la garde de son jeune fils. Le Tarot a d'emblée fait ressortir les dénominateurs communs du groupe.

Effet de ce tarot initial

Je crois que l'exemple parle clairement. Au lieu d'avoir à faire péniblement un tour de table pour chercher sur quoi chacun va centrer son énergie, les différentes problématiques apparaissent rapidement, avec une émotion qui élève le niveau des échanges interpersonnels.

Dans des situations analogues (dans un groupe-classe, un groupe d'ami(e)s, un groupe de créativité) le ton de l'échange devient rapidement direct, personnel, engagé.

L'expansion possible

Certains participants demeurent timides devant leur carte. Ils n'osent pas s'ouvrir, hésitent à s'engager. Ce rapprochement avec soi-même et avec la symbolique du tarot peut être facilité par les contributions des autres: «Qui pourrait proposer d'autres sens possibles à cette carte?» Les différentes interprétations sont énoncées et celui/celle qui est concerné(e) a le choix de réagir ou non, il le considère comme un cadeau et n'a qu'à dire «merci» sans faire de commentaires.

Variantes

— Si le groupe dépasse six ou huit personnes, ou si les participants sont encore sur la réserve et que le climat est froid, il est préférable que le guide invite les membres du groupe à partager le sens de leur carte avec un seul partenaire d'abord.

— Pour une recherche douce mais en continuité: s'ouvrir une carte chaque matin pendant plusieurs jours. Exemples:

  — à chaque pleine lune;
  — autour de son anniversaire, s'ouvrir une carte majeure chaque jour, en noter l'ordre et la résonance en soi.

b) Tarot «miroir de soi» ou «mon monde»

Description: une forme libre par attraction et répulsion

Cette approche constitue peut-être la meilleure entrée dans le monde du tarot. La technique est bien simple: chacun prend un jeu complet en main et regarde les cartes une à une, en étant attentif à ce qu'il ressent.

On forme trois piles devant soi:

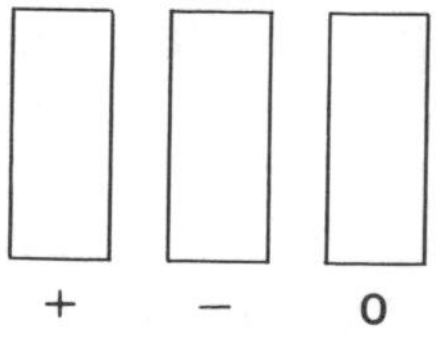

+ — 0

\+ — les attractions: les cartes qui plaisent, étonnent, stimulent, intriguent, etc. Tout ce qui est positif;

\- — les répulsions: les cartes qui choquent, irritent, contrarient, ennuient, angoissent, rappellent des émotions négatives;

0 — les neutres: les cartes devant lesquelles on hausse les épaules parce que sans intérêt, dépourvues de sens, sans écho dans sa propre vie.

Les trois piles faites, le consultant met de côté les cartes neutres. Il les range et ne s'en occupe plus. Il reprend maintenant les cartes retenues. Il les examine lentement, les étale devant lui. Il regroupe ensemble celles qui évoquent des sentiments semblables. Plusieurs continuent l'exercice en faisant des regroupements plus ou moins nombreux. D'autres les alignent de façon à faire une histoire de leur vie. J'ai vu parfois faire un cercle, comme la roue de la vie où l'enchaînement du positif et négatif est placé en continuité. Une autre a fait un déroulement de l'enfance à la maturité. Un autre a élaboré une double pyramide où le négatif et le positif se contrebalançaient (voir pages suivantes pour schémas).

Il n'y a pas de temps limite. Le nombre de cartes retenues est laissé à la discrétion de chacun, à moins de convenir à l'avance d'un certain nombre, «les cinq ou les sept plus significatives».

Ce travail de classification - réflexion se déroule au rythme de chacun. Il est intéressant de disposer d'un grand carton comme fond de scène. En terminant, on peut encercler et nommer chacun des petits îlots formés et en indiquer le sens. Si le jeu peut demeurer étalé, il arrive souvent que les choix varient au cours d'une certaine période de temps.

L'exercice peut même être repris consécutivement avec plusieurs jeux. Il est alors intéressant de noter les concordances et différences. La symbolique d'un artiste peut nous rejoindre tandis que celle d'un autre laissera indifférent. C'est une excellente façon de s'initier au tarot et découvrir le jeu pour lequel on a le plus d'affinité.

Si on se trouve en groupe, on circule de l'un à l'autre pour découvrir l'univers personnel de chacun. La carte préférée de l'un est détestée par un autre. Le rôle immense de la projection saute aux yeux.

Si on est avec un ami, un guide, il est important que le climat soit acceptant: «Je me sens merveilleux, dit Maurice, lorsque je me vois à travers les yeux de ma bien-aimée».

Quelques exemples

Les exemples de cette forme de tarot ont été tirés d'un groupe fait un soir dans un centre de croissance en août '83. Une vingtaine de personnes s'y trouvait. Entreprenant une démarche de connaissance de soi, ces gens, hommes et femmes, ont participé avec grand intérêt à ce Tarot-Miroir de Soi.

Ce soir-là nous avons été invités à percevoir de l'intérieur comment chacun se vit, où sont ses valeurs les plus importantes, quels sont ses passages de vie les plus marquants. Cet exercice ouvre chacun à l'authenticité, à la transparence, à la solidarité, à l'intimité. Durant la semaine qui suivit, le climat du groupe fut très dynamique. Les masques étaient enlevés, le groupe s'était créé une norme implicite d'ouverture et de respect. Les préambules et les faux-fuyants étaient dépassés. La croissance avait commencé ce soir-là.

Parmi tous les exemples possibles, nous avons choisi ceux de trois participants qui offrent une bonne diversité et sont typiques du vécu de bien des Québécois et Québécoises d'aujourd'hui. Celui de Lise comporte beaucoup de cartes et donne accès à un univers personnel serein, vivant, sans complication. Celui de Gervaise parle un langage différent. Il est plus conventionnel. Les événements personnels dont elle témoigne sont ceux d'une femme dans la cinquantaine. Elle a vivement inscrit en elle-même une enfance et adolescence oppressantes, elle a rejoué ces mêmes conflits dans son mariage, avec son homme, pour maintenant déboucher sur un univers neuf, où le sens de la justice sociale est à reconstruire. Sa communication dans le groupe a été émouvante. Jean, qui se présente sous son pseudonyme de Sentofeu, est un gars de vingt ans, vivement intéressé à la connaissance de lui-même, au yoga, à la danse libre, à la cuisine végétarienne, au mode de vie du nouvel âge en commune.

Premier exemple: Tarot de Lise

«Ce que j'aime»

Lise, musicienne, enseignante, administratrice, dans la trentaine, choisit d'utiliser le jeu Rider-Waite. Elle me communique ses choix et leurs motifs.

L'imagerie choisie ici est parlante: ce sont tous des personnages en activité solitaire. Elle commente: «Je suis une solitaire. J'aime travailler seule. C'est une composante importante de ma vie». On remarque ici des choix parfois difficiles (le VIII de coupes), mais toujours d'action. Les personnages, tous masculins, ne semblent pas lui avoir causé la moindre difficulté d'identification. Elle se retrouve dans le monde des solitaires, penseurs, créateurs. Elle a le courage d'agir.

«C'est l'enseignement. J'aime apprendre.»
(Peut-être apprendre pour mieux donner
puisque sa carrière est celle de l'enseignement.)
«La gardienne: n'entrera pas qui veut. Même les yeux bandés, elle sait, elle sait avec son coeur. — La gardienne des connaissances.»

«Ce sont mes liens. Être proche. Donner et recevoir.»

«**Des qualités que j'estime:**»

«La justice. Donner tout ce qu'on peut. Partager la beauté. La générosité.»

«**Des réussites:**»

«Des vases pleins de joyaux. Un rêve.

La Connaissance acquise.

La Trinité. La fin des couples.»

«***Des réussites physiques:***»

«*Réussir en dedans comme au dehors. S'il faut de la violence, il en faudra. Il y a des choses qui doivent être tranchées. La force de le faire.*»

«***La conquête d'ordre spirituel:***»

«S'ouvrir de l'intérieur.
Lui, il n'a pas encore connu les cicatrices du pouvoir, il a encore son visage juvénile.
Elle sait tout.»

«***Les deux plus belles du jeu:***»

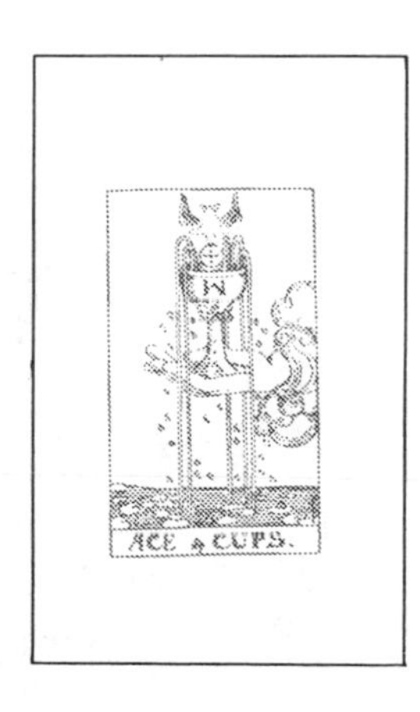

«Ce sont des images de rêve.» (Au tarot en effet, les as symbolisent tous les possibles d'une série. Intuitivement, elle en a bien pigé le sens. La coupe: l'affection; le denier: la réalisation. Son idéal de vie est bien représenté.)

«Ce que je n'aime pas»

«Ici commencent les cartes que je n'aime pas, celles qui sont négatives à mes yeux.»

«Des cartes d'échec:»

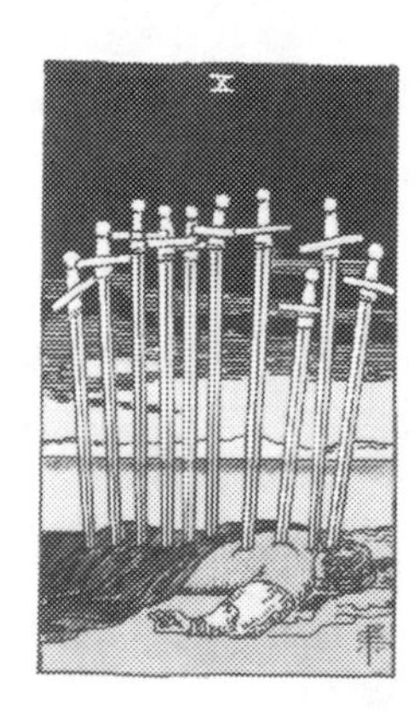

«Je le vois échouer, tête baissée (V). Lui est tué par en arrière (X), il n'a pas fait face. Lui non plus (VIII): il est encerclé, à la merci des autres.»

«Des clowns, des trompeurs:»

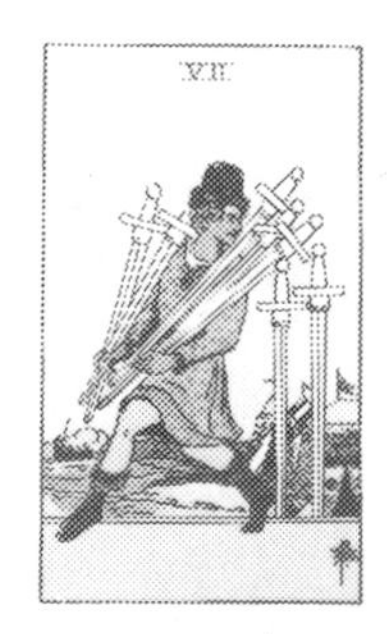

«Lui (FOU), il a l'air conquérant mais s'en va dans le vide. Il fait croire qu'il est le plus beau, le plus fin, mais il marche dans un précipice. L'autre (CHEVALIER DE BÂTONS), est un farceur. Il s'est habillé de plumes, il n'est pas sérieux. Faire la guerre comme ça! L'autre (VII D'ÉPÉES) c'est un voleur. Il se sauve, il fuit. Celui-là (II DENIERS), je ne m'y fie pas. Est-il bon, méchant? Il a du pouvoir mais je ne m'en approcherais pas.»

«D'autres situations pénibles:»

   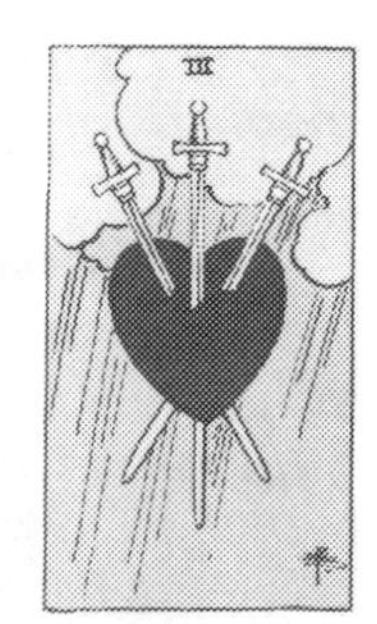

IX D'ÉPÉES: *La culpabilité, le remords de ce qu'on a fait de pas correct.*

V DENIERS: *La vie sur terre: injustice, misère, froid, souffrance.*

V D'ÉPÉES: *Être vaincu. Abandonner la bataille.*

III D'ÉPÉES: *Je ne l'aime pas, sans raison.*

Deuxième exemple: Tarot de Gervaise
(jeu de Hurley)

Un exemple bref, reflétant une réalité courante. Les cartes prennent une dimension réaliste, simple.

Gervaise participe à un groupe. Elle est probablement dans la cinquantaine. Elle a élevé sa famille et travaille maintenant à temps partiel dans une bibliothèque. Elle raconte son tarot avec bonhomie, mi-fière mi-gênée de parler d'elle-même. Elle n'en a sûrement pas l'habitude. Les préoccupations traditionnelles se retrouvent: famille, amour, argent, décès. Le schéma se suit aisément.

Ce que j'aime

«Ma famille»

Mon mari a été malade	*J'ai jardiné et cuisiné*	*Leur père un pourvoyeur*	*Ma maternité*

«J'ai eu huit enfants. J'en ai pris soin (6 deniers). Mon mari a été malade (4 deniers) J'ai été la mère nourrissante surtout...

elle est plus grasse que moi cette femme. J'ai pas mal jardiné et cuisiné (9 deniers/épées), en poussant pour me faire aider. Leur père a été important comme pourvoyeur (IV L'Empereur et 4 bâtons). Ces deux-là, c'est ma maternité (IX La Force et III L'Impératrice). J'étais contente d'être enceinte. »

«Le plaisir, les réunions»

«Tout le monde est réuni. On chante, on danse (XX). Ça arrivait plus quand j'étais plus jeune mais ça reprend. C'est pas toujours sans excès (2 coupes). Il y a des lendemains qui sont durs (8 coupes) mais ça revient (XIX Soleil). Celle-ci c'est ma mère (2 d'épées) et moi. Nous sommes de la campagne toutes les deux. »

«Mes amours»

«C'est la romance, être aux petits soins, aux mots doux, trinquer ensemble. (Elle reporte ici le 2 de coupes du groupe précédent.) »

«Moi»

«Je ne sais trop pourquoi je l'ai choisie mais je me retrouve dans cette carte. Il y a de la fertilité, des bêtes, elle est debout, même le côté masculin me dit quelque chose. J'ai travaillé dur comme un homme.»

«Les défis»

«Il faut se tenir debout, dire «Non», parfois.

Retourner au travail, me fait me sentir sur une scène, devant le public.

J'ai du mal à garder mon équilibre dans tout ça.

La création de l'artisan, ma poterie.»

Ce que je n'aime pas

«La violence faite aux femmes»

«Elle est là, écrasée, violée, forcée. Elle est attachée, prise par les pieds.»

«Ici encore. Il en arrive plein de tortures, ici comme ailleurs.»

«Même si on se bat galamment, c'est encore violent.»

«La faiblesse»

«La maladie. De l'hypersensibilité. Le manque de moyens.»

«La mort, la souffrance»

«Perdre un des siens. J'ai connu plusieurs décès. Être prisonnier, malmené. Ne pas pouvoir s'en sortir. J'ai dû lutter beaucoup contre l'oppression de ma famille. L'autorité de mon mari aussi était trop forte au début.»

«La domination, la guerre, les abus»

«Prendre par la force des armées, se barder d'une cuirasse, abuser des gens par la boule de cristal et le diable.»

«La folie, le mensonge, la cruauté»

«Un vieux devenu fou, regardez-lui le visage. L'autre aussi, fou et cruel. Ils sont prêts à tuer, peut-être pas pour grand-chose. Je veux surtout me tenir loin de ça. J'en ai des frissons dans le dos.»

C'est un tarot tout simple, fort, direct comme Gervaise, sans cachette, ni tricherie. Nous avons été autour d'elle, ne lui posant pas de question, ne lui faisant pas de commentaire, juste un sourire, une accolade. Sa pudeur était là entre nous comme un lien du coeur et une limite à la parole. Elle a reçu plusieurs commentaires... en tête-à-tête, et c'est bien ainsi.

Troisième exemple: Tarot de Sentofeu

(1) S: — *Commençons par le côté négatif. (Les chiffres renvoient aux regroupements.) Ici, c'est une mauvaise écoute. Lui (personnage central du TROIS DE DENIERS), il parle, mais les autres sont indifférents, ils ne l'écoutent pas. Ici non plus (L'EMPEREUR). Il donne des explications et eux ne veulent rien savoir.*

(2) S: — *De l'insouciance, une mauvaise insouciance. Je me reconnais là-dedans.*

(3) S: — *Des femmes trop méchantes (NEUF DE DENIERS et HUIT DE BÂTONS). Celle-là (NEUF) est autoritaire, elle donne des ordres. Lui veut aller ailleurs. J'ai déjà été mis à la porte comme ça par une femme autoritaire. L'autre... (HUIT) je place trop mon bonheur dans les femmes. Quand je ne peux pas les atteindre, ça me fait mal.*

Moi: — *On peut se demander pourquoi tu as mis «des femmes trop méchantes» et pas d'«hommes trop méchants» aussi. Pourquoi, à ce moment-ci, les femmes ont plus d'importance pour toi? Pourquoi ce sont elles à qui tu donnes le pouvoir de te faire du mal? Il y a des périodes de la vie où un gars place surtout des images de femmes et peut-être une autre période où il place surtout des images d'hommes. Cela dépend, entre autre, des moments où il est surtout occupé à se valoriser à travers les femmes, tandis qu'à d'autres périodes il sera plus important pour lui de se comprendre en tant qu'homme à travers et avec d'autres hommes. Continuons.» (Il écrit «OK! Compris» sous les images.)*

(4) S: — *Ici de la destruction (XVI LA TOUR et HUIT DE COUPES). Ici tout fout le camp. Rien de solide. Le désastre autour de soi. Ici la destruction dans sa*

Moi face à l'univers
5
Protection
Mauvaise écoute
1
6
Joie de vivre
Insouciance
+ + + +
2
7
Force
Objectif de
régression
10
3
+ + +
Femmes trop
méchantes
OK! compris
C'est
moi
9
8
Thrill
4
Destruction
+
SENTOFEU
17 CARTES!
«CE QUE J'AIME»
—
«CE QUE JE
N'AIME PAS»

tête. Il reste assis à se casser la tête. J'ai eu des périodes comme ça. Ici, au Centre, c'est le contraire. Je m'active pour contribuer à l'aide communautaire.

Moi — *C'est intéressant de voir que Sentofeu se décrit dans une bonne période de vie et de constater en même temps que les cartes exprimant ses préoccupations négatives n'occupent que le tiers de sa page. Sous de multiples aspects que nous découvrons en échangeant nos commentaires, le tarot joue ce rôle surprenant de miroir. On croit savoir ce qu'on y apporte mais soudain on en découvre davantage.*

(5) S: — *Moi, face à l'univers. J'ai choisi ces quatre cartes-ci (La FORCE, le SEPT DE BÂTONS, le CAVALIER D'ÉPÉES, le ROI DE COUPES). C'est le yogi qui développe son contrôle, l'ermite avec son bâton de feu, le conquérant d'espaces nouveaux, le sorcier capable de magie.*

Moi — *Pour toi, ce sont tous des personnages de force, à divers plans. Il est intéressant de noter leurs positions: l'un est de face, l'un de dos et les deux autres de chaque côté. Ils ont beaucoup de mobilité. Est-ce que ça reflète quelque chose de toi?*

S: — *Oui, je suis très intéressé à la danse. Je fais de «l'inner dance», une danse toute intérieure d'expression et de transformation des émotions. Au Cégep, ils appellent ça «la transe-en-danse», venant des mots (transe et danse. La croissance... par la danse.*

Moi: — *C'est bien proche de ta joie de vivre?*

(6) S: — *Oui. (DEUX DE BÂTONS, APHRODITE, LA REINE DE DENIERS.) Il commente les cartes, note les femmes, l'étreinte, le sourire, la joie des scènes. Quelqu'un fait remarquer que les trois femmes ont les jambes ouvertes... ce qui fait rire le groupe et taquiner Sentofeu.*

(7) *On examine ensuite les cartes réunies sous «La Force», soit, LE CHARIOT, LE SOLEIL, L'IMPÉRATRICE, LE MONDE, le HUIT DE DENIERS, LA ROUE DE FORTUNE. Les premières sont à personnages multiples, les cartes sont pleines. L'action est vive. On sent qu'à vingt ans, Sentofeu «pète le feu». Ses remarques sur la carte III, L'IMPÉRATRICE, sont pleines de tendresse.*

(8) *Il termine avec le HUIT DE DENIERS, comme une image active de lui, en opposition avec la «destruction» dans la tête. Il continue son exploration en portant l'attention sur le «thrill».*
«Le thrill» (mot anglais fréquemment utilisé au Québec pour désigner l'excitation face au danger).

(9) *Il y a mis le SIX D'ÉPÉES, qu'il nomme le «voleur et les trois portes».*

S: — *Ici, c'est moi, quand je joue des tours pendables! Celui-là se cache, va soulever la porte et apparaître soudain...*

Moi: — *C'est ton côté rusé, taquin, peut-être «diable»?*

S: — *Ici, c'est moi. Je monte, je grimpe.*

Il termine avec deux cartes des plus significatives pour lui:

(10) S: — *CAVALIER DE BÂTONS (qu'il appelle «l'Arabe») et l'ÉTOILE. Dans une régression permettant d'ouvrir ses souvenirs à des «vies antérieures», il s'est vu comme Arabe et ce fut très important pour son sentiment d'identité. L'autre, qu'il appelle «sa protection occulte» se lie au fait qu'il sent toujours une protection près de lui, c'est-à-dire quelqu'un qui secrètement fait quelque chose pour lui quand il dort... Il compte les cartes positives, étonné d'en trouver dix-sept, son nombre magique personnel.*

TAROT-QUESTIONNEMENT

LE TAROT-QUESTIONNEMENT M'A ÉTÉ INSPIRÉ DE JODOROWSKY

c) Tarot-questionnement

Origine de cette forme de tirage

Elle m'a été inspirée de Jodorowsky, le cinéaste de *La Montagne sacrée.* J'apprécie sa sensibilité face à la quête spirituelle de notre époque. Dans une interview rapportée dans le magazine français *L'Inconnu,* Jodorowsky racontait qu'il animait des rencontres de tarot dans un café parisien. Il décrivait une forme que je qualifie de «libre» ou «ouverte». Sa technique — ou du moins ce que j'en ai déduit — permet une recherche de réponse sur le plan psychologique, matériel et spirituel.

Description: une forme libre en enchaînement par questions et réponses

S'adresser au tarot suppose une interrogation. Habituellement, les tirages structurés articulent une réponse autour de positions prévues à l'avance. Les formes libres — dont deux variantes sont décrites ici — procèdent selon un développement qui s'élabore au fur et à mesure que les éléments de réponses apparaissent.

Ce tarot-ci débute avec une question concrète qui sera précisée avec chaque carte retournée. La question de départ (v.g. Dois-je déménager?.... ou quitter mon travail?... ou emprunter?....) reçoit une réponse progressive. Le jeu s'arrête lorsque le consultant a fait le tour de ses interrogations et s'en trouve satisfait. Une enfilade de sous-questions se voit répondre par autant de nouvelles cartes rajoutées.

Exemple: Tarot de Lucie

Tarot du Kébèk

La question: *«Qu'est-ce qui m'empêche d'aller en vacances? Je ne me décide pas. Rien ne me tente vraiment. On est déjà en juin et je n'ai aucun projet de vacances.»*

1ère carte: LE BATELEUR. *«J'ai trop de choses devant moi: travail (bâton), l'argent (denier), voir des amis en ville (coupe). Je ne tranche pas (épée). Est-ce que je veux vraiment des vacances?»*

2e carte: LE JUGEMENT. *«J'ai à juger entre mes trois priorités: travailler, me trouver un amoureux, réorganiser ma maison. Laquelle prendre d'abord?»*

3e carte: L'EMPEREUR. *«Est-ce ma maison, m'asseoir et nettoyer? Refaire des liens avec un homme? Les deux peuvent se faire en même temps, le ménage le jour, l'autre le soir. Je partirai en vacances après. Je veux une confirmation.»*

4e carte: L'AMOUREUX. *«Oui, c'est de ce projet que je suis amoureuse. C'est mon meilleur choix. Je suis satisfaite ainsi.» (Terminé.)*

Disposition des cartes

Plusieurs les alignent côte à côte et sont satisfaits ainsi. D'autres ont plus de sensibilité visuelle et spatiale: leur disposition reflète cette dimension d'eux-mêmes. Pour faciliter l'étalement des cartes d'une façon intelligente et qu'on en saisisse l'enchaînement, je choisis dans le jeu une carte qui représente la question, soit la carte blanche dans le Hurley, le carton de la boîte mince du Tarot du Kébèk, la blanche du Rider deck. De là suit un labyrinthe construit selon les dédales des questions-réponses, d'où le nom de «Questionnement» ou «Domino».

Pour l'exemple bref ci-haut donné, voici l'étalement:

La technique d'interrogation des cartes

Dans le tarot projectif, la technique demeure sensiblement la même. Nous la rappelons brièvement pour le lecteur qui puise au hasard de ses besoins. Elle consiste essentiellement à tirer le sens personnel de la carte en traversant les cinq phases suivantes:

a — décrire la carte;
b — voir les liens avec moi, ma vie;
c — prendre conscience des sentiments éveillés;
d — voir comment ceci répond à la question posée;
e — consulter le feuillet explicatif du jeu.

Contexte pratique: le guide, le jeu, la question

Ce questionnement se fait en présence d'un **guide** ami. Son attention et sa disponibilité affective constituent des éléments essentiels pour éviter d'être bloqué dans ce cheminement. Parler à l'autre facilite la concentration, la confiance, l'ouverture, la clarté mentale.

Le choix d'un **jeu** relève, comme chaque fois, du «questionneur». Les meilleurs demeurent les plus simples et les plus stimulants: le Hurley, le Rider, l'Aquarian, le Kébèk, le Hermes-Thoth, le Nordic, le Marseille ou tout autre qui correspond à la sensibilité et à l'esthétique du consultant.

La **question** se pose en présence du guide. Il y a intérêt à la raffiner, la clarifier. Ce bref échange réchauffe le rapport entre guide et consultant. Le tarot commence lorsque l'un et l'autre sont prêts. Ils précisent le temps dont ils disposent, le lieu où s'installer (par terre, sur des coussins, assis autour d'une table chez l'un ou l'autre, dans un café, etc.). Ils font un mini-contrat satisfaisant pour eux deux. En terminant, ils échangeront leurs commentaires sur le tarot qu'ils viennent de faire ensemble.

Exemple détaillé clarifiant quelques technicalités

Choix du jeu: le Tarot Aquarian

Lise est musicienne, professeur, en charge d'un poste administratif. Nous avons déjà vu son Tarot-miroir de soi. Ici elle se pose une question. Elle occupe son poste depuis treize ans et voudrait en changer. L'échange entre nous va durer près d'une heure et clarifiera profondément sa question. Elle repart avec une réponse cohérente, dont la justesse est fortement ressentie. Le succès d'un tel tarot ne se mesure pas par le fait de réaliser exactement le projet décidé, mais par la puissance de l'action qui en résulte. Elle devient en possession de ses moyens pour agir d'une façon dynamique et intégrée.

Lise: — Je veux changer d'emploi, mais je ne sais pas où me diriger.

Moi: — Comment ça se présente pour toi?
(Ici la question est ouverte, je ne veux préjuger de rien et laisser Lise orienter le débat.)

Lise: — Je suis fatiguée. Je veux un défi neuf. Je veux changer d'emploi, même si ça comporte une baisse considérable de salaire.

Moi: — Comment changer d'emploi et y trouver un nouveau défi, c'est ça?
(Je suis satisfaite par cette formulation, il me semble que nous avons trouvé l'entrée en matière solide qui nous mène au coeur de la question. Ce déclic me suffit, je vérifie si elle-même est prête à plonger.)

Moi: — D'accord pour la question. Tu veux tirer une première carte?

Lise: — Oui, comment trouver quelque chose d'aussi intéressant et avoir le courage de le faire? Je vais prendre ce jeu-là (L'AQUARIAN).

Moi: — Brasse les cartes tout en laissant mijoter la question en toi.
(Cette consigne est dite pour stimuler sa concentration. Le moteur de l'action dans le tarot psychologique, c'est le consultant lui-même en interaction avec l'imagerie du tarot et le support du guide.

Dans cette triade, le désir du consultant agit comme le fil conducteur de l'énergie.)

Lise bat les cartes puis les étale face contre terre pour en tirer une.

Moi: — Prends la carte que tu veux, décris-la et dis tout ce qui te vient à l'esprit.

Lise: — Je la tire de la main gauche ou de la droite?

Moi: — Dans un tarot psychologique, c'est moins important que dans un rituel de tarot divinatoire mais tu utilises la main la plus réceptive pour faciliter la synchronicité des cartes.

Lise pige «LA TEMPÉRANCE»

Moi: — Ne donne pas nécessairement d'importance à ce qui est écrit. Le sens vient de toi. (C'est pour cette raison que certains jeux sont à éviter: le Grand Belline et autres ont des indications qui envahissent l'image.)

Lise: — Le visage blanc, ou du moins blême, semble assez serein. De chaque côté les choses sont symétriques. Il y a de l'équilibre là-dedans. Est-ce son bras comme ça?

Moi: — C'est toi qui décides.

Lise: — Si c'est son bras, elle n'en mène pas large (rire). Des rideaux autour? Des pans de tissus pendent de ses bras étendus. De son front partent des rayons, pas très lumineux mais. . . Elle est bien assise.

Moi: — *Veux-tu reprendre ce que tu as dit en en appliquant le sens à toi-même. Vois comment cela résonne en toi, comment cela «colle» à toi.*

Lise: — *J'en mène large (grand rire). Je suis sereine. Il y a de la symétrie en moi. De mon front partent des rayons.*

Moi: — *Comment te reconnais-tu dans cette description? (Cette approche psychologique est celle de la psychologie perceptuelle. Tout ce qui est vu, l'est à la façon de celui qui voit. L'invitation à ramener directement à soi la projection devient le révélateur des préoccupations ou perceptions cachées.)*

Lise: — *Je vais paraître prétentieuse (rire). C'est vrai, j'en mène large. J'aime l'ordre. Ma vie est très, très, très bien organisée. Je ne me vois pas de rayons autour de la tête, mais j'ai un visage plutôt blême, oui. Tout est en ordre, ça va bien pour moi.*

Moi: — *Peux-tu faire des liens entre ça et ta question?*

Lise: — *Ça, c'est mon emploi actuel. Il est stable, toute mon activité y est ordonnée. Je veux en changer mais pas pour aller vers l'instabilité.*

Moi: — *Tu sembles dire: «Je veux encore de la stabilité, mais quoi d'autre?» Prends une deuxième carte pour chercher la réponse.*

Lise: — *Vers quoi est-ce que je veux m'en aller?*

Lise pige LE DEUX DE BÂTONS

Moi: — *Tu la décris: «Je vois. . .»*

Lise: — *Je vois un jeune homme qui regarde vers la gauche, vers le passé. Il tient un bâton fleuri dans une main, une boule dans l'autre. Il est serein. Il a une fleur sur l'épaule. Il porte des gants de peur de s'écorcher. Quelque chose part de son chapeau. Si les appareils de surdité avaient existé à l'époque, j'aurais dit qu'il est branché!(rire)*

(Tandis qu'elle décrit, je l'accompagne de «Oui... oui» pour qu'elle sente ma présence. De fait, je suis proche d'elle et sa description m'intéresse. Je la sens vivante, exacte et personnelle. Le dernier détail m'intrigue car il est rarement noté. Le sens devrait en apparaître dans la phase suivante.)

Moi: — *Es-tu prête à passer à l'application sur toi? Dire «Je suis...»*

Lise: — *Je suis un jeune homme serein, encore!, qui tient un bâton fleuri et une grosse boule. Je suis dure d'oreille (rire) mais c'est vrai!, de la même oreille à part ça!*

(Ici, encore une fois, il faut admirer le travail concordant de la synchronicité et de la projection. Une autre personne aurait vu le même détail et n'en aurait rien dit faute d'y trouver une correspondance interne. La projection est cette sensibilité avec laquelle le regard va chercher le détail significatif, miroir de son vécu.

La synchronicité est cet élément complémentaire: les cartes les plus pertinentes se présentent au bon endroit, donnant une forte emprise à la projection. Lorsqu'un guide développe de l'expérience avec un jeu, il devient alerté aux particularités inhabituelles soulignées par son partenaire. Il sent quand l'imagination s'empare d'un détail et y donne une signification toute particulière.)

Moi: — Comment cette carte s'applique-t-elle à ta question?

Lise: — Je regarde vers le passé. C'est bien normal, quinze ans de ma vie à laisser! (Elle proteste comme si je la poussais dans le dos.)

Moi: — Dis-toi ça à toi-même plutôt qu'à moi, pour arriver à prendre patience avec tes hésitations. Tu vois, dans la carte, ton bâton est fleuri: tu as su faire fleurir ce que tu tenais en main. Tu as des décorations aux épaules. Tu as gagné tes épaulettes.

Lise: — D'accord. Je veux changer, mais pas tant que ça. Aller ailleurs mais agir d'une façon très semblable. Changer, mais pas tant que ça.

Moi: — Quelle est la prochaine étape de ton questionnement? Comment formules-tu ce que tu veux savoir maintenant?
Lise a un mode de pensée très articulé. Elle progresse à petits pas, d'une façon lente mais certaine. Dans ces conditions, il arrive parfois qu'on tire une dizaine de cartes pour faire le tour d'une question.

Lise: — Est-ce une illusion que j'entretiens? Pourtant non, je suis sûre de mon désir de changement. Tiens, je pourrais me demander combien de temps je vais prendre pour changer? Si je continue comme ça, je vais regarder le passé pendant un autre quinze ans?

Moi: — Oui. Combien ça va me prendre de temps pour changer? Tire une autre carte.
(Le fait d'accepter sa propre lenteur la dégage. Elle a un ton plus enjoué pour explorer cette sous-question.)

Lise: — Je vais choisir une carte cachée, celle-là. Ah bon! Ouf! (Elle a tiré le **PAGE D'ÉPÉES** *). Je regarde vers l'avenir (toute enthousiaste). Il y a un beau ciel rose. J'ai l'épée à ma portée, prête à trancher ce qu'il y a à trancher.*

Moi: — O.K.! Applique ça à toi-même, ça va te faire plaisir.

Lise: — Je suis un beau chevalier sous un ciel rose. Je suis optimiste. J'ai près de moi une épée sur laquelle je pourrai trancher mes hésitations. Je regarde vers l'avenir.

Moi: — Et qu'est-ce que l'avenir va t'apporter? Prends une autre carte.

Lise: — Pour ça, je vais prendre une carte juste devant moi.

Elle pige la **REINE DE BÂTONS**

Lise: — Aie... hé, hé. Cette chère dame a l'air sûre d'elle. Un grand bâton fleuri la précède. Sa tête est tout en haut de l'image. Elle a une fleur de tournesol comme un insigne. Sa chevelure est tressée à l'amérindienne. Une reine de la nature. Je l'aime bien.

Moi: — Peux-tu reprendre les éléments et les appliquer à toi? (Lise reprend le tout au complet. Elle se voit comme cette femme.)

Moi: — Quel est l'élément le plus important pour toi?

Lise: — Sa tête tout en haut. Elle occupe un poste de meneuse.

Moi: — Tout comme la première carte, hein? C'est important pour toi de retrouver une fonction où tu es en charge. J'apprécie beaucoup que tu sois au clair avec ce que tu es et que tu le dises si simplement.

Lise: — *La question suivante que je me pose maintenant c'est: «Est-ce moi qui vais solliciter le travail ou va-t-on me l'offrir?» C'est important pour négocier.*

Elle tire le ***QUATRE DE BÂTONS***

Lise: — *Un portail fleuri. Les fleurs semblent un mot de bienvenue, comme si on attendait quelqu'un. Au-delà du portail, il y a un château entouré d'un ruisseau; une passerelle le traverse. On peut donc s'y rendre. Ce n'est pas difficile d'accès. Des montagnes de chaque côté.*

Moi: — *Tu reprends en disant: «Je suis...»*

Lise: — *C'est difficile, il n'y a pas d'être humain.*

Moi: — *Il s'agit de rapprocher cette expérience de toi au maximum, comme lorsqu'on travaille un rêve en gestalt, chaque élément parle de soi, devient soi.*

Lise: — *Tout à l'heure, je n'avais pas traversé le portique: ils m'attendaient. Maintenant en disant: «Je suis le portique... Je suis le château...», je suis au-delà. Comment comprendre ça?*

Moi: — *Comme lorsqu'on analyse un rêve, chaque élément est une facette de toi. Tu peux saisir les deux côtés de la médaille. Si tu deviens la fleur, le château, les autres, tu comprends de l'intérieur leur comportement et tu ressens l'effet qu'ils déclencheront en toi.*

Lise: — *Oui, s'ils m'accueillent ainsi, j'ai bien envie de leur offrir mes services.*

Moi: — Peux-tu faire la synthèse de tes cartes?

Lise: — Malgré ma grande stabilité et mon attachement au passé, je suis prête à aller vivre autre chose, dans la nature. Le milieu universitaire dans lequel je suis, ce n'est pas de la nature. Je les attends, ils m'attendent. On a besoin l'un de l'autre. Youpi!

Moi: — Écris-moi lorsque ces choses seront arrivées. J'aime bien entendre les échos du travail lorsque les développements sont parcourus.

Commentaires

L'exemple a été longuement élaboré pour mettre en relief tout le travail de la prise de conscience d'un tarot projectif. Dans un tarot divinatoire, la voyante annonce les événements, le consultant les accepte ou les rejette. Le tarot psychologique met en marche une dynamique consciente et inconsciente dont le consultant se sent pleinement responsable. À la différence d'une entrevue psychologique ordinaire, le rythme des perceptions et prises de conscience est accéléré. La démarche n'est pas toujours aussi cohérente et rapide que dans l'exemple précédent. Certains posent une question, reçoivent une réponse mais l'indécision intérieure demeure. Dans ce cas, le consultant est intuitivement en contact avec des éléments de réponse qu'il n'a pas touchés durant son questionnement. Il lui faut, alors, reprendre l'interrogation là où il l'a laissée. Il peut, par exemple, tirer une autre carte, demandant: «Pourquoi ne suis-je pas sûr de la réponse au-dedans de moi?». On dispose de ces cartes en les plaçant vis-à-vis de l'élément de réponse qu'elles complètent.

Exemple:

Q: «Faut-il déménager, amener ma famille près de mon nouveau travail?»

La question	*«Oui, mais pas tout de suite»*	*«Je manque de temps»*	*«Ma femme va être déracinée»*	*«Et pourtant je sens qu'il faut le faire»*
	Les obstacles			*La réponse*

2e question «Pourquoi faut-il le faire?»	*«Je n'ai pas l'argent»*	*«J'ai peur de ne pas tenir le coup»*	*«Ma santé est fragile»*
	Mes nouvelles incertitudes		

La réponse finale: *«Je veux déménager dès que j'aurai fait la preuve à moi-même que cet emploi va durer.»*

Ici, le consultant se sent complètement clair et cohérent. Sa réponse est formulée en termes fonctionnels. Il peut manoeuvrer, communiquer sa position, planifier, il sait où il s'en va. D'une position d'angoisse confuse et d'impulsivité, il est passé à une tranquille détermination. Il est prêt à laisser venir les choses. Il est serein. La fébrilité, mauvaise conseillère, l'a quitté.

Comment savoir qu'on ne s'illusionne pas? Les projections ne sont-elles pas le reflet des désirs?

Ici, nous faisons face à une philosophie du développement humain. On crée sa vie par interaction constante entre le désir, les possibilités internes et les réponses de l'environnement. Le moteur de l'évolution est en soi, c'est lui qui sélectionne continuellement parmi les multiples possibilités offertes. L'absence d'imagination et d'intuition font autant obstacle au développement que l'absence de contrôle rationnel. La pierre de touche de la vérité d'un tarot réside au fond de soi. Dans les derniers chapitres, nous verrons le processus du focusing comme élément révélateur: en descendant à l'intérieur de l'organisme, on accède à la vérité interne. Dans l'exemple donné plus haut, Lise se sentait complètement cohérente, certaine de son choix. L'inviter à m'écrire agit comme renforcement. Il y aura sans doute des reculs inévitables mais l'élan est donné.

3. EXPLORATIONS STRUCTURÉES

a) Tirage à trois cartes

Passé, présent, avenir
Tête, coeur, tripes
Exemples de deux tirages par Suzanne

b) Tirage à quatre cartes: la croix simple

Qualités et sens de ce tirage
Instructions pratiques
Consignes
Quelques exemples de tirage à quatre cartes
Exemple de cartes additionnelles (5, 6 et 7)
Exemple de tarot-gestalt

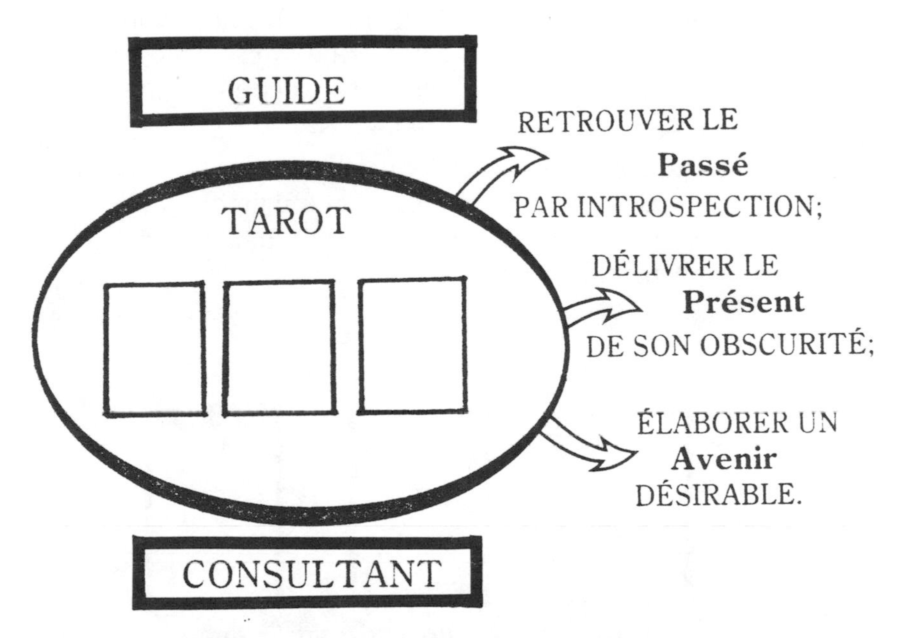

LES SYMBOLES DU TAROT SUSCITENT LA VIE FANTASMATIQUE DU CONSULTANT ET L'AIDENT À LA MAÎTRISER.

a) Tirage à trois cartes

Le tirage à trois cartes est couramment utilisé. Sa forme simple fait partie de l'apprentissage des débutants et continue à servir les situations quotidiennes où l'interrogation peut recevoir une réponse rapide, ce qui ne veut pas dire superficielle.

Où j'en suis dans ma vie?
Trois moments: passé, présent, avenir

Description

Mêlez le jeu en formulant intérieurement votre question. Tirez ensuite trois cartes que vous disposez, faces cachées, en ligne droite. Vous les tournez ensuite une à une en y attachant la signification suivante:

1. ce qui se passe actuellement (mon émotion présente);
2. ce qui a causé cette situation (ou émotion);
3. le dénouement (où je m'en vais, à quoi vais-je aboutir?).

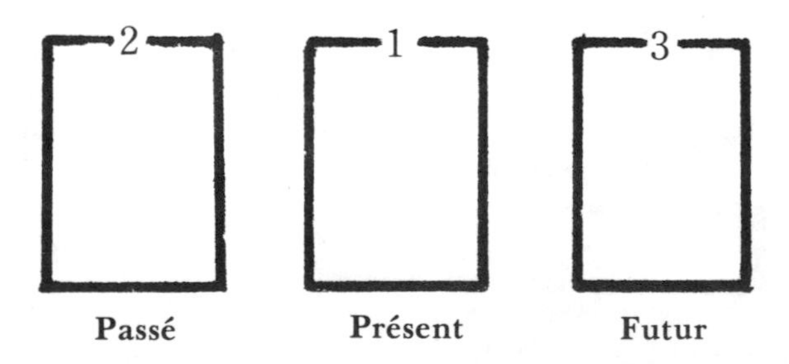

Bien que très simple, cette disposition à trois cartes facilite souvent la prise de conscience de soi dans le moment présent et éclaire la décision à prendre. Le dénouement ne doit pas être considéré comme une fatalité du destin mais bien la programmation intérieure ou extérieure que la situation a entraînée. Un exemple suit immédiatement après la seconde possibilité.

Où j'en suis?
Tête, coeur et tripes (ventre)

Présentation

Ce tirage à trois cartes se déroule aussi simplement mais il recherche la cohérence interne plutôt que la mise au point d'une situation extérieure. Les deux se complètent et sont parfois utilisés en complémentarité ou comme une confirmation l'un de l'autre.

Description

Les débuts ne varient pas: le consultant brasse les cartes, rentre en lui-même (fermer les yeux aide à cette concentration), et s'ouvre à ce qui va se passer. Lorsqu'il est prêt, qu'il a fait un certain vide, il le signale au guide qui continue alors les directives.

«Imaginez que vous êtes un puits. Un seau descend dans votre tête et y puise votre expérience la plus importante. Pigez une carte pour voir ce que l'on recueille. Déposez-la sur la table sans la regarder.» (Le guide pose cette carte, face cachée, loin du consultant.)

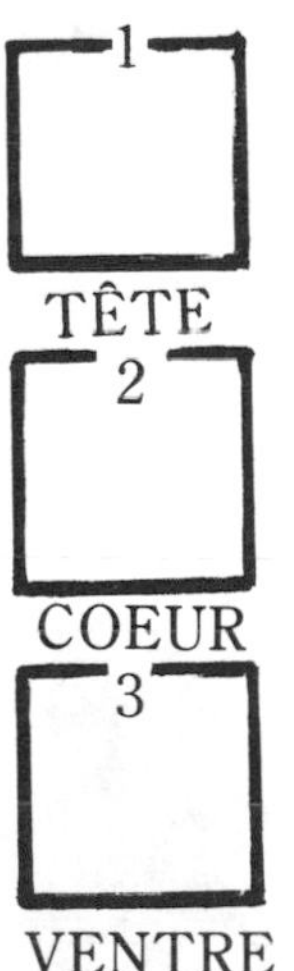

«Maintenant le seau s'arrête à votre coeur et y puise votre expérience. Prenez une carte qui témoigne de ce qu'on y trouve.» (Cette carte est placée au centre.)

«Prenez une troisième carte: c'est celle de votre ventre. Qu'est-ce qui l'habite de plus important? Comment cette question résonne dans votre sensibilité profonde?»

Le tirage suit la méthode habituelle du tarot projectif. À la fin, il est intéressant de faire une synthèse des trois cartes.

Exemple de ces deux tirages par Suzanne

À la fin de sa session régulière de psychothérapie, Suzanne exprime de la curiosité à l'égard d'un groupe de tarot projectif que je ferai bientôt. Comme nous en avons toutes les deux le temps, j'offre de lui permettre d'expérimenter cette méthode immédiatement.

Où j'en suis dans ma vie?

Suzanne a trente-cinq ans environ. C'est une jolie femme, la parole vive, très frappante dès le premier regard. Elle a d'abord fait un long cheminement en thérapie avec un confrère, ce qui l'a menée à se séparer de son mari, à déménager, et à assurer la garde de ses enfants. Elle qui avait été comblée de biens, restant à la maison, anxieuse, paniquant pour un rien, elle décide de travailler et de s'assumer. Elle y réussit admirablement. Elle entreprend une seconde tranche de psychothérapie avec moi au moment où sa nouvelle relation amoureuse se termine en catastrophe.

Après quelques mois, elle développe un autre attachement, mais continue à éprouver de fréquentes paniques et des sentiments ambivalents dans sa liaison amoureuse.

---

1. Mon émotion présente: *elle tire le* ***CAVALIER D'ÉPÉE***

C: — Eh, mon Dieu, le couteau, le gros couteau! (pause) Eh bien, si c'est moi ça, je vais mettre le couteau dans mes affaires, tout balayer, mettre la hache dans ma relation, la maison (elle vient d'acheter un appartement), le travail! Ôtez-vous! Ne venez pas m'écoeurer personne! Je vous tranche la gorge! (Elle rit toute fière de sa déclaration.)

G: — Tu le dis en riant, est-ce vrai de toi?

C: — *Sûr! J'ai besoin d'un renouveau, attaquer quelque chose, me lancer dans un projet, prendre des décisions. Je me meurs d'indécision. J'ai peur de tout. Je ne sais pas quoi faire, quoi décider.*

G: — *Ce malaise vient de quelque chose qui s'est passé? (Oui.) Allons voir avec cette seconde carte, c'est à cause de quoi?*

2. Ce qui a amené cette situation: LA MORT

C: — *C'est épouvantable! (Grand sourire) Avez-vous vu mes cartes? Pas possible! La mort. Le noir. Beuh...! Les fantômes qui sortent de leur tombe! Les fantômes qui veulent me faire peur. Le fantôme, rien qu'à souffler dessus, il va tomber! En arrière du fichu fantôme, il y a un soleil. Je ne sais pas ce que ça veut dire.*

G: — *Oui, veux-tu voir le lien avec toi?*

C: — *Peut-être que ça a quelque chose à voir avec mes rêves, mes ambitions... Un fichu fantôme qui s'est mis là pour empêcher le soleil de se lever.*

G: — *Qu'est-ce qui dans ta vie a joué le rôle de fantôme et a empêché le soleil de se lever?*

C: — *La mort de papa... et le grand fatigant, l'Abbé X qui a joué le rôle d'éteignoir dans ma vie. (C'est le contenu de la séance de ce matin: l'Abbé X a fréquenté la maison familiale pendant dix ans, s'invitant quotidiennement dans cette famille de neuf filles. Elle le décrit comme quelqu'un qui a vicié toute sa sexualité.)*

G: — *Ces deux hommes qui ont joué un grand rôle dans ta vie sont morts. Vois-tu un lien entre ces deux cartes?*

C: — *Je prendrais le couteau et je balayerais tout ça.*

G: — *Le ménage que tu as à faire, c'est de nettoyer ta relation avec ces deux hommes?*

C: — *Ce ne sont que des cartes... Dans la vie, ce n'est pas si facile. Ça ne se peut pas, dans la vie, en finir avec son passé? La carte, j'ai rien qu'un coup à donner, le squelette tombe. C'est pas bien long.*

G: — *Dans ta vie, c'est faisable ou pas faisable?*

C: — *(Soupir) Je ne sais pas. Balayer d'un coup le passé, c'est correct de faire ça? Je ne veux pas tout balayer. Je porte mes fantômes...*

Je lui rappelle le travail que nous avons fait quant à son attitude envers son père mort quand elle avait huit ans , envers sa mère, surtout sur elle-même, pour qui le regard «vicieux» de l'Abbé X, ses interdits, continuent à inhiber sa sexualité.

3. Vers quoi je m'en vais?:
elle tire le **DIX DE BÂTONS**

C: — *Oh! Mon Dieu, la belle déesse que voilà. M'avez-vous vu les cartes! Oh Madame! C'est osé. Elle exagère un peu cette femme.*

G: — *Décris-moi la carte.*

C: — *Elle a des chaînes partout... Je vais vous le dire bien franchement ce que cette carte signifie pour moi: si je me laisse aller dans ma sexualité, je vais être prise au piège. Ça ne me tente pas de devenir esclave de ma sexualité.*

G: — *Tu as peur de manquer de retenue?*

C: — *Oui. J'ai des cartes... massives. Est-ce toujours comme ça? C'est comme si j'avais cherché les cartes qu'il me fallait pour vider la question. Mais c'est moi qui leur donne un sens. Avec les mêmes cartes, je pourrais leur faire dire autre chose?*

G: — *Oui, évidemment. Que les bonnes cartes apparaissent, ça s'appelle de la synchronicité, cela se combine avec la projection.*

Suzanne s'écrie: — C'est le hic! C'est extraordinaire.

Comme ce tirage n'a duré que douze minutes, je lui propose d'en faire un autre aussi bref.

Où j'en suis dans mon ventre, mon coeur et ma tête

Suzanne tire les trois cartes suivantes qu'elle retournera une à une:

— au niveau des tripes: l'Empereur;
— au niveau du coeur: le dix de Deniers;
— au niveau de la tête: le huit de Bâtons

Nous procédons à la façon habituelle du tarot projectif, puis elle en lit les données dans le feuillet d'instruction. Ce fut l'occasion d'une synthèse importante de son vécu actuel.

Nous n'en ferons pas le compte-rendu en détails. Voici le sens qui en émerge:

— *Dans son ventre existe encore l'expérience douloureuse d'avoir eu un enfant d'un noir à quatorze ans. Sa honte, sa douleur. Elle n'a pu se pardonner totalement, malgré que ses deux autres enfants soient maintenant là.*

— *Dans son coeur? Oh! surprise: des questions d'argent. Elle est déçue mais se doit de reconnaître que concrètement elle est bien dérangée par ses inquiétudes financières, mais elle ne manque de rien. «Je ne suis pas mal prise, pourquoi toujours m'inquiéter?»*

— *Dans sa tête? Elle rit, se recule sur sa chaise, se tape les cuisses: «les barrières entre homme et femme». Elle explore ici sa relation avec les hommes: pourquoi n'éprouve-t-elle pas d'affinité dans la communication intime avec eux?*

Nous terminons par une synthèse des trois cartes «miroirs de soi», de ce qu'elle veut en faire, dire à son amie, à ses enfants. Elle quitte étonnée de cette rapide plongée en elle-même.

Commentaires

Pourquoi avoir donné cet exemple?

J'ai fait lire cet exemple à quelques personnes. Certains m'ont mis en garde, craignant que le tarot n'aille chercher des choses trop profondes.

En effet, le tarot provoque des rappels, éveille des émotions endormies, met en marche des réflexions d'arrière-plan. Il appelle le «processus d'intégration de soi», ce dont nous reparlerons.

L'exemple de Suzanne permet de se préparer au tarot psychologique en anticipant que chaque vie a son histoire cachée. Est-on prêt à la recevoir? Dans la vie courante, les gens ne communiquent que la surface de leur vie, ce qui est facile à dire et à entendre. Le reste, l'essentiel, demeure invisible. «On ne voit bien qu'avec les yeux (et les oreilles) du coeur», dirait le Petit Prince de Saint Exupéry.

b) Tirage à quatre cartes: la croix simple

Introduction

Ce tirage est également fort ancien. J'en ai trouvé plusieurs variantes en feuilletant les livrets d'instructions des jeux de tarot. J'ai finalement opté pour la formulation la plus stimulante, car, dans le tarot psychologique, le véritable meneur de jeu demeure le consultant pour qui les instructions du guide doivent être claires et dynamisantes.

Qualités et sens de ce tirage

Une méthode à quatre cartes offre suffisamment de complexité pour analyser les dessous d'une question sans exiger la longueur de temps d'un tirage à douze cartes ou plus. C'est un format adéquat pour une interrogation d'une heure ou deux. Dans un tarot projectif, une heure suffit habituellement pour explorer les souvenirs, les sentiments, les associations d'idées liés à ces quatre cartes. Lorsqu'on y rajoute des techniques de créativité, d'expression corporelle, de visualisation, de centration, le temps s'allonge d'autant mais l'impact produit se mesure en conséquence.

Ce schéma procède selon une logique interne fréquemment retrouvée chez un esprit tourmenté. D'abord se clarifier soi-même, puis, deuxièmement, examiner la question d'un point de vue extérieur pour, troisièmement, saisir le rapport de complémentarité ou d'opposition entre les deux, et finalement concrétiser la conclusion par une résolution.

La première carte propose de s'arrêter d'abord à l'expérience personnelle du consultant: «Qu'est-ce que je pense au fond de moi, quel est mon vécu?». Plutôt que d'inviter à une reconstruction historique ou une description circonstanciée du problème, l'image agit comme un cristallisateur pour faire surgir ce qui ne va pas, ce qui blesse ou tourmente le consultant.

Avec **la seconde carte,** l'attention se porte sur l'autre, l'environnement face à ma question. Dans certaines formulations ésotériques, la première carte décrit ce qui est «pour», la seconde, ce qui est «contre». Il n'y a pas à s'en étonner, car les anthropologues disent retrouver souvent le même mot pour désigner les autres, l'étranger, l'ennemi.

La troisième carte poursuit la logique interne en évaluant ensuite la relation entre les deux. Si A et B se présentent ainsi, quelle est la relation entre elles? Dans la tradition ésotérique du tirage à quatre cartes, cette position s'appelle «le jugement», comme si on jugeait de l'extérieur, presque sous forme de verdict. En tradition psychologique, je préfère parler de lien, de relation entre A et B, ce lien étant de nature diverse. Un exemple fera mieux saisir: si en A je me présente comme battu, blessé, en B je décris mon entourage comme contraignant, ou malicieux, ou oppressant, en C, il deviendra clair que j'entretiens une position de victime, de révolté, de juge, de dénonciateur, de sauveur ou de héros, etc. Ici, tous les schémas de l'analyse transactionnelle peuvent se retrouver. La gamme complète des jeux et des hommes défilent devant le guide souvent étonné. Pour l'étudiant en relations humaines, ce petit ABC s'offre comme une initiation fort simple à saisir les patterns d'interactions les plus fréquents dans sa culture ou son milieu.

La quatrième carte complète la démarche en la concrétisant: sous quelle forme matérielle, par quelle manifestation concrète le tout se révèle-t-il? Cette dernière carte s'explore rapidement car elle apparaît comme un complément logique nécessaire à la question quoique, parfois, elle prenne un visage imprévu.

Une cinquième carte?

Parfois l'ensemble paraît solide, cohérent, et pourtant le sens demeure obscur: la clé de l'énigme n'a pas été livrée. Le guide peut inviter alors à tirer une cinquième carte pour faire ressortir la perspective de l'ensemble.

Dans les exemples qui suivent, cette cinquième carte déclenche des dynamismes différents: pour Maurice, coincé dans une vision désespérée, la cinquième fait rebondir l'élément extraordinairement positif de sa vie actuelle, élément qu'il perdait complètement de vue dans son cauchemar. Pour Berthe, elle rend compréhensible cet étrange goût pour les situations difficiles. À mon avis, cette cinquième carte ne doit pas être prévue: la gestalt du consultant est orientée vers une résolution en quatre cartes. La cinquième agit comme le recours-surprise là où on ne croyait plus avoir de ressources disponibles.

Instructions pratiques

La disposition: en losange

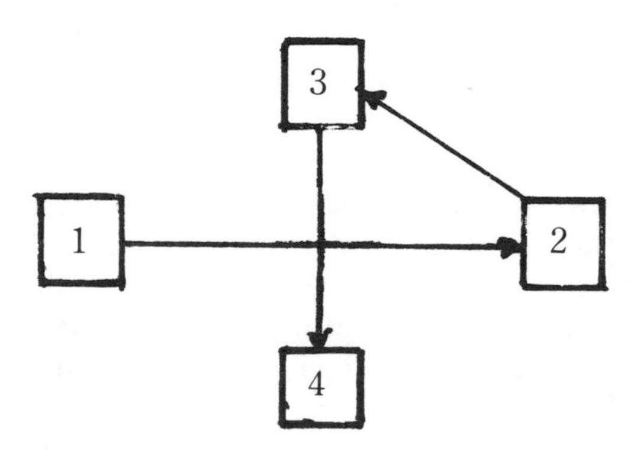

C'est une forme dynamique que l'on parcourt de gauche à droite, puis de haut en bas. Dans certains cas, on ajoute une cinquième carte au centre.

La manière de faire

Comme d'habitude le consultant bat les cartes. Il formule en même temps sa question. Le guide l'assiste en lui faisant préciser au besoin le sens de ses préoccupations. Le guide et le consultant sont assis l'un en face de l'autre, pour favoriser l'observation et le contact mutuel. Les cartes sont tirées sans les regarder et posées face contre terre. Elles seront révélées progressivement, suivant l'ordre prévu. (cf dessin)

La technique

La technique de base que l'on enseigne à tout débutant comprend trois étapes à respecter pour chaque carte:

Phase A — Exploration

— *Le consultant*

- tourne la carte,
- la décrit, exprime tout ce qu'elle éveille d'idées, de souvenirs, d'émotions,
- fait des liens entre le thème proposé et sa propre vie.

— *Le guide*

a recours successivement à trois types de questions:

- Qu'est-ce que tu vois? Qu'est-ce qu'il y a?
- Qu'est-ce que tu ressens devant ça? Qu'est-ce qui te touche le plus?
- Est-ce que tu peux faire des liens avec certains aspects de ta vie?

Phase B — Réaction du guide

Le guide entre en scène à son tour et peut réagir lui aussi à la carte. En principe, son point de vue est un complément à celui du consultant. Il offre une alternative pour enrichir le sens déjà dégagé. Ce point de vue doit partir d'un coeur serein et bienveillant, comme on offre un cadeau. Le consultant est libre de l'accepter ou de le mettre de côté. Guide et consultant agissent comme des partenaires égaux dans le tarot projectif. Même avec un guide professionnel compétent, le consultant demeure celui qui explore et reste responsable des décisions prises.

Phase C — Consultation sur le sens de la carte

On recourt finalement aux feuillets d'instructions, au manuel de base ou au livre d'initiation au tarot. Ici, de nouvelles perspectives peuvent s'ajouter et alimenter la réflexion.

Pour étendre la compréhension subjective de la carte, certains vont l'épingler sur leur miroir, la redessiner, commencer le journal de bord de leur tarot et des événements subséquents s'y reliant.

Les consignes

L'INVITATION propre à chaque carte: l'invitation est la formule que prend le guide au moment d'ouvrir une carte.

	3e **L'ESPRIT** le lien la relation l'influence	
1ère **MOI** la personne face à sa question (données internes)	5e **L'ESSENCE**	2e **L'AUTRE** les autres, le monde extérieur face à la question
	4e **LA MANIFESTATION CONCRÈTE**	

RÉSUMÉ DES CONSIGNES POUR UN TIRAGE À QUATRE CARTES

1) «**MOI**»:

«Tournez cette carte, décrivez-la. Cette carte représente ce qui vient de vous, votre position, votre apport à la question.»

Le guide soutient l'exploration du consultant à travers les phases précisées plus haut. Il procède de même à chaque carte.

2) «**L'AUTRE**»:

«Tournez cette carte et décrivez-la. Ici, nous arriverons finalement à faire des liens entre ce qui est représenté par cette lame et ce qui se trouve à l'extérieur de vous, soit l'autre, l'environnement, les facteurs externes.»

3) «**L'ESPRIT**»:

«Tournez cette carte maintenant. En procédant de la même façon nous arriverons à décrire le lien qui relie 1) et 2), c'est-à-dire quelle sorte de lien existe entre vous et l'autre, vous et l'extérieur.»

4) «**LE CONCRET, LE MATÉRIEL**»:

«Tournez cette dernière carte et nous verrons sous quelle forme concrète se matérialisera votre question.»

5) «**L'ESSENCE**»**:** (carte facultative, elle s'ajoute au besoin)

«Voyons dans quelle perspective ce problème doit se comprendre.» Ou encore: «Quelle est l'essence, le fond de la question? Ou encore: «Quelle solution trouver?».

Variante ésotérique

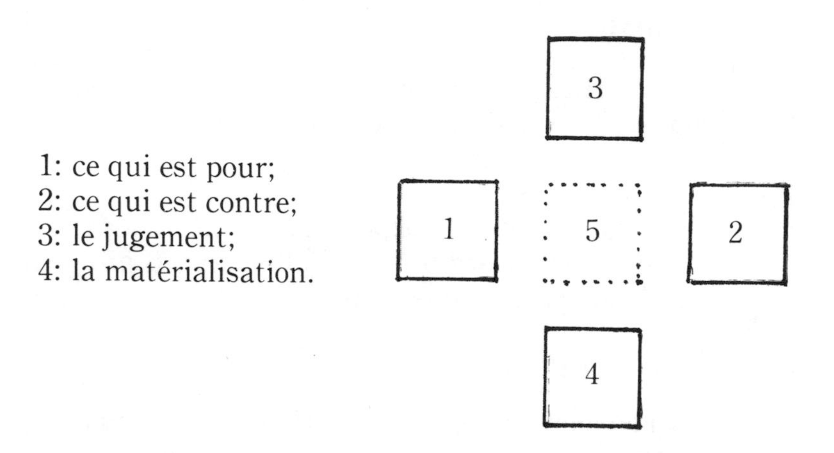

1: ce qui est pour;
2: ce qui est contre;
3: le jugement;
4: la matérialisation.

Ici encore la 5e carte est facultative. Elle s'obtient en calculant la somme des quatre premières, jusqu'à 22 (le fou est 0 et 22). Au-delà de ce nombre, on additionne les chiffres jusqu'à ramener la somme en deça de 22.

Exemple:	en 1, la Justice	8
	en 2, le Jugement	20
	en 3, le Soleil	19
	en 4, le Monde	21
	Total	68

ce qui est ramené à 6 + 8 = 14
donc en 5, la tempérance 14

Quelques exemples de tirage à quatre cartes

Tarot de Mélanie

Cette jeune femme, dans la vingtaine, participe à un groupe d'initiation au tarot psychologique. Elle me demande si la question «Pourquoi je ne m'aime pas?» peut se travailler avec ce tirage. Nous adoptons une formulation particulière pour chacune des positions. Cela devient:

1. Moi: ce qui se passe en moi pour que ce soit ainsi.
2. Les autres: ce que je vois — ou attends — des autres en conséquence.
3. Le lien: la relation entre ces deux pôles, dans quel esprit j'agis, l'interaction entre 1 et 2.
4. La concrétisation: la résultante pratique, le vécu.

Le tirage

TAROT DU KÉBÈK

Mélanie choisit d'utiliser le tarot idéographique du Kébèk; elle a travaillé ses cartes avec un participant puis les reprend avec moi. En transcrivant le tarot ici, nous donnons la synthèse à laquelle elle est déjà parvenue, suivie des développements que nous y ajoutons ensemble. Cet exemple permet de toucher du doigt la variété des techniques que l'on peut y greffer.

Carte 1: (Moi devant ma question).
Elle tire «LE PAPE»: «Un juge qui fait sentir à chacun ce qu'il doit faire. Un jeune à ses pieds est complaisant, l'autre en a assez et se détourne.»

Mélanie n'est pas satisfaite de sa compréhension: «Je savais tout ça. Je n'ai rien appris de neuf.» Cette carte est un excellent reflet de la question (encore une fois la sychronicité est au rendez-vous), et nous décidons de voir ce qu'elle gagne à se mettre dans la position d'un juge critique d'elle-même. Son guide, elle et moi, nous faisons un «brainstorming» (énumération d'idées pêle-mêle) de toutes les raisons possibles;

— elle en tire un sentiment de force, d'autorité;
— en se critiquant la première, elle voit venir les coups;
— comme elle a tout prévu, personne ne peut la déconcerter par des critiques;
— la recherche de la perfection crée de grands moments d'intensité où alternent la dépression et l'exaltation... etc.;
— les deux jeunes à ses pieds représentent des phases de ses sentiments. Tantôt elle s'admire elle-même d'être aussi rigoureuse, tantôt elle en a assez et passe à l'indifférence ou à la révolte.

Étant donné ce mécanisme, comment les autres la voient-ils? Elle retourne la deuxième carte.

Carte 2: (Les autres devant moi)
«LES ÉTOILES»
Mélanie en perçoit le sens: elle cherche à vivre dans la lumière (les étoiles) et à nourrir les autres (l'eau des amphores).

Ce que nous faisons de plus, c'est de chercher si le sens littéral «vouloir être une star» s'applique, c'est-à-dire vouloir que sa beauté et sa perfection soient appréciées. Nous examinons ensuite le prix qu'elle paie pour être vue, admirée, aimée, et finalement, voir si elle en profite. (Tant se contraindre et si peu en profiter!) Ici, les simples techniques de prises de conscience suffisent.(Sais-tu qu'on t'aime? Fais le tour des gens que tu connais et dis-moi qui t'apprécie et pourquoi? Comment es-tu avec eux? Leur fais-tu savoir que tu les aimes?).

Carte 3: (Le lien, la relation, l'esprit reliant 1 et 2)
«LE BATELEUR»
S'identifiant au personnage, Mélanie avait déjà verbalisé qu'elle regarde ailleurs plutôt qu'en face. Elle a devant elle des instruments tranchants (l'épée), une table branlante, elle vit sur la pointe des pieds.

Ensemble nous travaillons peu cette carte car le développement déjà donné aux deux autres rend évidents les gains et les désavantages du «jeu de la perfection». Elle se tient dans une position d'insécurité et d'insatisfaction, elle tranche les questions à son désavantage.

Carte 4: (La manifestation concrète)
«LE JUGEMENT»
Ici, Mélanie voit sa mère dans la position de l'ange à la trompette et, au-dessous, elle-même, jugée comme tout le monde de sa famille.

Ici se boucle le travail psychologique: imitant sa mère, Mélanie a pris l'habitude de taire son admiration et clamer bien haut sa critique. Dans le trio familial (les trois personnages du bas), elle est maintenant une adulte et peut se mettre sur un pied d'égalité avec ses parents. Que voit-elle ainsi? Sa mère, une femme de l'époque 1920, ronchonneuse, soumise à son mari, tournée vers les enfants pour qu'ils apparaissent comme sa couronne. Cette femme se sentait estimée et jugée selon la perfection de ses enfants, qu'elle mettait à nu dans leurs défauts. Leurs qualités lui appartenaient comme un tribut à sa capacité d'être une bonne mère. Je lui suggère de réouvrir la communication avec sa mère, de femme à femme, de sortir de sa position hiérarchisée (le pape) camouflée derrière son rôle (les habits du pape contrastent avec la nudité de l'étoile).

Commentaires

Mélanie quitte le groupe tout à fait contente du cheminement fait. Avons-nous changé quelque chose dans son «pattern» autocritique? L'intensité de sa prise de conscience a été forte. Elle a fait au moins un pas dans la direction d'une plus grande liberté intérieure. Abandonnant les manipulations liées au «jeu de la perfection», elle donne plus de chaleur et de franchise à ses liens interpersonnels.

Exemple de cartes additionnelles (5, 6 et 7)

Tarot de Berthe

L'exemple qui suit est tiré encore d'un groupe de Tarot-Gestalt et le rôle de la cinquième carte dénoue, pour le guide, l'incongruité de la situation, alors que le consultant se mouvait allègrement dans une projection inhabituelle. Le résumé simplifie les commentaires de chacun.

Berthe, 50 ans, est infirmière et participe à un groupe de Tarot-Gestalt. Elle choisit d'utiliser le jeu Rider-Waite. Sa question: «Je suis décidée de changer de département. Je sais que cela va se faire mais je veux savoir comment cela va se passer.» Elle a ouvert ce tarot avec un participant mais l'un et l'autre veulent mon avis. Je comprends qu'il y a une dissonance, une insatisfaction entre eux.

Carte 1: (Moi là-dedans)
LE NEUF DE BÂTONS
«J'ai pris ma décision. Je suis sortie des rangs. J'attends.» Le guide fait remarquer l'air maussade du personnage, le bandage sur sa tête et demande si la décision a été prise avec des difficultés, des batailles. Selon Berthe, il n'en est rien. Elle ne s'identifie qu'à l'aspect déterminé du personnage.

Carte 2: (L'environnement face à ma question).
LE ROI DE DENIERS
«On m'attend pour m'offrir le poste (l'étoile), il y a plein de choses à découvrir (indiquant toute la verdure), la maison n'est pas finie (le château à l'arrière). On a besoin de moi.» Son sentiment face à cette carte? Elle se dit pleine de curiosité pour voir ce qu'il y a de nouveau.

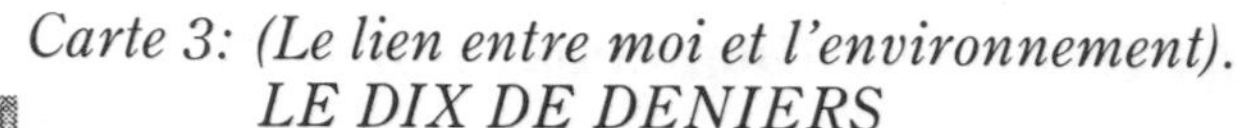

Carte 3: (Le lien entre moi et l'environnement).

LE DIX DE DENIERS

«Je suis là (elle montre l'avant de la carte et le guide croit à tort qu'elle s'identifie au chien). Il y a des gens indifférents qui ne s'occupent pas de moi. Il y a un enfant qui tire le chien par la queue. Il y a ça et ça que je n'arrive pas à identifier (montrant l'arrière du vieillard). (Comment se sent-elle?) C'est difficile. Il faut que je fasse ma place. J'ai déjà travaillé avec des vieillards, maintenant je vais le faire avec des mourants. Je ne connais pas toutes les difficultés du travail.»

Carte 4: (La matérialisation de la question).

LE SIX DE COUPES

«Parfait, il y a des enfants. La maison a avancé. Elle est mieux finie. Je suis bien et prête à recommencer ailleurs.» Le guide s'étonne de ce désir de toujours rouler sa bosse ailleurs.

Carte 5: (La perspective d'ensemble, le fond de la question)

LE PAGE D'ÉPÉES

Berthe s'écrie: «C'est clair. C'est vrai que je fais tout ça parce que je me sens une guerrière. J'aime les nouveaux défis.» Le guide fait ressortir qu'à la fin, elle doit se lasser et l'invite à tirer une autre carte pour envisager d'autres alternatives. Berthe pige encore une carte.

Carte 6: (Des alternatives possibles).
LE QUATRE DE DENIERS
Berthe: «Non, je n'aime pas ça. J'ai tout dans les mains. Je n'ai rien à faire. Je m'ennuierais.»

Elle tire une autre carte.
(LE QUATRE DE BÂTONS)
Elle s'écrie fièrement: «C'est ça. Quant j'aurai tout fini, je m'achèterai une maison et je cesserai de travailler. C'est un tarot pour moi ça.»

Nous avons apporté cet exemple simple pour illustrer un Tarot avec cartes additionnelles. C'est que souvent, le guide débutant ne saisit pas bien la dynamique du consultant et peut s'aider ainsi. Selon le guide, la consultante niait ses sentiments devant la difficulté, l'indifférence, le tiraillement. La consultante semble pourtant bien adaptée à son style de vie. Elle exprime son idéal de combativité à la fin et résout ainsi l'ambiguïté grâce au tirage des cartes additionnelles.

Exemple de tarot-gestalt

Ici, nous apportons un exemple plus complexe. Il est tiré d'une situation réelle survenue dans un groupe en septembre '83. Est-il plus lourd que d'autres cas travaillés en consultation privée? C'est difficile à dire. Peut-être l'écoute attentive du groupe en fit-il ressortir un côté pathétique. J'ai hésité à le transcrire, craignant qu'il n'apparaisse exagéré. La vie dépasse souvent la fiction. Il n'y a qu'à prendre un tarot, s'ouvrir les yeux et les oreilles pour reculer les frontières de son imagination quant au vécu quotidien des humains.

Tarot de Maurice

Maurice L., 55 ans. — Approche gestaltique

Maurice met beaucoup de temps à formuler sa question: il n'en a pas, il n'a qu'«un énorme problème». Aidé de son guide, il finit par accepter d'en formuler une: «Est-ce qu'il y a une issue à mon tunnel noir?».

(Jeu de Hurley et Horler)

Carte 1: (Moi) LE CINQ DE BÂTONS

C: *«Un tas de fumier. Des gens en arrière enfoncent leurs bâtons dans le tas. Ceux d'en avant le tassent.»*

G: *«Quel lien avec ta vie?»*

C: *«Je vois mes employeurs qui me ridiculisent devant les autres employés. Ils me traitent de bon à rien.»*

Maurice explique ici qu'il perdait ses emplois à cause de conflits de personnalité. Tous les deux ans, il devait se trouver autre chose. Il attribue ses difficultés à un père peu sociable auquel il dit ressembler un peu, malheureusement.

Son guide l'invite ici à travailler cette carte à la façon de la Gestalt, c'est-à-dire de devenir l'élément le plus significatif de la carte.

C: «Je suis le tas de fumier dans lequel les gens enfoncent leurs bâtons. Je me suis senti comme un tas de fumier jusqu'à il y a un an et demi. J'ai vécu une période où j'étais O.K. Depuis trois semaines, c'est de nouveau le tas de merde, tout est revenu comme avant.»

Maurice parle abondamment. Le mot désespoir revient sans cesse. Son guide se sent mal à l'aise devant une si grande présence de sentiments négatifs, intenses. Il l'invite à passer à la seconde carte, espérant un changement de perception.

Carte 2: (L'autre, le monde extérieur face à mon problème)
LE DIX DE BÂTONS

C: «Jeanne d'Arc qu'on brûle au bûcher. C'est moi qu'on brûle, qu'on sacrifie.»

Maurice fait spontanément un retour sur la carte 1 et identifie ses parents comme étant ceux qui lui ont enfoncé les bâtons dedans.

Le guide l'invite à entrer en dialogue avec ses parents, à leur exprimer ce qu'il ressent dans cette position. Maurice n'en voit pas l'utilité. Il refuse. Il n'a rien à leur dire.

Carte 3: (La relation entre 1 et 2) LE JUGEMENT
Sans hésitation aucune, Maurice se lance dans une description très chargée de ce qu'il perçoit dans cette carte.

C: «Je vois des enfants qui ne sont pas encore venus au monde.» (Il montre «l'oeuf» au dessus des «enfants».) «Je suis un oeuf dans le ventre de ma mère.»

Le guide l'invite à parler à sa mère, lui étant l'oeuf en elle.

C: «Pourquoi m'as-tu mis au monde si ce n'est que pour me faire souffrir?...»

À l'invitation du guide, il prend ensuite la position de sa mère et répond:

Sa mère: «Tu sais bien que je t'aime. Je t'ai mis au monde par amour. Quant tu étais malade, je t'ai soigné. J'ai pleuré avec toi.»

Maurice: (en réponse) «Je sais que tu m'aimes mais j'ai peine à y croire, etc.»

Maurice paraît un peu apaisé mais triste. Le guide sent la réalité intérieure de Maurice. Celle d'un tunnel noir, pénible et long. Rien ne semble l'en sortir.

Carte 4: (La résultante, la manifestation concrète)
LA TEMPÉRANCE

C: «Je vois le Christ qui écrase le démon. Il tient sa mère dans la main gauche, sous une cloche de verre...»

Le guide l'invite à devenir l'élément le plus important, donc le Christ.

C: «Je suis le Christ. Ma mère m'a mis au monde pour souffrir, pour ne vivre que de souffrances et de misères...»

Le guide l'invite à reparler de sa mère. Maurice s'aperçoit qu'il ne la déteste pas, qu'il parvient à être en contact avec l'amour de sa mère. Il finit même par faire dire à sa mère: «La souffrance, c'est toi qui te l'as donnée». Il fait alors entrer son père dans la situation.

C: *«Je n'ai jamais eu de communication valable avec mon père. Il n'a jamais pu me parler. Il ne communiquait que par la colère. La seule fois que j'ai presque communiqué avec lui, ce fut sur son lit de mort, quand j'ai eu le goût de le gifler. Je me suis retenu, mais c'aurait été le seul geste vrai entre nous.»*

Ce sont des émotions intenses et pénibles. Le guide — un éducateur professionnel en enfance inadaptée — bénéficie d'un certain entraînement à vivre des situations à forte charge émotive, mais comme il en est à sa première séance d'apprentissage du Tarot-Gestalt, il s'en tient strictement à la technique enseignée. L'expression émotive de Maurice prend beaucoup d'expansion. Son guide le ressent et voudrait faire plus. Le guide continue à trouver que la traversée du «tunnel noir» est longue. L'effet de la décharge émotionnelle (catharsis) commence à se faire sentir car Maurice apporte de lui-même les «insights» auxquels il parvient. Il dit en commentant ses cartes: «Pour la première fois, je réalise que je n'ai pas de difficultés d'emploi **en plus** des difficultés familiales. J'ai essentiellement des difficultés familiales non réglées qui se reflètent dans mon comportement au travail. Je n'avais jamais saisi ça auparavant. Je n'ai pas fini de régler ça: j'ai un frère aîné, ça fait vingt-cinq ans qu'on ne se parle pas. Ce serait important que j'essaie de m'en rapprocher...»

Le guide n'est pas équipé pour travailler directement au plan thérapeutique, aussi recourt-il à la technique enseignée: en cas d'impasse à la fin, on peut tirer une cinquième carte qui ouvre sur une perspective plus large. La cinquième carte agit comme la clé de l'énigme, la solution à laquelle on n'avait pas pensé, le fond de la question.

Carte 5: LE SIX DE BÂTONS, souvent appelée «La Mariée de Mai».

En voyant la carte, il s'affaisse sur la table et pleure abondamment. Sa compagne (qui venait de le rejoindre après avoir terminé son propre tarot) l'enlace. Maurice pleure et la serre tendrement. Il est heureux et soulagé. Il répète plusieurs fois: «C'est mon issue au tunnel et je ne l'avais pas vue. Je la vois maintenant.» Lorsqu'il est en mesure de verbaliser plus clairement, il exprime à son guide qu'il a rencontré cette amie il y a dix mois dans une session de tarot et qu'ils ont emménagé ensemble et qu'ils vivent harmonieusement. Quand elle fit ce tarot, cette «Mariée de Mai» était apparue alors dans ses cartes comme «son futur»: elle développerait une histoire d'amour. C'est une double synchronicité! Cette même «Mariée de Mai» réapparaît dans les cartes de son compagnon.

Ce tarot a-t-il besoin d'autres commentaires? Pour qui n'en a jamais fait, bien des aspects demeurent en question. Quel est l'apport du guide? Comment cette technique dérivée de la gestalt agit-elle? Est-ce elle qui est à l'origine d'une telle décharge émotionnelle? Quelle est la profondeur des problèmes de Maurice manifestée par ses échecs au travail? La perception très particulière, voire idiosyncratique, de la carte du Jugement est-elle un bon indice de la racine de son problème?

Dans ce livre que je veux à la portée de tous, j'aimerais me restreindre à faire constater que le tarot projectif peut atteindre une très grande profondeur. Il est difficile d'imaginer qu'une simple séance d'apprentissage d'une technique projective ait cet impact sans le concours de la synchronicité. La justesse et la simplicité des images agissent silencieusement, tout comme des pics dégagent des roches de la montagne. La plupart du temps lorsqu'on utilise le tarot avec honnêteté et prudence, tout se passe comme si les bonnes images surgissent en bonne position pour faire progresser la dynamique intérieure. D'après mon expérience, synchronicité et projection s'allient pour conférer au tarot la puissance exceptionnelle qu'il possède comme instrument.

Photo Ron Zak

Jack Hurley entouré de Rae, la Grande Dame, inspiratrice du tarot et Audie, la Prêtresse, celle qui utilise le plus le tarot.

Audie et Rae.
Le deux d'épées.

Audie.
Le dix de bâtons.

4. *EXPLORATION EN PROFONDEUR*

SCHÉMA POINTE DIAMANT

Les treize facettes de la Pointe Diamant

1. Le Soleil: le centre de mon monde actuellement
2. La Lune: la face inconnue de la question
3. La Terre: moi, entre ces deux pôles d'énergie
4. Position Jupiter: les facteurs favorables
5. Position Saturne: les difficultés chroniques
6. Position Vénus: l'idéal d'amour et de beauté
7. Position Mars: l'agressivité, la détermination, l'agir
8. Position Mercure: la solution intuitive, le message libérateur
9. Position Neptune: l'avenir, le futur probable
10. Position Uranus: les changements à faire
11. Position Vesta: les facteurs manquants
12. Position Pluton: le fond de la question
13. Position du nouvel ascendant: un nouveau départ

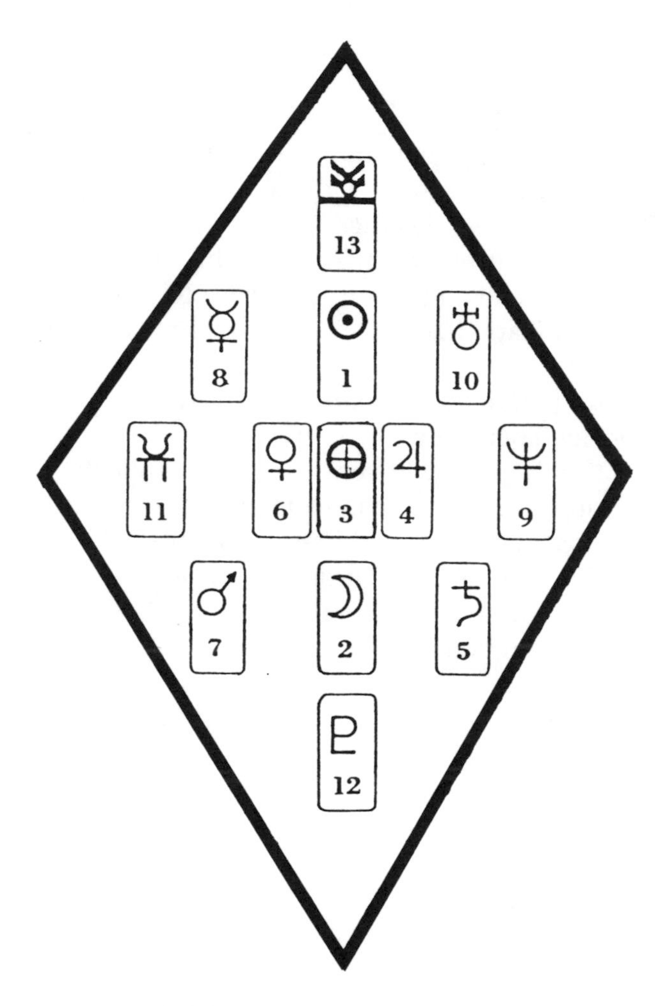

LA POINTE DIAMANT
a été proposée par JACK et RAE HORLEY
et JOHN HORLER

La Pointe Diamant, schéma de Hurley

Ce merveilleux tirage constitue un tour d'horizon complet de la vie intérieure. Il est élaboré et comporte un certain défi pour l'apprenti du tarot. Plusieurs données entrent dans cette grille:

— **les treize positions clés** constituent autant de facettes psychologiques à comprendre et à communiquer au consultant;

— la multiplicité des lames appelle des **synthèses** à plusieurs reprises (en 3, en 11, à la fin). Le guide doit se balader d'un arcane à l'autre, en relever les similitudes et les différences;

— **le temps plus long** exige du souffle: prévoir une heure ou deux pour englober le tout sans hâte.

L'expérience acquise à travers les années nous permet d'expliciter ici le procédé d'une façon minutieuse à l'intention du débutant. Comment dire? Quelles difficultés le guide est-il susceptible de rencontrer? Comment faire progresser un travail qui bloque? Certains points peuvent sembler inutiles à l'un mais répondront exactement à la difficulté de l'autre.

Pour chaque **position clé,** nous décrivons **la formulation, l'idéogramme, le sens psychologique** de cette position. De multiples **exemples** illustrent ensuite diverses possibilités rencontrées.

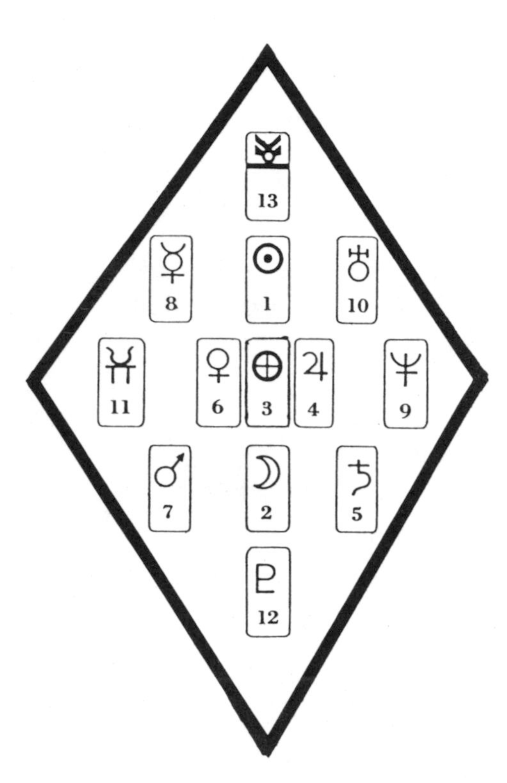

SCHÉMA POINTE DIAMANT

La position clé: Hurley se sert du langage astrologique pour explorer une facette de la personnalité. Pourquoi se servir d'un tel langage? Il ne s'en explique pas mais il m'est facile d'en justifier l'usage. Le langage astrologique* se veut descriptif, phénoménologique. À la différence des concepts psychiatriques et psychanalytiques, il tente de faire saisir des dimensions de la personnalité d'une façon non culpabilisante, non pathologique. Ce langage, dans sa simplicité et son pouvoir suggestif, rejoint tous et chacun. On n'a qu' à en faire l'essai avec des amis.

La formulation technique est appelée ici «**l'invitation**». Le guide s'en sert telle quelle ou se construit des variantes plus souples adaptées à la situation des enfants, des universitaires... une fête ou une thérapie, un débutant ou un habitué, autant de raisons d'adapter la manière de dire.

* Pour plus d'informations quant au sens astrologique des différentes positions, voir les travaux de Mme H. Hirsig et de M. André Barbault cités en bibliographie.

L'idéogramme (ou graphisme d'une idée) transmet déjà d'une façon visuelle le sens de chaque position. L'analyse permet de mieux le retenir.

La direction de l'énergie aurait pu s'appeler aussi «le sens de la démarche». Ici, nous indiquons au guide plusieurs gains possibles à retirer d'un travail approfondi. Rappelons les trois types de tarot:

Le Tarot/Projection se contente de transposer le sens de la lame et voir les résonances qu'il éveille en soi. Les diverses possibilités évoquées ici sont à peine utiles.

Le Tarot/Croissance prend **plus d'expansion:** le guide invite à devenir tel ou tel personnage, à donner une voix à tel élément fascinant d'un paysage, à imaginer le dialogue entre les êtres et les objets, à mettre en scène sur-le-champ le contenu d'une lame, à lui donner un prolongement, etc. Ici, **la direction de l'énergie** aide le guide-apprenti à tenter certaines audaces, il sera le premier surpris du rendement intensifié de ce mode plus actif.

Le Tarot/Thérapie ne se pratique que par des thérapeutes déjà entraînés. Leur formation leur donne tous les outils pour plonger au-delà des frontières précédentes. Ils savent décortiquer un conflit et soutenir l'effort durant les impasses. Pour eux, **la direction de l'énergie** ouvre des pistes mais ils en souhaiteront beaucoup d'autres. C'est dans mon intention d'écrire spécialement pour eux plus tard.

Les exemples qui suivent sont parfois **brefs,** résumant le sens projectif que le consultant y a donné après un certain tâtonnement. Ils ne sont là que pour stimuler l'imagination d'un guide débutant qui veut ouvrir l'éventail des sens symboliques de chaque position clé. Parfois ils sont plus **élaborés,** ils sont techniquement riches des variantes introduites dans les façons de procéder. Sans voir un guide expérimenté à l'oeuvre, il est difficile de saisir intuitivement le «comment» du procédé. Ces exemples complexes veulent transmettre la fluidité du métier acquis. Pour plus d'uniformité, ils sont tous tirés du «Nouveau jeu de tarot» des Hurley et Horler, en partie pour leur rendre hommage et en partie parce que ce jeu est vraiment l'outil le plus adéquat pour s'entraîner au Tarot psychologique.

Et maintenant, après avoir mémorisé attentivement les **instructions, oubliez-les** et **procédez avec confiance, fidélité à vous-même, intelligence chaleureuse** envers votre consultant. Adoptez votre langage à la situation et au niveau culturel du groupe ou de la personne concernés.

1. Le Soleil: le centre de mon monde actuellement

L'invitation

«TOURNEZ CETTE CARTE ET REGARDEZ-EN L'IMAGE. LAISSEZ-VOUS ABSORBER PAR ELLE. DÉCRIVEZ-LA ET AJOUTEZ TOUT CE QU'ELLE ÉVOQUE POUR VOUS. VOUS ARRIVEREZ FINALEMENT À FAIRE DES LIENS ENTRE CETTE CARTE ET LES PRÉOCCUPATIONS INTÉRIEURES CONSCIENTES SOULEVÉES PAR VOTRE QUESTION.»

L'idéogramme

☉

Le soleil est représenté par un large cercle doté d'un point central. En terme jungien, la psyché est toujours représentée par un grand cercle où émerge un point de conscience. L'idéal du développement humain consiste justement à étendre le champ de conscience (le regard intérieur) à la totalité de ce que l'on est.

Son sens psychologique

Le soleil symbolise le centre de l'existence, ou du moins, la sphère d'une expérience principale de vie: création, réalisation, action majeure. Cette première centration se porte donc sur ce qui est déjà connu du consultant. C'est l'occasion de partager son monde de préoccupations, le sens de son interrogation, la vision qu'il a de son problème.

La direction de l'énergie

Chaque carte met à tour de rôle le focus sur un point différent et engendre une opération précise. L'ensemble de ce tirage «Pointe Diamant» comporte treize facettes et donne lieu à une démarche découpée en treize mouvements.

Celle-ci ressemble au point de départ d'un long voyage. Le guide et le voyageur font la mise au point ensemble. À la fin de cette carte, le guide devrait savoir globalement tout ce que le consultant connaît déjà pour aller ensuite vers des aspects nouveaux.

Ce premier échange permet aussi d'établir le rapport de confiance. S'il n'est pas suffisant, il faudra l'approfondir ou ne pas donner suite au tarot. Le temps mis sur cette carte est le plus long. Les deux doivent s'entendre sur la technique, le temps et le mode de travail. Si le besoin s'en fait sentir, le guide précise la différence entre le tarot divinatoire et le tarot psychologique.

Exemples brefs

Sylvie, une artisane de trente ans environ. Elle participe à un groupe de Tarot-Créativité puis demande une entrevue individuelle pour clarifier certains problèmes. Elle formule la question suivante: «Je veux savoir qu'est-ce qui ne va pas avec ma mère et ma fille». La première carte tournée est celle de LA MORT (XIII).

Surprise et décontenancée par l'à-propos de cette carte, elle décide de s'ouvrir sans détour. Un grave accident d'auto, survenu il y a cinq ans, l'a amenée à vivre une convalescence tumultueuse chez sa mère, qui s'oppose à la façon «libre» dont elle élève sa fille. Cet accident a laissé des séquelles physiques graves (non apparentes au premier contact) et une secrète envie de se suicider. Dans ce cas particulier, cette première carte joue pleinement son rôle de révélation de l'intimité de la consultante. Après ce partage, les masques sont tombés. Nous sommes toutes les deux au coeur de la vraie question telle que Sylvie se la formule intérieurement: «Devrai-je vivre pour ma fille? De toute façon, ma mère me fait sentir que je fais du mal à ma fille. Je ferais peut-être mieux de disparaître».

Exemple de Christian C., 19 ans

Il tourne le 5 DE BÂTONS.

En réponse à sa question: «Comment être bien dans ma peau?».

(G: guide, C: consultant)

C: — *Des gens du Moyen Âge. Ils tapent sur un tas de foin pour en faire sortir quelque chose de caché là-dessous. Ils veulent percer avec leurs bâtons... peut-être écraser une bête, un serpent qui s'y cache. Il y en a un qui a l'air méchant... peut-être qu'il est juste sérieux...*

G: — *Est-ce que cette scène exprime quelque chose qui se rapporte à ta vie? Peux-tu faire des liens avec toi?*

C: — *Ouf!... Oui, le fait d'être écrasé. Je me suis senti souvent écrasé par l'opinion des autres. J'essaie de me dire que ça ne me touche pas, que je m'en fiche, mais non... Je me laisse piquer par les remarques des autres.*

Ici, on le voit bien, d'emblée cette carte soulève une facette importante de sa question. Dans le tarot thérapeutique, le psychologue peut utiliser plusieurs aspects de ce matériel riche. Dans un tarot projectif, l'expression des sentiments constitue déjà un pas vers une prise de conscience importante. Après avoir fait l'expérience de plus de cinq cents tarots psychologiques, je ne me rappelle pas une seule fois où un lien significatif et fort n'a pu être établi entre l'image présentée et la question posée. La projection et la synchronicité s'allient pour faciliter l'effet miroir entre le consultant et la lame du tarot.

2. La Lune: la face inconnue de la question

L'invitation

«TOURNEZ CETTE CARTE, REGARDEZ-LA BIEN ET DÉCRIVEZ-LA. EN LAISSANT VENIR TOUT CE QU'ELLE VOUS RAPPELLE, NOUS ARRIVERONS À TROUVER AUTRE CHOSE D'AUSSI IMPORTANT POUR VOUS, MAIS PLUS INCONSCIENT, MOINS CONNU.»

L'idéogramme et son sens psychologique

L'idéogramme se dessine par une portion de cercle, soit le tiers droit, comme la lune à son premier quartier. Cela suppose que la partie non éclairée du cercle se tient dans l'obscurité, dans le noir, et n'est pas représentée. La correspondance psychique s'impose: un aspect de la question demeure caché, une partie de la vie intérieure demeure inconnue, soit parce qu'elle baigne d'émotivité, soit parce que plus primaire, plus proche de l'imaginaire. Le consultant en est influencé à son insu.

Cette deuxième lame permet d'explorer des aspects complémentaires qui constituent ordinairement un pôle dynamique opposé. Mettre en relief cette seconde polarité contribue à équilibrer le problème et fait saisir au consultant le jeu de ses contradictions.

La direction de l'énergie

Si le sujet est ouvert et spontané, il dévoile facilement ses contradictions. S'il ne s'en tient qu'à une facette de la vérité, il risque de trouver difficile de voir l'envers de la médaille, sa «face cachée» qu'il n'admet que dans des moments privilégiés.

Cette deuxième étape est fort stimulante parce qu'elle crée un effet de surprise pour celui qui n'est pas averti du rôle des motivations inconscientes. Cette surprise a un effet sécurisant, équilibrant, car elle permet de comprendre pourquoi la question soulevée ne se résout pas facilement. Nous avons ici accès à la polarité opposée qui entretient le conflit.

Premier exemple

«Vais-je avoir un autre contrat à la radio?» Suzie, 26 ans, écrivain à la pige.

En position 1, SOLEIL, elle tire justement LE SOLEIL. Elle me confie qu'elle se sent en effet forte de sa première réussite et des appuis que cela lui a valus dans son milieu de travail.

En position 2, elle tire le CHEVALIER DE BÂTON.

C: — Hum... Tout n'est pas assuré si j'ai devant moi un concurrent comme ça. Je sais bien que je ne suis pas seule au monde à tenter ma chance, mais je n'aimerais pas qu'il se produise un revirement de situation.

G: — Ne va pas trop vite, commence par bien décrire la carte, nous ferons des liens avec ta situation dans un deuxième temps.

Techniquement, il est ici important de ne pas sauter d'étape: quelqu'un d'anxieux se laisse facilement emporter par la première impression positive ou négative. La description des éléments enrichit et tempère la vision de la réalité. Ici, par exemple, le cavalier noir et le cheval blanc renvoient à des éléments fort différents. De plus, après avoir appliqué à quelqu'un d'autre le sens de la lame, inviter le consultant à se réapproprier sa projection: «Et si c'était aussi une partie de toi, comment en verrais-tu le sens?» Ici Suzie reconnaît qu'effectivement elle a la peur dans les tripes, peur que ça ne marche pas... peur qu'on exige trop, etc.

Deuxième exemple

Jérôme S., avocat de 35 ans.
«Qu'est-ce que je cherche dans mon amour pour les femmes?»

La carte 1, celle de l'IMPÉRATRICE en position SOLEIL se résumait ainsi: «La femme me fascine parce qu'elle est remplie de vie. Comme si le monde lui sort de la tête, et lui rentre dans le coeur. Elle n'a pas peur. Elle tient l'humanité dans ses bras. J'aimerais être dans ses bras. C'est la vie, ça.»

Deuxième carte, position LUNE: LA REINE DE BÂTONS, appelée ici LA REINE DE SABA.

C: — Quelle belle femme... Elle est très charnelle. Svelte. Elle a du pouvoir. Son fauteuil... comme si elle dompte les lions. Je suis du signe du Lion, mais je ne suis pas sûr de vouloir une lionne avec moi.

G: — Qu'est-ce qu'une femme Lion a de redoutable?

C: — Elle voit clair. Elle sait ce qu'il y a à faire et elle est capable de le faire. Elle règne. Elle porte les culottes. Elle a trop d'aimant, tout le monde est autour.

G: — Elle a trop d'aimant?

C: — Elle risque aussi d'avoir trop d'amants (rires). Ouais... C'est vraiment une carte pour éclaircir comment il se fait que je suis toujours en recherche de la Femme, mais que je reste célibataire. Je veux une femme libérée, active, intelligente et qui reste à la maison. Cette femme-ci a trop de pouvoir, trop d'indépendance.

Évidemment, le travail ne s'arrête pas là. Jérôme explore ses contradictions flagrantes entre la vie, le pouvoir, la séduction, la fidélité, etc. Il veut être avec une femme forte... mais qui n'a pas de pouvoir, ni d'autorité; une femme excitante mais sage... Ici, le tarot psychologique ne révèle rien de neuf, rien qu'il ne savait déjà, mais pose clairement l'impasse dans laquelle il se débat. Il impose à la femme une double contrainte quasi impossible: être active et pourtant rester à la maison; être puissante mais sans autorité. . . un pari irréaliste. Ses désirs étouffent sous ses craintes. Il a réalisé clairement la source de son échec amoureux. Reste maintenant à travailler sa peur.

Troisième exemple

Christian C., 19 ans, tourne comme deuxième carte le 10 D'ÉPÉES.

Il décrit les épées en rangées, l'entrée d'une chambre, la carrure de l'homme, son masque, puis il fait un lien entre les épées, ses désirs sexuels, les interdits de son père, les risques à prendre pour vivre sa vie comme il l'entend.

Pour un thérapeute, déjà la première carte de Christian dirigeait l'attention sur les problèmes sexuels lorsqu'il imaginait un serpent sous le tas de foin. Dans un premier contact, il est prématuré de travailler directement cet aspect. Par ailleurs, le tarot psychologique agit comme un réseau d'amplification progressive. La succession des images stimule l'inconscient et crée des associations mentales qui se répondent en écho.

Ici le travail psychologique a porté sur deux points: le sentiment d'être surveillé et le désir sexuel. Techniquement, les verbalisations sont facilitées par le fait de mettre l'accent sur l'aspect défensif:

G: — *Cette carte révèle souvent quelque chose de soi que l'on admet difficilement, que l'on préfère oublier, mais qui pourtant a une grande importance. Comment vois-tu cela pour toi?*

(Notez la formulation ouverte: le consultant ne partagera que ce qu'il est prêt à admettre ouvertement avec son guide.)

C: — *Comme je l'ai dit déjà, je n'aime pas être regardé, surveillé, surtout par quelqu'un de masqué qui a une grosse épée à la main.*

G: — *Est-ce que ça te ferait penser à des personnes précises dans ta vie? Quelqu'un devant qui tu te sens sur tes gardes, devant qui tu sens que ça serait dangereux d'être ouvert?*

C: — *Oui... (Il fait le tour des relations importantes; son père surtout. Il a le sentiment que ce serait dangereux de lui dire quoi que ce soit de sa vie intime..., etc.)*

Le travail se termine en faisant des liens entre la carte 1 et la carte 2: «Est-ce que c'est possible qu'il y ait un lien entre le sentiment d'être facilement écrasé par tout le monde et la peur que l'on connaisse et critique ta vie sexuelle?»

Christian en vient à délimiter son problème de la façon suivante:

> *«C'est vrai que j'ai peur du jugement des autres... mais le pire c'est quand il s'agit de ma vie sexuelle. Il faut que je tienne ça secret. Je suis comme ce gars qui protège sa grotte. Je suis prêt à me battre. Ma vie ne regarde que moi. Les autres n'ont pas d'affaire à savoir ce que je ne veux pas leur dire.»*

À la fin, on prépare la troisième carte en disant: «D'avoir ce problème en toi, dans quel état cela te met? Comment cela agit-il sur ta vie quotidienne? Nous allons tourner la troisième carte pour savoir quelle position tu prends habituellement».

3. La Terre: moi, entre ces deux pôles d'énergie

L'invitation

«TOURNEZ CETTE CARTE, DÉCRIVEZ-LA. FINALEMENT, NOUS POURRONS FAIRE DES LIENS ENTRE CE QU'ELLE REPRÉSENTE ET LE COMPORTEMENT RÉEL QUE VOUS ADOPTEZ À L'ÉGARD DE VOTRE PROBLÈME (OU QUESTION, OU PRÉOCCUPATION).»

L'idéogramme

Le symbolisme graphique renvoie ici encore une fois au cercle: mon monde, le soi. Il est traversé d'une croix, donc d'une croisée de chemins. Comme le soleil apparaît comme un point lumineux dans le ciel, le lieu que l'on habite se montre comme un point de rencontre entre des routes, un point de visée, un focus.

Son sens psychologique

Entre le SOLEIL et la LUNE, la TERRE représente au plan psychologique la position de l'ego manoeuvrant entre les dynamismes conscients et inconscients. Après avoir suscité un haut niveau d'émotions et apporté du relief à la question grâce aux deux premières cartes, cette troisième facilite un regard neuf sur le présent. Entre les deux polarités explorées, comment est-ce que je me conduis effectivement? Comment est-ce que je me comporte au milieu de ce tiraillement? On peut en effet se tenir inactif, se battre, rager, ignorer, démissionner, s'effondrer, s'exalter, se glorifier..., etc.

La direction de l'énergie

Techniquement, le procédé consiste chaque fois à amener le consultant à décrire la carte sans trop schématiser ou se perdre dans les détails. Le sens dynamique de la scène, de l'action ou de la situation représentée comptent davantage. Le guide est attentif à découvrir ou faire identifier l'élément accrocheur qui polarise l'attention et l'émotion. On se rappelle que les lames du tarot sont à traiter comme des images de rêve: l'essentiel, c'est leur pouvoir de résonance émotive.

Premier exemple

Voici comment Jérôme, l'avocat dont nous avons déjà vu les deux premières cartes, progresse en explorant la troisième carte.

3e position, la TERRE: LE PAPE

Notons tout d'abord que la carte ne porte aucune mention écrite du «Pape». Dans le nouveau tarot des Hurley et Horler, cette lame est difficile. Jérôme en décrit les éléments courants: les colonnes, le système de clés, les engrenages, une espèce de porte, les contrastes du noir et du blanc et finalement le personnage central.

C: — *Il n'y a pas là vraiment quelqu'un mais juste un... vide à la place de la tête. C'est sans visage. Je dirais un juge qui administre un système. Rien de personnel.*

G: — *Vous vous reconnaissez là-dedans?*

C: — *Moi, agir comme un juge avec les femmes? Ce serait de la déformation professionnelle! (Il se recule sur sa chaise et fait «non» de la tête.)*

G: — *Essayons de voir. Cette femme-ci (carte 1) et celle-là (carte 2) sont présentes. Vous vous adressez à elles. Voyons comment cela se passe.*

Jérôme met en scène à tour de rôle une femme qu'il associe à la vie et l'autre à l'amour-pouvoir. La nervosité des premiers moments passée, il plonge dans l'improvisation. On stoppe bientôt pour analyser et s'apercevoir qu'il laisse les femmes plaider leur cause et les renvoie dos à dos sans s'impliquer lui-même. Avec Jérôme, le tarot psychologique fut bref mais plein d'enseignements. Sa spontanéité et son ouverture ont largement contribué à ce qu'il se connaisse mieux lui-même. Le tarot a joué son rôle en stimulant ses images intérieures. Le tarot constitue une banque d'images qui, dans leur justesse, ne se laissent pas facilement oublier.

Deuxième exemple

Reprenons le tarot psychologique déjà cité de Christian, où, dans un premier temps, il a identifié un problème de contact social, se sentant facilement critiqué; dans un second temps, la désapprobation le rendait défensif, surtout quant à sa vie sexuelle. Ici, en position TERRE, Christian se demande: «Mais en fait, comment est-ce que j'agis ou plutôt comment est-ce que je réagis dans ces situations?»

10 DE DENIERS

C: — *C'est une vieille personne. Le dos courbé. Elle ne se tient pas la colonne droite. Elle est grosse. Elle compte ses sous. Je ne suis pas matérialiste, moi! L'argent, ça me passe dix pieds par-dessus la tête!*

G: — *Bon. Essayons de voir en quoi cette personne ou cette image peut exprimer quelque chose de toi, c'est-à-dire comment entre ça (pointant la carte 1) et ça (carte 2) tu réagis.*

C: — *(Soupir. Il détourne les yeux, ennuyé.)*
C'est pas sorcier. Je me plie, je plie l'échine. (Détente) Peut-être aussi que je grossis les affaires. En tous cas, je ressasse les critiques. Je m'en souviens des mois après, peut-être des années. (Silence pensif)

G: — Peut-être y a-t-il moyen de faire quelque chose d'autre?

C: — (Haussement d'épaules) — Je ne vois pas.

G: — Reprenons la carte ici (carte 1). Tu te sentais piqué, tapé comme un tas de foin. Comment pourrais-tu agir autrement?

Le travail avec Christian ne se déroule pas facilement. Il est entrecoupé de silences gênés, mais le désir de s'exprimer demeure un atout constant. Il répond aux questions et suggestions du guide en progressant à petits pas. Son agressivité est à fleur de peau mais il ne le réalise pas. Il se tient sur la défensive, comme l'homme masqué (sa deuxième carte). Faisant la synthèse des trois cartes, il en vient à verbaliser qu'il sent en 1 les autres «piquants», et en 2, que lui-même est «raide dans ses réactions», mais qu'il se replie la plupart du temps (3). Pourrait-il en être autrement? Qu'est-ce qui lui donnerait un coup de pouce? Le voilà prêt à tourner la quatrième carte, celle des facteurs favorables.

4. Position Jupiter: les facteurs favorables

L'invitation

Après avoir fait le bilan des trois premières cartes, le guide conclut en disant: «VOILÀ OÙ VOUS EN ÊTES PAR RAPPORT À LA QUESTION POSÉE. ÉTANT DONNÉ CETTE SITUATION, QU'EST-CE QUI PEUT VOUS AIDER?

IMAGINEZ QUE VOUS AVEZ ACCÈS À DES PROTECTIONS HAUT PLACÉES OU QUE VOUS VOUS DÉCOUVREZ DE GRANDES RESSOURCES... TOURNEZ CETTE CARTE ET, APRÈS L'AVOIR DÉCRITE, VOUS VERREZ QUELS ÉLÉMENTS BIENFAISANTS PEUVENT ÊTRE MIS EN OEUVRE.

L'idéogramme

♃

L'idéogramme de Jupiter est littéralement celui d'un esquif poussé par des vents favorables. Après avoir cerné une situation chargée, certains vont se sentir prisonniers de cette dynamique. Il est important d'évaluer les ressources internes et externes.

Son sens psychologique

Explorer Jupiter, c'est s'arrêter pour se demander comment s'épanouir dans la situation envisagée. Comment trouver la voie de la réussite, du succès, du profit, de l'abondance, de la considération. Chacun porte en soi des atouts pour réaliser son destin. Les forces du milieu peuvent être mises à contribution lorsqu'on sait les voir et les utiliser.

La direction de l'énergie

La formulation choisie dirige l'attention autant sur les ressources personnelles que sur l'aide extérieure. Le mouvement à accomplir ici consiste à aviver le sens de l'observation à l'égard des disponibilités de l'environnement et stimuler la confiance en soi. Le guide peut aider en rappelant des situations semblables que le consultant a su traverser. Il peut découvrir des façons de se prendre en main, identifier des alliés, des ressources nouvelles.

Formulation alternative

À l'occasion, il m'est arrivé de reformuler autrement le même concept. À la question de Micheline: «Ayant tout perdu dans le feu de ma maison, où je m'en vais?», je lui demande ici: «Finalement, qu'est-ce qu'il peut y avoir de bon pour toi là-dedans?».

Exemples brefs

Hélène, traductrice, mal adaptée à son nouveau travail tire le 8 DE BÂTONS: «Deux personnes qui ont fait la paix. C'est plein d'obstacles mais elles se tendent la main. Peut-être que je gagnerais à faire la paix, à considérer les petites mesquineries des autres comme accessoires...»

Ghislain, publiciste, se demande s'il doit déménager. Il tourne le 7 DE DENIERS. La synchronicité (concordance étonnante presque parfaite) est telle qu'il s'en exclame: «Heureusement que j'ai placé les cartes moi-même, sinon je dirais que vous avez triché! Zoom! Au poil! Un bonhomme prêt à décoller, sur sa rampe de lancement. Moi aussi! Ce que je veux tirer comme avantage de ce déménagement, c'est un complet redémarrage. Remettre mon char en marche, m'accrocher à une autre étoile, mais laquelle?»

Ici, nous profitons de la situation pour lui faire énumérer les choix possibles et voir lequel est le plus favorable.

Danielle, 45 ans, vient de se rendre compte que son amant lui a soutiré de fortes sommes d'argent pour éponger ses dettes de jeu. En JUPITER, elle tire le CHEVALIER DE COUPES.

C: — *Un Viking sur le devant de son bateau... une sorte de monstre. Je l'imagine peint en couleurs vives comme les dragons chinois. (Elle me jette un coup d'oeil complice.) Il se tenait tranquille tant que je lui montrais les dents, que je lui faisais peur.*

G: — *D'accord pour faire des liens avec ta vie lorsqu'ils sont si évidents, si spontanés. Mais continue d'abord ta description.*
(Ce rappel technique est nécessaire parce que Danielle est complètement sous le coup de l'émotion et multiplie les rappels douloureux. Elle aurait besoin d'un tarot que j'appellerais «post-traumatique», utilisant une ou plusieurs entrevues pour se libérer du choc subi, mais nous avons peu de temps. Elle veut limiter ses déboursés et juste «retrouver sa boussole».)

C: — *C'est vrai. Je reviens à ce Viking. Un grand bonhomme solide sur ses pattes, une hache en mains, une coupe aux lèvres. Il regarde en avant. Son manteau de fourrure et son casque montrent sa richesse et son rang.*

G: — *Peux-tu faire des liens entre cette carte et toi?*

C: — *Mon Dieu, oui, presque tout.*

G: — *Vas-y, je t'écoute.*

C: — *Bon, j'ai dit solide sur ses pieds même si la barque est en mouvement. Ça me serait bon de retrouver ma solidité... et remettre mon bateau en mouvement. À mon âge, j'imagine peut-être que tout s'arrête là parce que je me suis fait avoir...*

Danielle continue les liens entre «la hache de guerre» et la nécessité de se battre pour récupérer son avoir. Elle s'étonne que le «manteau luxueux» et le «casque» lui rappellent qu'elle s'est toujours sentie valorisée par son amant en étant «supérieure» à lui. «La coupe aux lèvres» évoque l'affection capricieuse mais constante dont il l'entourait. «Il était toujours aux petits baisers doux avec moi. J'en avais besoin. Je ne savais pas qu'il y avait tant de calculs de sa part.»

Globalement, cette carte lui permet un tour d'horizon où elle revoit les motifs de son attachement et dégage ce qui lui a été bon dans cet amour malgré la fin amère. Elle termine en soupirant: «Pourquoi ai-je des amours difficiles?» C'est une excellente transition avec la carte suivante où on explore les difficultés chroniques récurrentes de son existence.

5. Position Saturne: les difficultés chroniques

L'invitation

«MAINTENANT RETOURNEZ CETTE CARTE, DÉCRIVEZ-LA. LORSQUE VOUS AUREZ FAIT LE TOUR DE TOUT CE QU'ELLE ÉVOQUE POUR VOUS, NOUS RETROUVERONS UN ÉLÉMENT DE DIFFICULTÉ CHRONIQUE DANS VOTRE VIE.»

♄

L'idéogramme

L'idéogramme de Saturne ressemble à une ancre qui retient un bateau. Le concept à travailler ici correspond à cette image: quelles sont les difficultés récurrentes de ma vie? Qu'est-ce que je crois avoir maîtrisé mais qui réapparaît constamment? Quel est l'obstacle majeur?

Le sens psychologique

La psychanalyse a rendu familière l'idée que ce qui nous résiste est la plus grande source d'apprentissage. Dans *Le Messie récalcitrant,* Richard Bach propose lui aussi que «nous avons un problème parce que nous avons besoin du cadeau qu'il nous apporte».

Les difficultés chroniques se présentent comme une pierre d'achoppement. Elles sont familières mais semblent insurmontables. C'est à leur égard que l'on garde le plus grand secret, que l'on se replie, s'isole, que l'on se tait par honte ou pudeur. Elles sont liées à un sentiment de perte, d'abandon, d'échec... avant de devenir un centre de puissance intérieure, de force morale, de grandeur intellectuelle ou spirituelle.

La direction de l'énergie

Avec cette nouvelle lame du tarot, le consultant et le guide abordent ordinairement une difficulté de longue haleine, soit un trait de caractère, soit une source d'opposition permanente (ou sentie ainsi) de l'environnement, une carence qui ne peut être surmontée qu'avec patience et acharnement. Cette étape exige de la transparence de la part du consultant pour s'ouvrir sur un aspect de lui-même qu'il considère comme une faiblesse. Le guide doit déployer du tact et savoir mobiliser la détermination de son partenaire. Parfois, on apprend ici un fond d'alcoolisme, des difficultés financières cachées, la culpabilité d'un avortement, ou d'autres secrets bien gardés. C'est bien évident que la discrétion totale d'un psychologue professionnel s'impose, même si le guide fait le tarot psychologique à titre purement amical.

Exemples brefs

Dans un groupe où j'enseignais le tarot des Hurley, voici quelques lames et le sens qu'elles ont pris en position SATURNE.

CINQ DE DENIERS: se sentir écrasé... et avoir envie d'avoir le dessus pour écraser à son tour, bien que ce soit absurde de jouer ce jeu-là.

CINQ DE COUPES: la confusion, le tourbillon des idées, l'instabilité.

TROIS DE COUPES: le couple ouvert, l'ouverture prématurée à des relations intimes.

SEPT D'ÉPÉES: trop d'ambition; le désir de grimper rapidement dans la profession sans voir où l'on s'en va; porter des éléments de querelle ou de rancune.

Exemples plus élaborés

Solange, 32 ans, en voie de décider d'un second divorce. Elle tire le QUATRE DE BÂTONS.

«C'est moi la femme dans l'échelle. Depuis trois mois, je ne me vois plus comme mère. Avec le divorce, c'est fini pour moi le rêve d'avoir des enfants. À trente-deux ans, c'est trop tard. Je ne me vois pas refaire ma vie rapidement avec un autre homme. C'est d'ailleurs pour avoir un ou deux enfants que je me suis décidée de me marier malgré mes doutes envers Guy. (Pause) J'ai eu des sentiments d'homme dans ma carrière: gravir les barreaux de l'échelle, passer les étapes avec succès, faire mon chemin. Je pensais être arrivée à quelque chose et pouvoir mettre mon travail au second plan. Non. Mon sentiment maternel en prend un coup. (Soupir) Je n'aime surtout pas penser que je vais lutter jusqu'à la fin de mes jours, devoir une partie de mon succès à un célibat forcé.»

En clair, Solange retrouve comme difficulté chronique un vieux dilemme: être seule, faire carrière ou se retrouver un compagnon de vie. C'est une difficulté de fond, l'arrière-scène de sa vie. Choisit-elle de s'y attacher maintenant? ou plus tard? Actuellement, elle semble repoussée vers la solitude, mais s'y résigne-t-elle trop facilement?

André L., 22 ans, soupèse son choix d'une carrière universitaire. Il tire L'ÉTOILE (XVII). Il est énervé et son attention dispersée.

C: *«En pleine campagne, la nature, l'eau qui coule. Mais ça a l'air d'une femme: un sein, sa coiffure, un afro. Là, un oiseau... ça a l'air d'une lampe, tu sais la lampe d'Aladin. Tu frottes et puis zapp! la compagne que tu veux, tu l'as, comme un beau cadeau. (...) Les étoiles: je serai toujours dans le show-bizz. Le gars qui a inventé l'hostie de jeu, il avait de l'imagination à revendre. Il y en a combien de cartes différentes dans un tarot?»*

Dans le cas présent, quel est le sens de Saturne? Quel choix faire parmi les sources possibles de difficultés pour André?

Est-ce sa nature poétique, rêveuse? Son recours à des solutions magiques? (Zapp! Tu l'as!) Sa recherche d'une femme interférant possiblement avec ses études? Ses tentatives de faire du show-bizz au Centre d'art? Sa dispersion mentale?

Le guide n'a pas à en faire le choix. Tout au plus, il peut les énumérer comme nous venons de le faire, en laissant André cheminer dans la prise de conscience de ce qui lui nuit. D'ailleurs, lorsqu'il s'agit d'un tarot de croissance, le seul recours consiste à retourner la situation au consultant en lui rappelant le sens de la position SATURNE:

G: — *André, tu te rappelles que l'on cherche maintenant quelle est la source chronique de tes difficultés par rapport à la question posée. Ici, à travers ce que tu as dit, qu'est-ce qui colle le plus? (Le guide reprend ses notes et énumère pour lui les différentes possibilités, s'il y a lieu.)*

6. Position Vénus: l'idéal d'amour et de beauté

L'invitation

«TOURNEZ CETTE CARTE, DÉCRIVEZ-LA ET LAISSEZ-VOUS OUVRIR ENCORE UNE FOIS À TOUT CE QU'ELLE ÉVOQUERA POUR VOUS. FINALEMENT NOUS EN ARRIVERONS À DÉCOUVRIR VOTRE IDÉAL D'AMOUR ET DE BEAUTÉ. QUEL IDÉAL D'HOMME OU DE FEMME VOUS PORTEZ EN VOUS, IDÉAL QUI GUIDE VOS ATTRACTIONS, VOS RÉPULSIONS, VOTRE SENS DU BEAU, DU DÉSIRABLE.»

L'idéogramme

L'idéogramme choisi pour représenter Vénus est celui de la croix des quatre chemins surmontée d'un cercle, comme d'une étoile. C'est un dessin très ancien symbolisant la femme.

Le sens psychologique

Dans le tarot psychologique quelle application en fait-on? S'il s'agit d'un homme, il n'aura pas de difficulté à en faire la transposition: «Ma Vénus à moi, c'est quoi?». Remarquez bien qu'il peut s'agir de toutes les formes d'attraction: l'objet de désir d'une vie peut concerner l'amour, la beauté, mais aussi l'argent, la justice, la grandeur, la puissance, le génie créateur. S'il s'agit d'une femme, elle est invitée à explorer également l'objet de son idéal, soit en elle-même (Quelle sorte de femme idéale j'aspire à être? Si je me développe au meilleur de moi-même, qu'est-ce que je deviens?). Il se peut aussi qu'elle explore l'idéal qui l'a conditionnée, le modèle culturel plus ou moins aliénant qui guide ses gestes pour plaire.

La direction de l'énergie

L'expérience répétée du tarot psychologique m'a amenée à voir que l'idéal inscrit au coeur de soi peut être une source de réalisations extraordinaires comme de déséquilibres. Devenir conscient de la tyrannie de son idéal de perfection, de son irréalisme, d'un prix à payer injustement élevé... tout cela peut être un gain important de cette exploration.

La carotte ou le bâton? Dans certains cas, le consultant explore l'ego idéal négatif, c'est-à-dire ce qu'il veut éviter d'être à tout prix. Plusieurs personnalités se construisent effectivement en opposition aux modèles présentés: «Surtout ne pas être comme ma mère», «surtout ne pas devenir alcoolique comme mon père», «ne pas être coureur de jupons comme mon père, il a détruit ma mère», «ne pas être ignorant comme les gens de mon village». Explorer le scénario de vie servant de base à l'idéal de réalisation de soi permet de réfléchir sur les valeurs élaborées dans l'enfance et en dégager une nouvelle version élaguée, plus conforme à la phase de développement traversée par le consultant. Sait-on vieillir en force? Sait-on vivre un deuil positivement? Mettre un enfant au monde en beauté, ça se vit comment pour moi?

Technicalités

Pour cerner ce noyau de base ayant fondé inconsciemment l'idéal, il faut parfois orienter carrément les questions vers le passé:

— «Où tu as pris ce désir de travailler quinze heures par jour?»

HUIT DE DENIERS

XVI LA TOUR

— «Qu'est-ce que ça te rappelle comme situation de catastrophe où tout fiche le camp?»

Le sens précis à donner à la question peut se modifier grandement selon le problème traité:

— Si je cherche un emploi, Vénus peut devenir: «Qu'est-ce qui serait le plus chouette pour moi? Dans les circonstances présentes, comment j'imagine le meilleur travail possible?»

— Que je me prépare à accoucher, à déménager, à chercher un nouvel amoureux, à aller en vacances... peu importe, la question devient orientée vers «le mieux qui puisse m'arriver...» «Je rêve de quoi au fond?»

Exemples

Le TROIS DE DENIERS: savoir coopérer pour une noble cause.

Le QUATRE DE COUPES: savoir être disponible, rire, danser, se lier d'amitié.

Le CHEVALIER DE BÂTONS: être déterminé, capable de se réorganiser rapidement.

Le PRINCE DE DENIERS: avoir des pouvoirs psychiques, savoir intuitivement...

Toutes les lames du tarot peuvent s'interpréter positivement ou négativement. Il n'y a pas de sens fixe, unique. Même la carte du Diable XV devient la capacité de ruser, d'avoir le dessus, de contrôler tout le monde. Ce désir peut être ambivalent ou être l'ego idéal négatif.

Exemple plus élaboré

Yvette prend sa retraite (le nom est pure coïncidence malgré ce qu'on a dit des Yvette au Québec). Elle et son mari construisent une petite maison à la campagne. Elle a toujours été active, chroniquement épuisée par de multiples petites entreprises menées de front avec son enseignement. Elle a formulé sa question ainsi: «Quelle sorte de vie je commence maintenant?» En position VÉNUS, elle tire la lame XI, soit la FORCE:

Y — Quelle coïncidence! Je me suis décidée dernièrement à prendre des cours de Yoga. C'est beaucoup pour mes vieux os de s'asseoir comme ça, mais je suis souple. Tu parles d'une coïncidence.

Moi — Revenons à la carte d'abord en la décrivant: «Je vois...»

Y — Je vois une femme plongée dans la méditation, les yeux fermés, en position de Yoga. Elle tient dans ses mains... deux serpents. Son nombril est comme un troisième oeil. Ils appellent ça le centre d'équilibre, le hara. Ses seins sont encore fermes — tiens je pense à moi en disant «encore fermes». Elle a les cheveux longs dressés comme des antennes. Il se dégage d'elle une grande force sereine. Au fond en haut, c'est quoi? Une bouée de sauvetage? une rose? une rose des vents? une verrière?

Moi — Sur cette carte, il s'agit de voir comment cette phase nouvelle, ta retraite à la campagne, peut être vécue comme la réalisation d'un rêve. Reprenons les éléments et voyons comment ils s'appliquent à toi présentement.

Y — Le premier élément, celui qui me parle le plus fort, c'est sa sérénité. J'ai été toujours une nature inquiète, chercheuse, je veux atteindre la sérénité. J'ai choisi de faire du Yoga pour ça..., etc.

Tranquillement elle utilise l'un après l'autre chacun des points relevés:

- *«les serpents» deviennent un symbole de la maîtrise globale de son énergie, d'une paix sensuelle;*
- *«le nombril, le hara», faire attention au ressenti, ne pas se pousser dans le dos comme elle l'a toujours fait;*
- *«les seins encore fermes» l'amènent à verbaliser sur le fait que, jeune, elle ne se sentait pas une belle femme mais qu'elle l'est devenue petit à petit. Elle valorise aussi d'être en forme physiquement;*
- *«les cheveux... comme des antennes» la ramènent à sa force intuitive;*
- *«la rose... une verrière» la branche sur son désir de développer enfin son côté artistique, dessiner, faire du batik, de la verrerie.*

C'est, pour Yvette, une carte des plus complètes de son tarot psychologique. Elle se sent vraiment «reprise dans cette image comme en un miroir». Elle décide déjà, pour mieux graver ce qu'elle éprouve ici, de s'en servir comme sujet de peinture sur soie et de le suspendre à la porte de sa chambre comme un «rappel de la superbe femme» entrevue durant ce tarot.

Extrait d'un tarot de couple

Ginette et Gilles veulent explorer «ce qui ne fonctionne pas dans leur relation». Le schéma de Hurley est employé d'une façon libre pour tenter de capter leur vision des choses. La technique choisie consiste à dialoguer sur le matériel projectif que suscite la lame.

Position VÉNUS: «notre idéal comme couple.»

Le HUIT DE BÂTONS. Gilles commente spontanément le premier:

Gilles — *Je vois une femme et un homme... huit bâtons qui semblent des obstacles. Hein, mon amour, on n'a pas fini de se chercher! De l'herbe. C'est l'été comme maintenant. Je me sens comme l'homme qui veut faire le joint avec la femme pour une complémentarité — mais je m'accroche encore aux bâtons! La femme a une drôle de main... Regarde donc ça Ginette... T'as une drôle de main... Tu te caches ou tu ne veux pas me rejoindre? Tu dis: «Stop!» ou «Viens-t-en?»*

Ginette — *(un peu défensive) Je veux te rejoindre aussi (sa réponse semble forcée mais elle ajoute sur un ton plus vrai) Ce qui me dérange, c'est que je porte un masque. . . mais toi t'as l'air idiot, les genoux pliés pour être à ma hauteur. T'as les yeux fermés, le bras qui s'accote au barreau. Tu fais semblant de me rejoindre mais t'es sur la réserve..., etc.*

On voit tout de suite l'interaction pertinente. Cette image du tarot coïncide à merveille avec leur interrogation. Encore une fois, bravo pour la synchronicité! Techniquement nous allons l'exploiter à fond, tenant compte de leur interaction spontanée. Je leur propose donc de prendre la position des personnages. Je vais chercher deux balais en guise de bâtons. Effectivement Gilles s'accroche à son balai et dit qu'il ne peut pas la rejoindre et lui demande de s'avancer plus. Ginette rétorque qu'elle veut bien faire un pas s'il en fait un, etc. Rapidement, ils prennent conscience que chacun est plus préoccupé de savoir où en est l'autre que de s'avancer.

Ils s'immobilisent mutuellement. Quand Ginette n'est pas rassurée sur le fait que Gilles a envie de s'approcher, elle met le masque de l'indifférence. Gilles réagit en lâchant vite prise: «Comment ça, si tu n'es pas intéressée, laisse faire, je vais m'arranger tout seul».

Le travail sur le thème de la «bonne communication» dans le couple finit par dégager leur compréhension pratique de l'autonomie et de l'interdépendance. Le jeu de rôles facilite la saisie plus vive d'une réalité floue.

7. Position Mars: l'agressivité, la détermination, l'agir

L'invitation

«COMME VOUS L'AVEZ FAIT JUSQU'ICI, TOURNEZ CETTE CARTE ET NOUS ALLONS FAIRE DES LIENS ENTRE CETTE CARTE ET LA FAÇON DONT VOUS VIVEZ VOTRE AGRESSIVITÉ. PAR AGRESSIVITÉ, JE VEUX DIRE CE QUI DÉCLENCHE VOS ÉNERGIES DE COMBAT, CE QUI VOUS POUSSE À ENTREPRENDRE, COMMENT, OU À PROPOS DE QUOI, VOUS PASSEZ À L'ACTION.»

L'idéogramme

L'idéogramme de Mars est fort significatif: encore une fois on retrouve le cercle symbolisant le centre (soi-même) et une flèche pointée vers l'avant. C'est avant tout le symbole mâle et l'analogie avec le corps masculin se fait aisément. La flèche symbolise ce qui sort de soi. L'agressivité n'est cependant pas limitée au sexe masculin — ce qui est bien évident — elle se manifeste par des formes culturellement rattachées à des comportements masculins ou féminins. L'essentiel, c'est d'amener une prise de conscience quant au niveau d'énergie, savoir comment ou pourquoi on passe à l'action, les tabous bloquant l'agressivité, son excès comme son manque.

La direction de l'énergie

L'attention se porte maintenant sur le niveau énergétique, ses «patterns», la source de stimulation, les sentiments qui l'accompagnent. Ici encore, l'analyse ne doit pas porter uniquement sur le ressenti (l'aspect interne) mais aussi sur l'interaction avec l'environnement.

Les aspects à observer et les échanges entre le guide et le consultant sont fort nombreux. En tant que thème, le sujet de l'agressivité peut déboucher sur la colère, la dépression, la jalousie, la peur de perdre contrôle, le sens de l'audace, l'impuissance sexuelle, le rêve de conquérir le monde. Il n'y a pas de limites... sauf les limitations intérieures des deux personnes en interaction.

Exemples brefs

Voici des verbalisations montrant la richesse et la diversité du matériel:

Micheline S. «Qu'est-ce qui se passe dans mon mariage?»

LE FOU «Ah je n'aime pas ça. C'est toute ma tremblote. Regardez-le, il est en morceaux, un vrai casse-tête! Le chat non plus, noir, tout entremêlé, les deux pattes prises dans un piège, en train de basculer.»

Raymond, 16 ans. Tire le DIABLE et s'en trouve offusqué: «Le diable. C'est malsain. Je vois un noir qui brûle. C'est laid, c'est négatif. La femme est crucifiée. Ah non, je ne suis pas comme ça.»

Simon, le DEUX D'ÉPÉES. «Est-ce que je vais réussir à décrocher mon contrat?»

«Deux femmes, qui entourent la lune avec des épées pour représenter le signe du Taureau. Beaucoup de lumière autour d'elles. Une carte pleine d'énergie. Les faucilles font le signe du Taureau, mon signe. Les femmes m'ont toujours aidé. Si ça dépend d'elles, je vais réussir mieux que je peux le penser avec mon oncle.»

Ces projections font d'emblée ressortir les différents caractères, l'agressivité tournée contre soi-même dans le premier cas, des impulsions vives et entières dans le deuxième exemple, un art d'utiliser les autres, surtout les femmes, dans le troisième cas. Comment un guide agit-il dans chaque situation? Quel est l'art de développer un dialogue fructueux pour le consultant? Dans cette partie du texte, nous nous sommes préoccupés uniquement de faire ressortir le sens des concepts, la singularité toute personnelle de chaque perception, quelques éléments techniques, mais déjà l'apprenti sorcier du tarot peut entrevoir qu'il y a loin entre l'art du débutant qui veut voir «si ça marche» et la maîtrise de cet outil formidable.

Exemple

Jacqueline L., femme «à la maison» lorsqu'elle élevait ses 4 enfants, retournée aux études, grâce aux cours du soir. Va-t-elle s'en tenir au bac ou continuer plus loin? Elle n'est pas sûre de se trouver du travail avec ce diplôme mais en continuant elle exigerait beaucoup d'elle-même.

En MARS, elle tourne le SIX D'ÉPÉES.

J — Un grand et un petit personnage. Celui qui se fait dévaliser a l'air d'un dur qui pourrait attaquer. Le petit a l'air de rien mais c'est lui qui le fait. Personnage un peu clown, Robin des Bois. Plusieurs épées. C'est tout.

Moi — Auquel des deux tu t'identifies le mieux présentement?

J — Ni l'un ni l'autre... ou bien les deux. (yeux moqueurs)

Moi — Commençons par celui qui t'attire le plus.

J — *Le grand. Il me fait penser à mon mari. C'est plus facile de parler des autres que de soi.*

Moi — *En sais-tu plus sur son agressivité que sur la tienne?*

J — *Oui. C'est un alcoolique qui a l'air dur. Je me suis forcée à l'étudier parce que j'en avais peur. Il nous faisait bien vivre, moi et les enfants. Il était doux lorsque sobre..., etc.*

Effectivement Jacqueline décrit intelligemment le comportement de son mari mais ignore beaucoup d'elle-même, de sa propre participation. La technique à laquelle j'ai recours consiste à la retourner sans cesse vers elle-même. («Et toi là-dedans?») Elle se découvre rusée, patiente, facilement culpabilisée. Certains gains psychologiques tirés de la situation apparaissent lentement: le sentiment d'être «grande», la certitude d'être une femme forte aux yeux de ses enfants, de «sauver» la famille. En somme, lorsque nous abandonnons cette carte du Tarot, Jacqueline en sait beaucoup plus sur la force du faible et la faiblesse du fort. Elle avait bien raison au début de s'identifier aux deux. Elle connaît mieux ses qualités de leadership, tant à la maison que dans sa nouvelle formation en relations humaines.

8. Position Mercure: la solution intuitive, le message libérateur

L'invitation

«VOICI MAINTENANT L'OCCASION DE FAIRE UN PAS DE PLUS EN OUVRANT VOTRE INTUITION. VU D'UN PEU PLUS HAUT, GAGNANT UNE CERTAINE PERSPECTIVE À L'ÉGARD DE VOTRE QUESTION, QUELLE INTUITION OU QUEL «INSIGHT» AVEZ-VOUS? SI VOTRE GUIDE INTÉRIEUR, LES DIEUX, OU UNE SAGESSE SUPÉRIEURE PARLAIENT, QUEL SERAIT LEUR MESSAGE?»

L'idéogramme

L'idéogramme de Mercure, c'est Vénus surmontée de deux cornes, un petit extraterrestre. Il consiste essentiellement dans la croix (le chemin) surmonté d'un cercle coiffé d'une demi-couronne. Il s'accorde bien avec ce messager ailé Mercure ou Hermès que Grecs et Romains avaient inventé comme envoyé des dieux pour livrer leurs conseils.

Son sens psychologique

Si au lieu d'un apprentissage par essai et erreur, l'être humain se branchait sur son intuition créatrice, quelle voie de solution verrait-il? En position 4, nous avons déjà envisagé la question sous un angle jupitérien, c'est-à-dire bénéfique, bienveillant, favorable. En Mercure, on recherche comment ce lien positif avec soi et l'entourage peut se traduire par un «insight», une banque d'idées, une solution créatrice, une inspiration révolutionnaire qui donne des ailes.

Dans le schéma de la Pointe Diamant, cette lame du tarot se place en haut, à gauche, au même niveau que la position SOLEIL, pour bien montrer que le souffle créateur doit se trouver au même niveau que la pensée consciente (en I), en ligne droite avec les changements futurs que nous verrons en position Uranus (10).

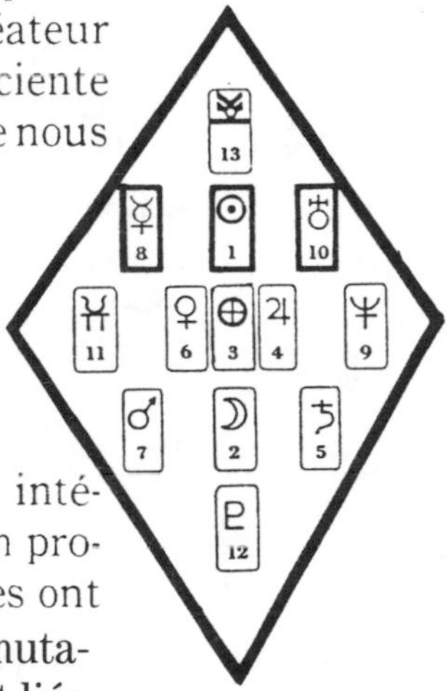

La direction de l'énergie

Au plan psychologique, comment un revirement intérieur peut-il se produire? Comment la définition d'un problème peut être transformée? Les recherches récentes ont montré que cette capacité de faire un saut — ou une mutation si vous préférez un terme plus audacieux — était liée à la modification de son état de conscience. Pour opérer ce virage, des techniques simples sont couramment citées: méditation, rêverie dirigée, visualisation, contemplation, déclenchement de l'imagination créatrice.

Comment y parvenir dans le cadre du tarot psychologique? En utilisant le pouvoir évocateur de certaines images. Pour les uns, il suffit de faire appel au «déjà résolu», en disant par exemple: «Tous les problèmes se résolvent, tu sais. Tout se règle un jour, et parfois d'une façon extraordinaire. Laisse-toi imaginer que tu es déjà rendu(e) au moment X où tout s'est bien résolu et retourne en arrière pour voir comment cela s'est fait». Cet exercice peut se faire assis(e), les yeux fermés ou allongé(e). Le guide doit procéder avec sensibilité, parlant d'une voix vive, rapide, lui-même centré sur sa capacité de résoudre ses problèmes.

Une autre formulation peut évoquer le conseil donné par l'esprit: «Toutes les grandes civilisations ont supposé que l'on pouvait se tourner vers des puissances supérieures, un collège invisible, le grand manitou, un gourou.

Pense un instant que tu peux être en contact avec eux et qu'ils te donnent leurs conseils à travers cette image du tarot. Quel serait cet avis?». Le guide ne tolère que des interventions positives: si l'avis donné sonne faux, destructeur, incohérent, il laisse tomber cette fausse intuition et s'ouvre de nouveau après s'être recentré dans la lumière intérieure. Ces techniques s'enseignent dans les groupes de croissance et le guide choisit l'approche qui convient le mieux au système de pensée du consultant.

Exemples brefs

Laurent, face à son problème de rupture amoureuse:

LE DIX D'ÉPÉE

Il saisit qu'il sait mal se défendre: mettre un gardien à l'entrée de sa porte signifie ne pas tout donner, ne pas laisser passer ce qu'il n'accepte pas. Les épées sur le mur deviennent des réserves comme lorsque l'on fait de l'escrime.

Sylvaine, toujours isolée, sans amies ni amis:

LA REINE DE DENIER

Pour sortir de sa solitude, fréquenter les endroits où l'on peut s'asseoir, flâner, jouer (les boules); s'asseoir sur son intuition (le signe sur sa chaise)... et savoir se protéger (le grillage).

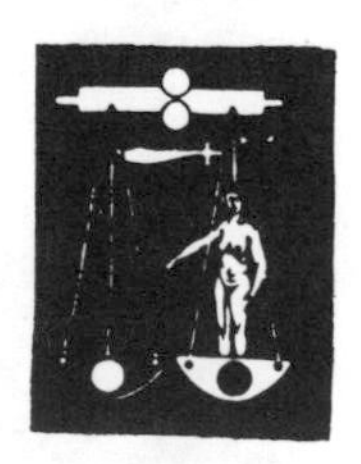

Réjean, incapable de se décider à entreprendre du perfectionnement professionnel: il tire la JUSTICE VIII. Il entreprend d'abord de répondre à ceux qui le «mettent en balance» et le critiquent: son père, son professeur, son employeur y passent. Ensuite, on procède à sa propre autocritique: que pense-t-il de lui-même réellement? Il termine en identifiant qu'il n'a pas besoin de papier officiel supplémentaire mais d'un appui concret, d'un groupe d'échange, d'une source de sécurité.

Diane travaille sur la question: «Voyager ou pas, durant mes vacances?» Elle tire le CINQ DE COUPES et saisit que le besoin de faire la fête, célébrer, «créer un tourbillon», peut être fait sur place. Les six cents dollars accumulés suffiraient à peine à payer l'avion alors que sur place, elle peut faire la fête, s'offrir des randonnées, tourner son monde à l'envers.

9. Position Neptune: l'avenir, le futur probable

L'invitation

«EN TRAVAILLANT SUR CETTE CARTE DE LA MÊME MANIÈRE QUE NOUS AVONS FAIT POUR LES AUTRES NOUS ARRIVERONS ICI À SAISIR L'AVENIR. IL NE S'AGIT PAS D'UN ABSOLU, D'UNE PRÉDICTION DE TIREUSE DE CARTES, MAIS COMME LE FUTUR EST LARGEMENT PROGRAMMÉ PAR LE PRÉSENT, VOYONS CE QUE VOUS VOUS ÊTES PRÉPARÉ.»

L'idéogramme

En astrologie, l'idéogramme représentant le futur se ramène encore à la croisée des chemins (donc le présent) surmontée d'un demi-cercle ouvert (le soi en commencement) traversé légèrement par le prolongement de la croix. C'est le signe de NEPTUNE, planète supposément en rapport avec les facteurs psychiques, c'est-à-dire la clairvoyance (saisir les événements à l'avance), la télépathie (être en rapport avec le vécu humain à distance), la psychokinésie (pouvoir influencer la matière d'une façon paranormale).

Le sens psychologique de Neptune

Qui connaît l'avenir? Personne, mais le futur est l'objet des supputations des futurologues. De nos jours les esprits les plus brillants et les mieux payés se concertent pour préparer des scénarios pessimistes ou optimistes: le Club de Rome, les Amis du Verseau, le Club de l'An deux mille... Au plan individuel comme au plan collectif, la multiplicité des déroulements possibles soulève l'angoisse ou le rêve. Comment appeler ce lendemain désirable?

Au plan psychologique, il est bien clair que chacun crée sa vie, minute par minute, les petits choix se multiplient pour engendrer plus de liberté ou de limitation, plus de liens durables ou illusoires... À la croisée des chemins, quelle potentialité notre choix a-t-il favorisée? Le futur est largement ensemencé dans le présent. Que veut-on mettre en place?

La direction de l'énergie

Pour mobiliser l'énergie du consultant, le guide rappelle au besoin que cette carte est la plus importante dans une consultation chez un clairvoyant et que chacun peut s'ouvrir à sa propre sensibilité. Qu'est-ce que la chance sinon de se trouver avec la bonne personne, au bon moment, pour réaliser exactement ce qu'on avait besoin de faire? On se rappelle Lincoln, fils d'une pauvre famille: il achète pour un dollar le baluchon d'un quêteux et y trouve une collection de livres de droit qui vont changer le sens de son existence... Ou encore seul, sans argent, perdu en pays étranger, poser la bonne question à un inconnu qui s'avère un compatriote influent... Cette chance exprime tout simplement une reconnaissance d'un flair inconscient constamment à l'oeuvre pour faire ou défaire sa vie.

Le défi du guide ici est de permettre une expansion des désirs et leur ferme réalisation en faisant l'unité intérieure autour d'une potentialité positive. Les risques sont aussi nombreux. Comme NEPTUNE appelle les résonances inconscientes du moi, les appréhensions obscures peuvent envahir le champ de conscience... et c'est un excellent moyen de les confronter. Sa sensibilité lui sert de point de vérité pour détecter si la prédiction positive devient magie, illusion, chimère ou si la prédiction négative devient écrasement, paranoïa, confusion, fuite, idéal nébuleux et utopique.

Techniquement, comment discerner intérieurement entre le vrai et le faux? Le guide recourt constamment au même filon. Il demande au consultant: «Quand tu parles ainsi, comment te sens-tu?» Il est sensible à l'ambiance, au regard, au ton de la voix, au niveau de l'énergie. La carte suivante sert également de «garde-vérité» ou «garde-fou» en consolidant le positif par des démarches et changements ou en déjouant le négatif par des moyens de le contrer.

Exemples brefs

Solange, 26 ans, schizoïde, dont le domicile a été cambriolé plusieurs fois, tourne le DIX DE BÂTONS. Elle sent sa panique comme victime monter de plus belle. D'une façon réaliste il est probable que sa confusion, ses élans envers les inconnus, sa mystique d'aider le tout venant, risquent de la mettre de nouveau dans une position de vulnérabilité excessive. En examinant la situation, on décide de plusieurs moyens de défense, entre autres d'apprendre le Wendo ou toute autre technique d'auto-défense pour femmes.

Jacques, 55 ans, se considère en préretraite. «Comment me réorganiser depuis le décès de ma femme?» Il tire le TROIS DE DENIERS. Il identifie ses capacités de se bricoler un coin, sa sagesse à tenir sa bourse en main «ni trop serrée ni trop généreuse» et comme intellectuel, il peut faire des travaux à la pige qu'il continuera par la suite.

Ghislaine, en recherche d'emploi tire le DEUX DE COUPES: Cette carte la ravit. Elle y projette que son ami va réussir à lui dénicher les contrats qu'il lui faut pour survivre jusqu'à la fin de ses études.

Exemple plus technique

Christiane, 28 ans, mariée jeune, avocate qui n'a jamais pratiqué. Elle s'ennuie à la maison mais n'envisage aucun travail. Aucun emploi ne lui plaît. En position 4, elle a trouvé l'ERMITE et envisagé que la solitude où elle se tient dans sa petite ville pourrait être mise à profit pour devenir recherchiste pour le poste local de radio.

Ici en 9, elle tire l'AS DE DENIERS.

C. — *C'est vraiment une belle carte ça mais qu'est-ce qu'elle veut dire? La femme qui traverse le soleil... ou bien la lune? C'est moi ça? Tu m'en fais accroire! (rires) Dis-moi qu'est-ce que ça veut dire?*

G — *Décris la carte d'abord, je t'aiderai à en tirer tout le sens au moment voulu. (Techniquement le guide évite de répondre car ce serait se substituer au consultant et court-circuiter le travail.)*

C. — *Bon. C'est une femme... je n'en vois que la moitié. Il y a un paradis terrestre. À moins que ce soit une E.T. (extra-terrestre, allusion au film E.T. en vogue) Sérieusement qu'est-ce que ça annonce pour moi?*

G — *Bon, veux-tu te reconcentrer, te rappeler ta question: «Comment puis-je me redonner une vie intéressante?» et examiner la réponse qui t'est donnée ici. (Techniquement ces rappels à la centration sont occasionnellement nécessaires: Christiane rigole nerveusement et s'agite. En terme psychologique, c'est une résistance. L'art du guide consiste largement à jouer avec les résistances.) En réponse à mon invitation, Christiane se recentre et je l'invite à entrer dans la scène évoquée.*

C. — *J'entre dans un jardin plein de fleurs et d'arbres. C'est la nuit profonde mais claire. La lune à l'horizon m'apparaît proche. J'y entre.*

G — *Quels sentiments t'animent en ce moment?*

C. — *Je me sens bizarre comme lorsque la réalité est trop merveilleuse. Je suis dans un état de rêve. (Elle fume nerveusement)*

G — *Ça ne t'arrivait plus tellement de rêver dernièrement? Ta vie s'assèche, il n'y a plus de place pour la créativité.*

Ensuite nous avons procédé selon la technique habituelle, donnant un sens à chacun des éléments. Le plus difficile a été «d'entrer dans ses rêves». De quoi rêve-t-elle? Nous en avons exploré quelques-uns mais la partie la plus difficile à gagner était, pour Christiane, d'accepter de se réouvrir à son monde fantaisiste, créateur. Depuis son mariage et l'éloignement dans une ville jugée terne, conservatrice, elle s'est repliée jusqu'à en étouffer. La carte suivante, désignant les changements à apporter pour réaliser la prédiction, confirme encore la justesse du travail fait en 9. Elle tourne le TROIS DE BÂTONS et travaille sur les blocages de son énergie, comment elle s'arrête? — que doit-elle dépasser? — et avec qui doit-elle négocier? (le personnage devant elle). L'exemple est ramené en 10.

10. Position Uranus: les changements à faire

L'invitation

«TOURNEZ CETTE CARTE-CI MAINTENANT, NOUS ALLONS EXPLORER LES CHANGEMENTS À EFFECTUER POUR QUE LA PRÉDICTION SE RÉALISE À SON MEILLEUR — OU SI L'AVENIR ENTREVU EST DÉFAVORABLE, CETTE CARTE DEVIENT — LES CHANGEMENTS À FAIRE POUR ÉVITER QU'UN TEL FUTUR NE SE RÉALISE.»

♁

L'idéogramme et son sens psychologique

L'idéogramme d'URANUS consiste dans les mêmes éléments que Vénus mais en position inversée, un cercle surmonté d'une croix. Symboliquement le soi (le cercle) se charge d'effectuer des choix parmi ce qui lui arrive des quatre vents, des quatre chemins (la croix). En termes corporels, se changer de position, aller jusqu'à se mettre la tête en bas...

Au plan psychologique, les changements peuvent se faire dans un état de centration (le cercle) et d'ouverture au mouvement (la croix).

La direction de l'énergie

Le guide, ici, est attentif à deux composantes: nommer les changements et mettre en relief le désir (ou le non-désir) de les réaliser. Ordinairement, le contenu ne pose pas de difficultés: «les changements à faire dans sa vie» constitue un thème familier et les lames du jeu des Hurley représentent des actions ou des positions de vie. Elles se prêtent bien à cette interrogation.

Se débarrasser du vieil homme, comme disait saint Paul, ou se refaire un nouveau «pattern» de comportement pour parler en termes de psychologie dynamique, tout cela n'est pas facile mais faisable. Certaines conditions sont facilitantes. Nous en reparlerons ailleurs.

Exemples brefs

Christiane dont nous avons parlé précédemment tourne le TROIS DE BÂTONS. Elle personnifie les deux hommes. L'un, celui de derrière, comme son mari (à cause de lui, elle ne peut retourner en arrière, dans son ancien milieu, à sa vie de jeune femme un peu fofolle), l'autre, au barrage d'opinions de sa petite ville: «Tu ne peux faire un pas, tu es observée et jugée tout de suite».

Gilles S., poète, universitaire sans occupation précise, il s'appelle volontiers «Le Serpent vert» selon le conte de Goethe. Le CINQ DE COUPES: «La fête artificielle qu'il faut que j'arrête. Des femmes folles qui font la sarabande autour d'un homme-objet. Enterre ça, Bacchus! Ça m'apporte pas mal de choses ces folies-là mais ce trip a des conséquences néfastes. Quand je suis lucide, je suis sensible à arrêter la manipulation. Quand je suis saoul, je suis peut-être femme, dans le sens d'abandonné, manipulable, me laissant faire, ballotté, objet.»

Laurent — en rupture avec son amie. — Le DIX DE BÂTONS. «Jeanne d'Arc au bûcher. Ça représente quoi? Le feu n'est pas pris (rire). Tant mieux! (embarrassé) Je vais finir par enchaîner une femme au bûcher contre son gré, avec la possibilité de la détruire, de l'avoir, du moins physiquement à ma merci. Elle me semble avoir un voile au visage (silence grave puis il rit). Je ne sais pas quoi faire avec ça. Ça me déplaît un peu qu'elle ne soit pas libre. J'ai écrit à Josée un poème:

«Je voudrais t'avoir à moi,
pieds et poings liés,
pour te rendre à la liberté.»

Avec Laurent, le travail psychologique quant aux changements à effectuer concerne justement la libération de son agressivité: ayant peur de sa violence intérieure il se montre trop doux, effacé, sans réelle prise sur sa relation amoureuse.

Exemple plus technique

Nicole C., secrétaire administrative, travaille la question: «Qu'est-ce qui m'arrive si je romps ma relation avec mon patron?». La progression dans son tarot va doucement jusqu'à ce qu'elle tourne en 9, NEPTUNE, le ROI D'ÉPÉES. Ici, elle associe le caractère vindicatif de son patron, les colères spectaculaires qu'il a faites en d'autres circonstances envers des gens qui lui ont tenu tête. Cette prise de conscience lui est pénible. Elle s'interroge sur sa capacité d'affronter un ouragan destructeur. En URANUS, elle continue son exploration: HUIT DE COUPES.

C — *Ouais.. je ne suis pas gaie là-dessus, si c'est moi. Regarde ce que j'ai l'air... les deux bras croisés, déprimée, une coupe tournée parce que vide, l'autre, je la contemple. Mon chat est mort! J'ai une robe d'enterrement. (silence)*

G — *Peux-tu nommer tous les éléments de la carte?*

C — *Il y a toutes ces coupes, six coupes derrière moi...et une porte noire.*

G — *Reprenons en laissant venir tout ce que cette image évoque pour toi.*

C — *Ça me déprime sec. Les six coupes, ...peut-être que si je comptais le nombre d'amours importantes que j'ai eues, j'arriverais à ce nombre. Non, c'est trop, à moins que je compte les trois avant mon mariage, ensuite il y a eu mon mari et un autre. Après, ça s'est fait plus rare. Maintenant, j'en suis encore à me demander: «C'est à prendre ou à laisser?» Plus je vieillis, plus je suis méfiante.*

G — *Les changements que tu dois faire dans ta vie, comment les vois-tu?*

C — *Je dois me grouiller les fesses pour ne pas me déprimer comme ça. Si mon patron monte sur ses grands chevaux, pour ne pas y laisser ma tête (elle montre le ROI D'ÉPÉES en 9), j'ai besoin d'être plus solide que ça (le HUIT DE COUPES).*

G — *Penses-tu que de voir venir les événements peut t'aider?*

Le dialogue continue entre Nicole et moi concernant son anticipation de l'avenir et des moyens à prendre pour mettre les chances de son côté.

Il peut être utile de faire un retour sur les cartes précédentes pour en appliquer les conclusions. Dans cette situation, ceux qui n'ont pas l'habitude de la projection, pourront penser que les cartes «sont mauvaises», que le jeu est biaisé et force arbitrairement à tirer des conclusions pessimistes. Pour ceux que l'exercice intéresse, il n'y a qu'à reprendre les mêmes cartes et voir les multiples possibilités d'interprétation d'une même lame. Dans un petit groupe de personnes auxquelles j'ai soumis le problème, voici ma question et leurs réponses:

«Quelqu'un s'interroge sur ce qui va arriver dans sa relation amoureuse avec son patron. La personne a tiré cette carte-ci: le ROI D'ÉPÉES. Quel en est le sens?»

Voici la gamme de réponses offertes:

— *Ça va débloquer. Il ou elle va emporter le morceau. Il ou elle est si déterminé.*
— *La question va être tranchée mais c'est pas un messager de bonnes nouvelles. Il est trop terrible.*

— *C'est un gagnant. Et avec force. J'aimerais être aimée par quelqu'un d'aussi décidé.*
— *etc.*

«Concernant les changements à apporter, cette personne a tiré le HUIT DE COUPES. Qu'en dites-vous?»

Les sens donnés varient encore selon les interlocuteurs.

— *Qu'elle chasse ses doutes, qu'elle cesse de broyer du noir.*
— *Qu'elle y pense deux fois avant de s'engager là-dedans.*
— *Elle devrait s'asseoir et voir s'il faut s'ouvrir ou se fermer (coupe ouverte ou coupe retournée: «non merci»).*

À quoi tient la diversité d'opinions? D'abord, j'ai présenté la question sur un ton neutre. Pour Nicole, la question comporte déjà l'expression de ses craintes. Elle les étale au fur et à mesure de son cheminement au tarot. Comme il s'agit de rencontres thérapeutiques, nous travaillons à fond les difficultés soulevées. Nicole profite du tarot pour s'avouer le fond de la question tel que pressenti par elle. Sa lucidité aurait pu suivre un cheminement de plus en plus confiant pour finalement percevoir sa propre force de caractère personnifiée par le cavalier (en 9) et chasser sa résignation ou son abattement (en 10). Le tarot projectif consiste justement à étaler l'intérieur à l'extérieur. Sa force, c'est de constituer une sonde puissante du conscient et de l'inconscient.

Le tarot projectif devient une sorte de psychodrame où des images signifiantes activent la vision intérieure que chacun porte en soi. Le consultant se trouve à coller une narration personnelle sur des images à sens multiples.

11. Position Vesta: les facteurs manquants

L'invitation

«NOUS ACHEVONS NOTRE PÉRIPLE. RENDU(E)S À CE POINT-CI, IL EST INTÉRESSANT DE SE DEMANDER D'OÙ VIENT LE PROBLÈME, QU'EST-CE QUI DANS LE PASSÉ — MÊME UN PASSÉ LOINTAIN COMME L'ENFANCE — A JOUÉ POUR ENGENDRER CETTE SITUATION? ON EXAMINE DONC LES FACTEURS MANQUANTS, LES CARENCES À L'ORIGINE DU PROBLÈME.»

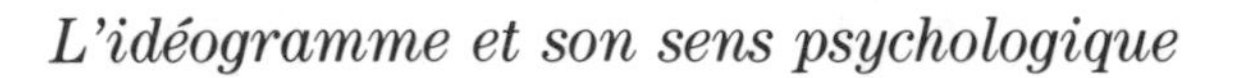

L'idéogramme et son sens psychologique

L'idéogramme de VESTA se compose encore du cercle (le soi) bien campé sur un banc (la stabilité, le double ancrage) surmonté des cornes du bélier (le bélier zodiacal, le premier signe, donc lié au commencement).

L'invitation propose donc au consultant de retourner aux premiers germes ayant fait éclore la situation. La position en extrême gauche de l'horizontale représente aussi la même idée. En terminant il est intéressant d'ailleurs de faire un résumé du sens des cartes horizontales en insistant sur les trois cartes en séquence temporelle: le présent (3), sa source cachée (11), le futur déjà inscrit dans ce pattern (9).

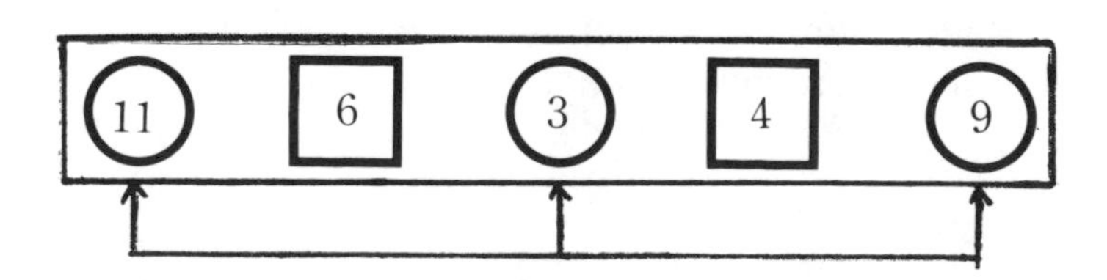

La direction de l'énergie

L'invitation à jeter un regard sur le passé joue le plus souvent un rôle apaisant, comme dans toute prise de conscience de type historique. Le regard sur sa propre histoire affective suscite le «ah, je n'avais pas vu ça», une sorte d'«insight» intellectuel et affectif. Selon la capacité de recul du consultant, la carence identifiée peut être fort récente ou s'étaler sur une succession d'événements à l'origine d'un groupe, d'une relation, d'un système, d'une règle de conduite. Ce retour en arrière agit parfois pour déculpabiliser, parfois pour renforcer le changement entrevu en 10. Un autre effet attendu de la lecture de cette carte, c'est de diriger l'attention ailleurs et créer un plus grand impact sur la carte suivante (12).

Exemples brefs

Nicole C. dont nous avons parlé à la carte précédente tire le XI, LA FORCE. L'essentiel de ses commentaires concernant la femme assise au jardin d'Eden. «Les serpents: des désirs. Je les liens dans mes mains. Tout ce que j'ai à faire, c'est de les tirer vers moi.» (De quoi a-t-elle manqué?) «La paix, la certitude de plaire au milieu de mes deux soeurs plus douées. La paix, c'est très relaxant.»

Gilles S. tire le SIX DE COUPES et s'exclame: «La compétition! Trop de compétition. Nous étions onze enfants. Ils auraient pu ne faire que moi! J'ai manqué d'intimité, de présence, d'attention à ce que j'étais, moi, à ce que j'avais d'unique, etc...»

Le retour sur les liens avec le père absent, la mère trop accaparée, sa malchance d'être l'un des neufs garçons alors que d'être une troisième fille aurait été comblant pour ses parents, donc meilleur pour lui.

Céline M. tire le DIX DE BÂTONS. Sa description est très vive: «Elle est seule dans le noir. Elle ne voit personne alors qu'ils peuvent la voir. (Ils?) Ceux qui l'ont attachée. Prisonnière. Ils peuvent la laisser longtemps attendre avant de mettre le feu. Elle n'a aucun droit, aucun pouvoir, aucun moyen de communication. Dans le noir, seule, loin. Elle n'entend rien, ne peut parler à personne. Toute seule. Devant l'inconnu. Elle peut mourir comme ne pas mourir. Elle est offerte malgré elle. Ses mains sont attachées au poteau. Il y a quelque chose de très beau dans la carte. Son corps est beau. Calme. Pas de crise, pas de convulsion.»

Moi: — Est-ce que ça réveille beaucoup de choses que tu as vécues?

C : — Oui, ça évoque des peurs. Ça a l'air d'une image de rêve. Un flash, l'image qui reste quand on a oublié...

Dans ce dernier exemple, on peut encore toucher du doigt comment la projection colore la réalité. Tout en étant extrêmement fidèle à l'aspect objectif de cette lame du tarot, Céline en fait un usage bien subjectif: cette carte devient le fil conducteur des cauchemars de son enfance et, dernièrement, des peurs du suicide de son ami. L'image comporte une forte thématique sexuelle, l'évocation possible du feu, du masochisme, de la vulnérabilité féminine. Rien de tout cela n'est utilisé lorsque ce contenu ne rejoint pas l'expérience vécue. Ici, les éléments de noirceur et de solitude dans la nuit ressortent pathétiquement: «Je ne pouvais pas appeler la nuit. Je pouvais crier jusqu'à épuisement, je savais qu'on ne viendrait pas». Pour se donner la présence qui lui a fait cruellement défaut, Céline songe à organiser, dans une maison à logements multiples, une coopérative de femmes qui pourraient se prêter secours dans le danger et aussi se délier des tâches domestiques en faisant les repas à tour de rôle et en gardant les enfants.

Suzanne G., 23 ans, explore sa relation conjugale.

Le PRINCE DE FEU

«Le bonhomme a des bâtons tous ramenés au centre. La force de ses bras. Il est jeune et beau, musclé». («Quel lien avec toi, dans ce que tu as manqué?») «Je ne manque pas de jeunesse mais de force, oui, et je suis trop grosse pour me trouver belle. Aussi je le vois avec beaucoup d'adresse alors que moi, j'ai toujours failli casser la vaisselle.» («De tout ça, qu'est-ce qui te paraît le plus important?») «Être centrée, avoir de l'assurance innée pour se montrer, être regardée et ne pas manquer son coup».

L'exploration s'achève en reliant Vesta avec d'autres lames. Le guide demande: «Est-ce que ç'aurait été bien différent si vous aviez eu (possédé en vous) ce facteur manquant? En l'ayant, comment votre situation actuelle s'en trouverait changée? Y a-t-il des circonstances où vous l'avez?» Ce type de question facilite un regard de synthèse. C'est spécialement indiqué lorsque le tarot psychologique se déroule sur plusieurs visites. Ces liens de synthèse donnent de la puissance au travail déjà fait et le consolident.

12. Position Pluton: le fond de la question

L'invitation

«TOURNEZ CETTE CARTE, LA DERNIÈRE DU CYCLE. ELLE RÉVÈLE JUSTEMENT LA LIMITE EXTRÊME DU MONDE QUE NOUS AVONS EXPLORÉ ENSEMBLE, LE FOND DE LA QUESTION. AVANT D'ÊTRE BOUCLÉ, LE CYCLE AU COMPLET PEUT SE DÉPLOYER JUSQU'À QUELLE EXTRÉMITÉ?»

L'idéogramme et son sens psychologique

L'idéogramme symbolise encore une fois graphiquement le concept clé: la route des quatre chemins se situe en bas (le chemin est parcouru), le croissant de lune à l'horizontale (l'évolution) contient déjà le cercle, l'entier. Toutes les phases sont accomplies.

Cette nouvelle facette pourrait s'appeler «le futur ultérieur», l'au-delà du futur entrevu en NEPTUNE, ou en terme cyclique, la révolution suivante. Au plan psychologique, la seconde phase du devenir rappelle la maturité, l'achèvement d'un projet. Si, par exemple, on s'interroge sur le succès éventuel de ses études, au-delà de la réussite des examens (en 9), quelle résultante est ensuite anticipée en 12? Par-delà le lancement d'un projet, comment vais-je vivre avec?

La direction de l'énergie

On ne peut que se réjouir du second regard accordé ici au projet. L'avenir, phase 2, permet de dépasser l'horizon immédiat et de l'envisager comme s'il était déjà acquis (ou refusé ou échoué ou...). Pour un bon nombre de gens, la course aux désirs fait oublier son aboutissement, l'après du désir. Pourquoi est-ce que je veux cet objet? pour le plaisir de me battre? pour me prouver que j'en étais capable? pour en jouir? pour aller plus loin encore? quelle est ma relation avec ce que j'ai déjà?

Les indications données par PLUTON ne sont pas toujours harmonieuses: au-delà du désir initial, les lames de fond peuvent brasser, violenter, tourmenter un devenir. Les grands commencements peuvent être des faux départs si des forces souterraines contraires émergent.

Ce deuxième examen de la question «beaucoup plus tard» sert à canaliser l'énergie réalisatrice. Le consultant évalue à plus long terme sa capacité de dominer les forces en présence. Comme le Manic V a eu ses failles, le stade de Montréal manque encore de toit, il est bon de se douter des échecs et de modifier le projet en conséquence.

Certains exemples parlent d'eux-mêmes:

Sylvie et le TROIS DE COUPES:

— *C'est bien ça. Aussitôt que nous serons mariés, moi je deviens enceinte et lui, monsieur, se tourne vers une autre plus mince. (Ton ironique, acerbe.)*

Lorsque Sylvie cherche la source d'une telle fantaisie, elle se retrouve directement dans les souliers de sa mère dont elle est l'enfant unique. Durant la grossesse, l'infidélité de son père a saboté le mariage. Heureusement que l'exploration actuelle permet de désamorcer ce scénario autodestructeur.

Raymond et le SEPT DE BÂTONS:

— *Je ne tiendrai pas le coup longtemps. Regardez comme il est en équilibre instable.*

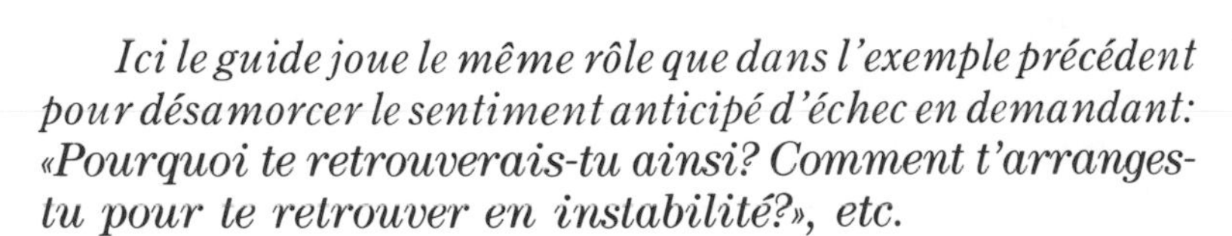

Ici le guide joue le même rôle que dans l'exemple précédent pour désamorcer le sentiment anticipé d'échec en demandant: «Pourquoi te retrouverais-tu ainsi? Comment t'arranges-tu pour te retrouver en instabilité?», etc.

Suzanne et Pierrette entreprennent un commerce: le PRINCE DE DENIERS:

«On fait de la magie maintenant! La boule de cristal. Tout va aller sur des roulettes, etc...» Le dialogue entre les deux femmes montre que les ambitions de Suzanne vont dans le même sens que les grands rêves de Pierrette. Le guide jette alors sa sonde comme à l'accoutumée: «Comment vous sentez-vous là-dedans?»... Pierrette croit que «ça va aller tout seul».

«Comment réagis-tu à ça toi Suzanne?», etc.

Suzanne réagit alors en prenant conscience des proportions énormes de leur projet et décide de faire une sérieuse étude de marché avant de voir si grand, de s'illusionner.

13. Position du nouvel ascendant: un nouveau départ

L'invitation

«VOICI LA TOUTE DERNIÈRE CARTE. AVEC LA PRÉCÉDENTE (12) NOUS AVONS VU LES LIMITES DE L'ÉNERGIE IMPLIQUÉE DANS LA QUESTION POSÉE. MAINTENANT AVEC CETTE DERNIÈRE CARTE, NOUS ALLONS ENTREVOIR CE QU'ELLE SIGNIFIE CAR ELLE FAIT PARTIE D'UN NOUVEAU CYCLE. COMME À LA FIN D'UN RÈGNE COMMENCE UN SOUFFLE NOUVEAU, TOUT RECOMMENCE À BOUGER. QU'EST-CE QUI SE PRÉPARE POUR VOUS?

L'idéogramme

Le nouvel ascendant est représenté par un cercle sans base (le soi à l'aube) assis sur la ligne d'horizon. Il est coiffé d'un double croissant de lune en horizontal, symbolisant les forces personnelles et environnementales en croissance. C'est un nouveau matin, celui du deuxième jour.

De la même façon, au plan psychologique, un nouveau noyau énergétique s'amorce. Il annonce des directions nouvelles et n'est pleinement saisi qu'à la faveur des données connues lors de la fin du cycle en question. C'est un deuxième départ.

Le sens psychologique

En astrologie, le symbolisme qui s'attache aux douze maisons que nous venons de voir se complète par d'autres coordonnées, dont celle de l'ascendant. On lui a donné une importance majeure parce qu'il est «le lieu où l'invisible devient visible» selon l'expression d'André Barbault. L'influence jusque là restée inaperçue prend des proportions considérables et se manifeste ouvertement.

Historiquement, la fin d'un régime, par exemple la royauté suivie de la démocratie, s'annonce par des signes avant-coureurs qui deviennent éclatants à mesure que l'influence en place décroît. Le descendant et l'ascendant exercent un jeu d'influences graduées qui dominent un cycle énergétique. Qu'est-ce qu'un cycle énergétique? C'est l'apparition et la disparition d'une constellation de forces qui vont marquer un temps subjectivement ressenti comme cohérent dans la vie d'un individu. Plusieurs personnes vont parler de cycles de sept ans dans leur vie affective, de deux ou cinq ans dans leur besoin de changement au travail. Tout dépend de l'ampleur temporelle touchée par la question.

La direction de l'énergie

À vrai dire, cette carte est facultative. On peut intuitivement tenir compte de ce qu'elle apporte mais souvent elle demeure extérieure au consultant qui a plus de peine à s'y identifier.

Exemples brefs

Nicole, la secrétaire administrative dont nous avons vu quelques cartes en 10 URANUS tire ici le CINQ DE BÂTONS:

N — L'idée des travailleurs. Ils sont cinq. Ils collaborent au même but. Ils ont des bâtons, ça pourrait être des fourches ou des pelles. C'est leur but qui me pose un problème. Bénéfique ou maléfique? Je ne sais pas. C'est divisé, trois d'un bord, deux de l'autre.

Moi — Peux-tu faire des liens avec toi?

N — Hum... Je vais être dans un état d'esprit moins absolu, il me semble, etc... Si mon histoire ne fonctionne pas, je vais devoir repartir à zéro.

Monique tire le HUIT DE COUPES. «Quand j'aurai élevé mes petits, que vais-je faire de mon temps?»

M — *Une coupe offerte et une renversée. Je veux choisir l'une ou l'autre... ou j'ai décidé de ne pas choisir celle-là. J'ai pas l'air contente. Comme si j'ai vidé l'une et que je regarde l'autre. Je la veux ou je la veux pas?*

Moi — *Quel lien fais-tu avec toi?*

M — *Je fais un lien entre la coupe et mon travail de femme de maison. C'est terminé, fini. Ça me fait bizarre d'imaginer en avoir fini pour vrai. Soudain, j'ai peur.*

Nous terminerons en discutant des exigences de la vie, de ce qu'il y a de particulier à chaque âge, à chaque cycle de vie.

Simon tire ici LE PENDU, XII. Il n'en connaît pas le sens. Il lit la carte inversée:

S — *Un androgyne. Moitié ange, moitié démon. Il est dans l'obscurité, à l'entrée d'une salle de lumière. Il y a des plantes tout autour de l'entrée. Il est solide sur une patte, les bras croisés. Une invitation de lumière dans la nuit. Il n'a pas d'âge ni de sexe. Rien de vraiment définissable.*

Moi — *Cette partie de toi, de ton expérience, laisse-la s'exprimer. Tu es multiple. Laisse parler cet aspect de toi.*

S — *Je ne sais pas ce que c'est... complètement inconnu...*

Moi — *D'accord, cette carte représente un nouveau courant encore non à l'oeuvre chez toi en ce moment. Donne-lui quand même une voix. Fais-le parler.*

S — *Je suis un démon. Je prends plaisir à exaspérer le monde. J'apparais aussi comme un ange... dans la lumière..., etc.»*

Simon saisit le sens profond du «Pendu» en lisant les instructions attachées au jeu des Hurley et Horler. Il souhaite bien vivre des transformations spirituelles mais il ne connaît pas ça. Comme ces notes sont écrites six ans après le fait, Simon a en effet été victime d'un grave accident d'auto où il a eu accès à une vision panoramique de sa vie et une sorte de rencontre avec «un être de lumière», comme Raymond Moody en décrit dans *La vie après la vie.* Effectivement la transformation dans sa vision du sens de la vie a été marquante. La dimension spirituelle est devenue centrale pour lui.

Nous avons apporté cet exemple de Simon où l'inconnu, identifié comme inconnu, devient quand même significatif grâce à la bonne volonté qu'il apporte à verbaliser sur un matériel qui le laisse perplexe. Certains pourraient soutenir que ce tarot a quelque chose de prédictif puisque des événements importants sont annoncés et réalisés quelques années plus tard. On peut pencher en faveur d'une telle hypothèse car la transformation spirituelle est annoncée sans que l'on puisse dire que Simon a voulu inconsciemment réaliser sa propre prédiction. Ce n'est pas un cas de «self fulfilling prophecy» car concrètement il n'a jamais parlé d'avoir un accident d'auto, ni d'expérimenter cette sortie «hors corps». L'événement est donc relativement indépendant de sa volonté et on ne peut le soupçonner d'avoir voulu en quelque sorte se donner raison.

TIRAGE HURLEY – LA POINTE DIAMANT

(Résumé des instructions)

Suivez l'ordre des numéros inscrits sur le schéma. À chaque carte répétez: TOURNEZ CETTE CARTE, DÉCRIVEZ-LA. DITES TOUT CE QUI VOUS VIENT. EN FAISANT DES LIENS AVEC VOTRE VIE, NOUS DÉCOUVRIRONS FINALEMENT... (Compléter avec les instructions particulières à chaque carte):

1— Le SOLEIL ...vos préoccupations les plus importantes. Après en avoir terminé avec cette carte, nous aurons échangé sur ce que vous savez déjà concernant la question que vous avez en tête.

2— La LUNE ...quelque chose d'aussi important pour vous que cela (1) mais moins reconnu, moins conscient, ou tenu caché aux autres.

3— La TERRE ...comment vous vous situez entre ces deux courants dynamiques. On peut prendre toutes sortes de positions entre ces deux pôles (1 et 2) se battre, rager, démissionner, fuir, se venger, devenir fou, créateur/trice. Comment le prenez-vous?

4— JUPITER... ce qui peut vous arriver de bénéfique, que vous devez rechercher comme favorable, stimulant, positif.

5— SATURNE ...qu'est-ce qui aujourd'hui comme dans dix ans peut être une source de difficultés — donc d'apprentissage — pour vous. Comme cela ne se résout pas spontanément, vous devez approfondir, apprendre à faire face.

6— VÉNUS... ce qui vous ravit, vous attire comme une source d'amour et de beauté.

7— MARS... ce qui déclenche votre agressivité, votre agir, qui vous mobilise à conquérir.

8— MERCURE ...le conseil d'en haut, la solution du problème, l'intuition créatrice.

9— NEPTUNE ...le futur probable, déjà inscrit dans votre programmation intérieure.

10— URANUS ...les changements à réaliser pour contrer un futur négatif ou asseoir le futur positif entrevu en 9.

11— VESTA ...les facteurs manquants, la carence ayant engendré le problème.

12— PLUTON... le futur ultérieur de la situation initiée en 9, le fond de la question.

13— LE NOUVEL ASCENDANT ...la fin du cycle actuel sera coloré par cette force ascendante qui deviendra marquante dans cet autre cycle.

5. VARIANTES

a) Pointe Diamant abrégée

b) Technique pour un tarot de couple (technique en parallèle)

TOUS CES PERSONNAGES EN MOI. . .
(Tableau de Pierre-Gilles Dubois)

a) La Pointe Diamant abrégée

Le tirage en «Pointe Diamant» est fort riche d'intuitions psychologiques mais un peu long. Dans certaines situations, il est préférable de n'en couvrir qu'une partie. Pour ceux qui ont l'habitude de ce schéma, il devient facile de choisir les items pertinents et de procéder en regardant les cartes en profondeur, quitte à n'en explorer que quelques-unes.

L'exemple qui suit se déroule en moins d'une heure. Il a été voulu pour explorer la relation explosive d'un couple qui voulait me faire part de «ce qui est arrivé, comment ça les affecte, quelle position ils veulent prendre maintenant». Nous nous sommes quittés en gardant encore bien des questions en tête, mais le temps disponible a été fort bien rempli, du moins ce fut notre sentiment. Le problème n'était pas résolu, mais la vie courante pouvait reprendre sa marche. Beaucoup de sentiments et de perceptions (les messages) avaient été verbalisés.

b) Technique pour un tarot de couple (technique en parallèle)

Jeu et tirage de Hurley

Description

«La technique en parallèle» opère comme son nom le laisse supposer. Chacun des partenaires utilise le même schéma ou tirage, lit les cartes pour soi, puis fait des liens avec les cartes de l'autre. L'exemple ci-dessous me semble une illustration claire de la manière de procéder.

Exemple

Le contexte:

Un incident grave menace la rupture du lien amoureux du couple. Chacun des deux désire savoir quelle conduite tenir. Raymond a joué et perdu aux courses une somme énorme.

Question: «Où allons-nous maintenant?»

Extraits d'une Pointe Diamant

SCHÉMA PARTIEL

Chacun étale les cartes devant soi selon ce schéma:

1 3 2 10 9

SCHÉMA GLOBAL

13
8 1 10
11 6 3 4 9
7 2 5
12

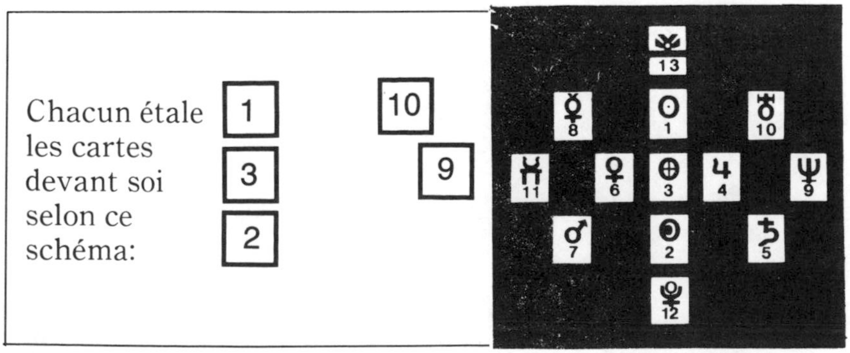

Q: «***Où je m'en vais maintenant?***»

Position 1, Soleil: **«Ma vision du problème»**

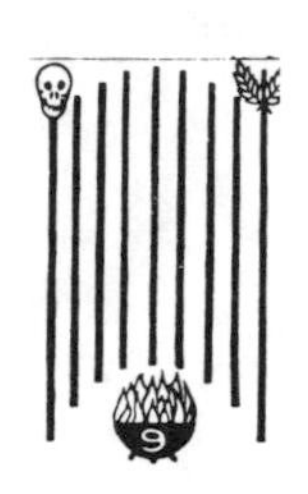

Raymond commence le premier et tire le NEUF DE BÂTONS.

— *Je vois neuf bâtons. À gauche un crâne, la mort. À droite une paire d'ailes, une envolée, la vie. En bas le poêle, un feu, l'énergie prête à brûler.*

— *Comment je me sens devant ça? Je me sens la paire d'ailes, le feu, le renouveau.*

— *Comment ça s'applique dans ma vie? La mort que j'ai passée en m'ouvrant à la vérité, en te la disant. Je me suis débarrassé de la mort.*

— *Toi, comment vois-tu ça?*

Ici, au plan technique, on remarquera que les deux sont habitués au tarot psychologique et ont appris à couvrir d'eux-mêmes les trois étapes:

— *ce que je vois;*
— *ce que je sens;*
— *comment cela s'applique à ma vie.*

Danielle répond:

— *Ça représente bien ce qu'on a traversé. En tout cas, ce que* ***tu*** *as traversé. C'était le choix entre la vie et la mort... Entre nous, c'est le choix entre tout ou rien. Tout ce qu'il y avait sur les bâtons intermédiaires a disparu. Faut reprendre ou casser. Avons-nous encore du feu au ventre? (elle montre le chaudron et hausse les épaules.) Bon, maintenant je retourne ma carte.*

Danielle (carte 1): «*Bon, quelle est ma vision consciente de la situation?*»

LE FOU

Danielle: — *Je n'arrive pas à parler. Ça se brasse en moi. Le Fou, c'est la meilleure carte du jeu. C'est vrai que malgré ce qu'on a vécu, je me sens solide, libre. C'est incroyable, autrefois je n'aurais rien pris comme ça, en restant debout en place. Aussi, dans un autre sens, c'est complètement fou, aberrant cette crise-là. C'est un vent de folie qui a soufflé sur toi.*

Raymond: — *Pourquoi dis-tu ça? Je t'ai toujours entendu faire des commentaires positifs sur cette carte-là. Pourquoi lui donnes-tu un sens négatif? Tu en profites pour me faire tes messages?*

J'interviens ici pour rappeler ce qu'est la projection: aucune carte n'a un sens fixe. Tout dépend de l'état d'âme dans lequel on se trouve. Danielle termine en disant sa colère, puis Raymond continue en ouvrant sa seconde carte.

***Position Lune**, deuxième carte de Raymond:*
le CINQ DE COUPES.

Raymond: — *Je vois des gens, cinq personnes qui semblent danser, fêter. Cinq coupes, cinquième carte. Deux sont ivres parce que leurs coupes sont tombées.*

— *Comment je me sens? C'est bien difficile de me situer dans ça. Ça me ramène à vendredi où on célébrait, où la vérité commençait à me toucher. Je fêtais ma libération intérieure et extérieure. Il y avait fête et pas fête.*

Danielle réagit:

— *Il y avait surtout **pas** fête. Je sentais bien que ça n'allait pas mais je ne pouvais pas réagir car je ne savais rien de concret. Comment je vois cette carte pour* *toi? On fait la paix (1) mais en-dessous de la surface, il y a tumulte. Je ne suis pas calme. Je suis encore très agitée quand je te regarde. Je n'ai pas absorbé tout le choc. Tu veux t'étourdir et m'étourdir.*

Danielle, **Position Lune 2.**
Elle tire le CAVALIER DE BÂTONS

— Je vois un cheval blanc, puissant, surmonté d'un cavalier arabe. Il est dans le désert. Il porte une robe, un burnous.

— Comment je me sens? Je suis le cavalier et le cheval. Je sens ma détermination.

Moi: *— Est-ce que sa position (tournée) a un sens pour toi?*

Danielle: *— Oui. Je n'osais le dire. C'est un revirement, une volte-face. Je suis changée et j'ai envie de faire demi-tour. Je ne suis pas capable de faire face à la situation. J'ai envie de te quitter.*

Raymond: *— Je vois... un règlement de compte. C'est un rétablisseur d'ordre. La bâton est converti en lance. Il a une tenue de chef. Tu veux me dominer parce que j'ai fait des bêtises.*

Suit un échange un peu aigre où chacun passe des remarques agressives. Le point étant fait, Raymond tourne sa carte:

Raymond, **Position Terre,** *le SEPT D'ÉPÉES.*
Où j'en suis maintenant?

R.: *— Un bonhomme qui grimpe, il remonte la pente. Il a sept épées, c'est la carte sept. C'est significatif pour moi qui cherche toujours un sept. Il y a autant de noir que de blanc. L'ascension va vers le blanc. Comment je me sens? Le grim-*

peur avec le fardeau de la guerre que je viens de passer. Le général ramasse les trophées.

Danielle: — C'est vrai que t'as une sacrée côte à remonter. Je ne vois pas des trophées mais des épées. Il n'y a pas de quoi se glorifier! À moi maintenant.

Danielle, ***Position Terre****, le DEUX DE DENIERS*

— La sorcière, l'alchimiste, la nurse. Elle brasse les éprouvettes. Je brasse mes sentiments. L'amour d'un côté, ma colère et ma déception de l'autre... Je n'arrive plus à me réunifier.

Je les invite à voir s'il y a une synthèse possible entre leur deux positions.

Raymond: — Ces deux cartes vont bien ensemble. L'une est très lumineuse, l'autre aussi a plus de blanc que de noir. Son énergie me sert de propulseur. (Il ne s'implique pas, mais cela m'échappe sur le coup.)

Danielle: — C'est l'ascension pour toi, moi je reste stable, je ne bronche pas. C'est tout ce que je peux me demander pour l'instant.

Ici, faute de temps, nous décidons de passer directement à la position 9, soit le regard sur l'avenir. C'est d'ailleurs l'essentiel de leur préoccupation.

Raymond, en 9 le CINQ DE BÂTONS. «Le futur...»

— Quatre personnes. Des bâtons encore. Ils cherchent dans un tas de terre. Ils cherchent quelque chose de valeur. Je vois deux personnes qui ne cherchent pas. Elles sont dans l'attente, au repos.

— *Comment je me sens là dedans? Je t'associe à moi: tous les deux avant de travailler, on va penser à une manière plus intelligente de fouiller dans le tas.*

Danielle: — *Oh, je n'aime pas penser qu'un tas de merde nous attend encore! J'aimerais carrément mieux te quitter. Plus de merde dans ma vie. Et pour moi maintenant?*

Danielle, **position 9 le** *ROI DE BÂTONS*

— *Ah! C'est une carte que j'ai déjà associée à moi. C'était dans les facteurs de mon enfance, mon père qui s'en allait au loin fonder une famille. C'est un pionnier, un innovateur... En t'aimant Raymond, je suis sortie des sentiers battus. Je t'ai fait de la place dans ma vie alors qu'il y avait tant de différences entre nous. Vers quoi je m'en vais alors? Je ne sais pas. Je vais continuer à trouver des solutions originales mais pour le moment je ne vois pas ce que c'est. Ce n'est pas clair.*

Nous nous décidons alors de tirer une nouvelle carte pour obtenir une vision plus claire de leur devenir comme couple. D'un commun accord, nous décidons de travailler sur les changements à traverser.

Raymond, **position 10.** *Les changements à traverser: QUATRE DE COUPES*

— *C'est bien toi (s'adressant à Danielle). T'es bien là. (Les changements à traverser?) D'être ouvert, de ne plus faire de cachette parce que cette femme est offerte, donc ouverte d'une façon permanente. C'est ça qui me parle le plus. Elle est belle cette carte-là... avec cette femme qui s'offre à moi.*

Danielle: — *Quoi changer pour que ça (9) me réussisse bien ces solutions originales? Elle tourne LA BALANCE, LE ROI DES DENIERS.*

— *Ça me dérange cette carte-là, toute cette confusion autour. Le personnage a l'air d'une silhouette de papier noir. Ce n'est pas vraiment une personne. Je ne suis pas plus avancée. Quel est le sens pour moi? Peser l'ombre et la lumière? Clarifier avec toi, Raymond, la réalité? Enlever toute la confusion qui entoure tes actions? Je ne sais jamais où tu en es.*

Commentaires

Nous avons présenté cet exemple pour illustrer le fonctionnement de la technique «en parallèle» avec un couple. Le mode d'action est simple: chacun s'exprime à tour de rôle et réagit sur la carte comme sur la perception de son partenaire. Ici, nous n'avons pas fouillé la relation du couple en profondeur puisqu'il ne s'agissait pas d'une psychothérapie mais d'une simple exploration projective. Danielle et Raymond se sont mieux compris: leur problème ne se règle pas miraculeusement mais ils se sont situés et se respectent malgré la frustration de leur vécu. Comme guide, je n'ai pas à prendre parti pour l'un ou l'autre. Cet exemple peut faire saisir au lecteur comme il est tentant de le faire et pourtant le cheminement provient de leur propre interaction bien dirigée.

L'autre objectif de cet exemple, c'est d'illustrer la flexibilité d'un schéma partiel: nous avons choisi du grand tirage «Pointe Diamant» la portion dont nous avions besoin, selon le temps disponible. Nous avions d'abord décidé d'un schéma à trois cartes (positions Soleil, Lune, Terre) pour ensuite continuer avec deux autres. Si le temps nous l'avait permis, nous aurions ajouté la position 12, «le futur ultérieur», leur devenir dans trois ou six mois. Selon le contexte de la question, ce «futur» prend une extension plus ou moins grande.

Dr Gendlin: sa technique de la «centration» rend le Tarot plus profond.

III — TECHNIQUES PSYCHOLOGIQUES
LES SECRETS DE L'ART

1. LA CENTRATION OU LE "FOCUSING" TECHNIQUE DU DR EUGÈNE GENDLIN

a) Comment se pratique le "focusing"
b) La technique: présentation et analyse
c) Forme abrégée appliquée au tarot
d) Pourquoi le "focusing" agit-il?
e) Condensé de la technique

Quel est donc l'ABC du métier?

Jusqu'ici, nous avons présenté le tarot, son imagerie, certains tirages, son utilisation projective. Nous allons maintenant nous intéresser au métier lui-même, au rôle de guide, à l'attitude du consultant.

Qu'est-ce que faire du tarot psychologique? Est-ce exercer sa psychologie à travers l'activité du tarot?

Si nous avions réservé cet outil aux seules mains du psychologue ou du thérapeute, nous pourrions définir cette activité simplement comme l'application d'une formation professionnelle particulière. Or nous voulons déborder ces frontières et mettre cet outil psychologique dans les mains de tous ceux que passionne la connaissance active de soi. N'est-il pas d'un grand secours de pouvoir s'adresser à des amis, des proches pour se connaître ou traverser un moment difficile?

En offrant cette technique du tarot psychologique à tous et chacun, je me suis fait un point d'honneur de transmettre des instructions claires et simples de façon à minimiser les risques et maximiser les profits.

Chacun aborde les lames du tarot à sa manière. La diversité des lectures de tarot est étonnante. Chacun interprète les lames à sa façon: l'image agit comme un transformateur d'énergie. Pourquoi ou comment cette simple interaction peut-elle être une source de renouvellement intérieur? Comment le guide doit-il agir? J'ai saisi l'importance de cette question le jour où j'ai compris que **les règles d'un jeu sont des attitudes humaines transmises dans des formes spécifiques**. J'ai donc cherché à fixer soigneusement les règles de l'art du tarot. Mes choix ont été simples et clairs. Je les ai trouvés dans deux grandes techniques de psychologie humaniste. Ce sont: **L'ÉCOUTE ACTIVE DE GORDON** et **LE «FOCUSING» DE GENDLIN**. L'écoute active de la part du guide favorise le flot expressif du consultant, tandis que la centration (terme français préféré pour focusing) approfondit jusqu'aux «sept puits intérieurs» les sources de ce flot, tant chez le consultant que chez le guide.

A — LE «FOCUSING»

Parmi ceux qui mettent de l'énergie à se transformer, plusieurs se demandent: pourquoi le travail sur soi ne réussit-il pas plus souvent? Pourquoi les tentatives, les réflexions profondes et les résolutions s'envolent-elles en fumée? Dans certains moments exceptionnels où la descente au fond de soi réussit, comment a-t-on fait? Pourquoi certaines prises de conscience doivent-elles être répétées pendant des années, tandis que d'autres portent immédiatement fruit?

C'est dans cette recherche des paramètres d'efficacité du travail psychologique que l'équipe du **Dr Eugene Gendlin** de l'Université de Chicago s'est engagée il y a déjà une quinzaine d'années. Naturellement, ils ne se sont pas attachés à évaluer l'auto-analyse dont le caractère spontané s'évalue difficilement. Ils se sont penchés sur les rencontres thérapeutiques et ont d'abord tenté de comparer divers modes de thérapie. Les formes classiques comme la psychanalyse sont-elles plus ou moins efficaces que les thérapies dites nouvelles: bioénergie, gestalt, analyse transactionnelle, thérapie émotivo-rationnelle? Disciple fervent de Carl Rogers, Gendlin assumait d'emblée la démonstration d'une plus grande efficacité des approches nouvelles à haute teneur en changements. Or les réponses apportées par cette recherche — aujourd'hui très connue — ont été surprenantes: toutes les formes de thérapie ont des résultats probants. Tout dépend de certaines variables dont la qualité du thérapeute (évidemment), la qualité du contact entre client et thérapeute (évidemment aussi), la qualité du rapport qu'a le client avec lui-même... C'est ce rapport du client avec lui-même qui a retenu toute l'attention du Dr Gendlin. C'est aussi cette conclusion que nous avons à appliquer au Tarot psychologique.

L'analyse de milliers d'heures d'enregistrement de dialogues entre client et thérapeute permit d'identifier d'abord les thérapies «réussies», celles qui mènent à des changements positifs importants, changements reconnus par les tests et par la conduite de sa vie. Le comportement de ces personnes était différent de celui du groupe «échec» à tel point qu'un étudiant non entraîné à la thérapie pouvait rapidement classifier l'un et l'autre d'une façon juste dès qu'on lui en révélait les critères. La différence cruciale entre les deux groupes réside non pas dans ce que les patients/clients disent (le contenu de leurs problèmes), mais dans la manière de le dire. Cette différence devenait visible dès les deux premières entrevues... alors que tant d'efforts allaient continuer inutilement pendant un an, peut-être deux ou même cinq ans de thérapie. Temps, énergie, argent, tourments, tant d'investissements qui allaient se solder par une impasse, une stagnation ou même une détérioration. Pourquoi? Comment l'éviter?

Paradoxalement, Gendlin affirme donc d'une part que la psychothérapie ne s'apprend pas: certains patients ou clients ne savent pas comment approcher leur expérience intérieure. Sa recherche tend à démontrer que la longueur de la démarche ou l'honnêteté des efforts conjugués n'y parviendront pas. Et pourtant, d'autre part, cette démarche peut s'enseigner et s'apprendre lorsqu'on en a identifié les composantes. Gendlin en a développé la compréhension d'une façon si précise que maintenant cette technique peut être enseignée aisément en quelques leçons et servir efficacement toutes formes d'apprentissage, en thérapie comme en créativité ou en enseignement. Cette manière d'être avec soi compte pour chacun, en toutes circonstances.

a) Comment se pratique le «focusing»

Un exemple

Avant d'en présenter les mérites et d'en analyser le fonctionnement, permettons-nous d'abord d'observer une forme abrégée du «focusing». Puisque nous sommes dans le cadre du tarot, présentons donc un exemple tiré d'une situation réelle. J'ai près de moi Hélène, une femme angoissée et en colère: elle attend une somme d'argent qu'on doit lui remettre. Le temps passe, une heure ou deux. Celui qui doit la lui apporter joue aux courses. Il a déjà subtilisé d'autres sommes d'argent. Elle se tourmente à savoir si elle reverra cette somme dont elle a le plus vif besoin. Elle accepte de se prêter au tarot psychologique autant comme diversion que comme moyen de s'exprimer et d'alléger son tourment silencieux. Nous tombons d'accord pour un tarot à trois cartes: passé, présent, avenir (voir page 207).

Première carte, «l'émotion qui m'habite»*; elle tourne le DIX D'ÉPÉES.*

Moi: «Décris la carte.» (C'est la technique habituelle du tarot projectif.)

Elle: «C'est noir. Une carte dure. Tant d'épées! Un homme debout, mon Dieu, on dirait un bourreau. Sa cagoule, les yeux cachés. Il attend de pied ferme devant l'entrée. C'est tout.»

Moi: «Peux-tu faire des liens entre toi et cette carte?»

Elle: «Oui. J'attends et au lieu de voir apparaître un objet de soulagement, mes angoisses montent, comme ces épées qui sont aussi nombreuses que les soucis que m'a donnés R. Je suis dans le noir.»

Moi: «Est-ce tout?» (Je le demande parce que ses yeux reviennent constamment à l'image du «bourreau».)

Elle: *«Non. Avec tous les faux chèques et extorsions d'argent qu'il a faits, il y aurait de quoi le retourner en prison. Je n'aurais qu'à signer à la banque une déclaration solennelle que ses chèques étaient faux, et le voilà derrière les barreaux. Je ne voudrais surtout pas en arriver là.»*

Moi: *«COMMENT TE SENS-TU?» (première étape du «FOCUSING») «NE RÉPONDS PAS TOUT DE SUITE. LAISSE MONTER CE QUI DOIT VENIR. NE T'INTERROGE PAS AVEC TA TÊTE, PRENDS LENTEMENT CONSCIENCE DE CE QUI EST LÀ, EN TOI.»*
(Elle ferme les yeux, ses épaules tombent. Elle laisse aller un grand soupir en disant: «J'ai mal à la tête, tu sais».) «D'accord. Dis tout ce qui te vient.» (C'est une répétition des instructions du «focusing» et un encouragement pour accueillir autant les sensations physiques que les sentiments eux-mêmes.)

Elle: *«J'ai un poids de mille livres sur l'épaule gauche. J'ai un pincement au coeur. Je respire mal. J'ai la nuque si raide qu'un massage serait douloureux.»*

Moi: *«TOUT ÇA SE RATTACHE À TON PROBLÈME. SI TU POUVAIS METTRE UN MOT, UNE IMAGE OU UNE PHRASE POUR RÉSUMER COMMENT TU TE SENS, QU'EST-CE QUE CE SERAIT?» (Ici ce sont les instructions du «focusing» pour rattacher les sensations au problème et voir comment le corps parle. Même si elles demeurent informulées, les fortes émotions soulevées par un problème envahissent l'organisme et se manifestent par des tensions, irritations, douleurs. C'est une invitation pour les rendre explicites, conscientes.)*

Elle: *«Je suis accablée, rompue. Je n'en peux plus de me battre contre des ombres.» (Elle change sa position et met ses mains sur ses hanches.)*

Moi: *«DE TOUT CE QUI TE CONTRARIE DANS CETTE SITUATION, QU'EST-CE QUI EST LE PIRE? NE CHERCHE PAS À ANALYSER, LAISSE ÉMERGER UNE IMPRESSION GLOBALE. TOUT ÇA MIS ENSEMBLE, ÇA TE FAIT QUOI?»* *(Ici nous sommes encore en plein «focusing», nous approchant sans cesse de l'émotion centrale.)*

Elle: *«Je me sens impuissante.» (Elle se laisse dégonfler comme un ballon. Ses yeux se ferment. Je la sens ralentie, chargée d'un fardeau qui ne la quitte pas malgré ses efforts pour rester en contrôle d'elle-même, ou peut-être justement à cause de ses efforts pour garder le contrôle.) Elle continue: «Rien ne va plus. Si je ne lui fais pas confiance, il se rebelle et m'accuse de l'accabler. Si je suis douce, il joue avec mes nerfs et me torture à me faire attendre, à me promettre de grosses sommes d'argent et me remettre des montants ridicules. Être la femme d'un joueur, c'est comme être la femme d'un alcoolique ou d'un violent. IL N'Y A PLUS RIEN À FAIRE. JE N'AI PLUS RIEN À VOIR AVEC LUI. JE LAISSE TOMBER TOUT ESPOIR DE LE VOIR S'EN SORTIR.»*

Moi: *«BON, RESTE EN PRÉSENCE DE CE SENTIMENT ET VOIS COMMENT LES MOTS ET TON CORPS SE RÉPONDENT. RÉPÈTE EN TOI CES MÊMES MOTS ET VOIS SI ÇA COLLE, SI C'EST LE FOND DE LA QUESTION. SI TES SENTIMENTS CHANGENT, SUIS-LES.»* *(Plusieurs secondes de silence. Elle hoche la tête.)*

Elle: *«C'est ça. C'est le bout du bout. Au-delà, c'est la prison. Je ne peux plus rien empêcher. Il fait coup sur coup et il veut que je le sauve.» (Elle contemple la carte.) «C'est ça, le bout du bout. Je n'irai pas plus loin.»*

Là-dessus, le téléphone sonne, c'est R. Ils se parlent une vingtaine de minutes. Elle revient et fulmine:

Elle: «Inouï! Incroyable! Il, oui, lui, ***il*** *m'engueule parce que j'insiste pour qu'il m'apporte ce qu'il me doit et qu'il m'a promis avant-hier, hier, cet après-midi... il me crie de cesser de lui pousser dans le dos. A-t-on déjà vu une histoire pareille! Il ne se sent pas coupable mais offensé! Il m'en veut! Il me hait, ma foi!» (Elle est indignée.)*

Moi: «Tu es en colère. Il est difficile à comprendre! Veux-tu continuer?» (Oui.) «Es-tu prête à en voir une autre?» (Signe que oui.) «Cette deuxième carte va te permettre de voir la raison de ton découragement et de ton exaspération actuelle.»

Ici nous poursuivons avec la technique habituelle du tarot projectif. Nous ne suivrons pas en détail la suite de ce tarot. Pour terminer cette «histoire de cas», donnons l'essentiel des deux autres cartes.

«Le Passé», la raison de cette émotion

Elle tourne le HUIT DE DENIERS, symbolisant pour elle tous les efforts accomplis, le soin, l'amour déjà déployés. Les sentiments qui émergent par le «focusing»? Un certain contentement à l'idée d'avoir tout essayé avant de désespérer, un plaisir à revoir les bons moments passés ensemble et finalement le retour au présent: «Tout ça pour rien. Aussi bien dire que la montagne accouche d'une souris». Manifestement, ce retour en arrière, quoique douloureux, la place dans un contexte plus serein, plus tonique.

«L'Avenir», la suite, ce qui va arriver

Elle tire LA ROUE DE FORTUNE: «Tout peut encore arriver, le meilleur comme le pire!». Elle devient perplexe. Elle replace ce moment dans le déroulement de leur histoire comme «juste une autre péripétie de la SAGA d'Hélène et de R.». Elle déclare que «c'est loufoque, ridicule, pathétique». «En aurais-je jamais fini avec sa folie? Et avec ma folie de l'aimer? C'est la grande comédie humaine, *Le Grand Cirque ordinaire,* la réalité qui dépasse la fiction», etc. Elle nous quitte pour aller se reposer (peut-être pleurer et rager encore un peu), mais le rideau est tiré sur cet épisode.

Je lui demande ce que ce tarot lui a donné, elle répond fort honnêtement que le problème reste entier mais qu'elle se sent très différente. Elle a gagné de l'«insight», du calme, le goût d'en rire. Elle l'a dédramatisé, elle ne fera pas d'ulcères. Elle a repris de la détermination: «Il fait mieux de me rendre mes sous, j'y tiens. Il est intelligent comme un singe, qu'il se tire de ce pétrin». Gendlin m'accorderait que c'est là un résultat typique du «focusing»: la personne demeure dans la réalité (elle ne plane pas, ne moralise pas, n'intellectualise pas), précisément, elle demeure dans sa réalité mais l'emprise sur sa vie est décuplée. Comme cette fonction s'apprend, la personne devient graduellement en mesure d'atteindre ce résultat de plus en plus facilement, avec l'aide d'une autre personne, puis seule. C'est un acquis pour la vie.

b) La technique
Présentation et analyse

Nous ne saurions assez recommander de se procurer le livre même de Gendlin* pour assimiler toutes les facettes de sa technique. Pour les professionnels, l'ouvrage du **Dr. Neil Friedman** *Experiential Therapy and Focusing* appliquant cette technique à la thérapie s'impose aussi.

Nous présentons ici un petit condensé applicable au tarot psychologique. Maintes fois les variantes de cette formulation sont apparues dans les exemples donnés. Après avoir pris connaissance de la technique du «focusing» dans ses éléments essentiels, vous pouvez rétrospectivement en retrouver les fragments présents dans tel ou tel cas. Celui qui veut développer l'art d'être présent à soi-même et à l'autre devrait s'entraîner systématiquement à utiliser cette technique.

c) Le focusing — Forme abrégée appliquée au tarot

Préparation du guide et du consultant

Asseyez-vous confortablement. Enlevez toutes les sources physiques de tension pour mieux être à l'écoute de votre corps. Respirez. Assurez-vous l'un et l'autre que vous êtes à l'aise, prêts à entrer en contact et que rien ne va interférer. Apportez une carafe d'eau, tamisez la lumière, débranchez le téléphone, mettez une note à la porte: «Silence, on «tarote». Revenez plus tard».

Faites le vide intérieur. Prenez le temps d'opérer une transition entre vos occupations journalières et ce voyage intérieur.

---

* Gendlin, Eugene. *Focusing.* (1981), Bantam books.

Premier mouvement: l'embrayage, le tour d'horizon

L'embrayage s'applique d'abord au tout début, lors du choix de la question lorsque le consultant en a plusieurs. Il s'applique ensuite à chaque carte, à la fin de la description globale, après avoir livré ses fantaisies, associations libres et réactions diverses. On pourrait descriptivement appeler ce premier mouvement: «Faire un tour d'horizon et voir comment on se sent». La situation explosive d'Hélène ne comporte pas cette difficulté, nous nous servirons d'un autre exemple.

Le tour des questions possibles

Exemple: *Gérard, un ingénieur de 37 ans, s'installe devant moi pour faire un tarot sans trop savoir ce qu'il veut chercher.*

G: Sur quoi pourrait bien porter ma question? Sur ma recherche d'un emploi plus payant? Sur le problème de la vente de ma «patente»? Sur ma relation avec Louise qui ne veut pas me suivre dans le Grand Nord si j'accepte de travailler là-bas? Sur la santé de ma mère menacée de cancer?

Moi: — Autant de questions, autant de pistes différentes. Qu'est-ce qui est important pour toi? En choisir une ou les prendre toutes à la fois? Veux-tu en faire un paquet et savoir un peu de chacune ou en approfondir une seule?

Si le consultant veut prendre le tout, cela devient un tarot ouvert, répondant à la question: «Qu'est-ce qui se passe dans ma vie?». Si vous en avez le temps, c'est un long tirage comme la Pointe Diamant ou la Croix Celte qui convient à cette recherche d'une vue d'ensemble. Chaque carte apporte alors un éclairage sur une facette de vie. Si on dispose de peu de temps, il vaut mieux choisir une seule question.

Pour ne choisir qu'un problème, le principal, Gendlin conseille d'abord de tous les énumérer, un à un, jusqu'à voir le fond du panier. Cette liste peut sembler terrible («J'ai tout ça à régler») ou rassurante («En prenant les choses une à une, je vais y arriver»). Ici le guide donne le ton, il induit le climat de la rencontre qui est celui d'un **accueil amical de soi-même.** Il suggère donc de considérer les problèmes comme autant d'objets précieux à ranger bien en évidence devant soi. Il s'agit de se faire de la place intérieurement, de se permettre de se délester du poids du monde que l'on traîne sur son dos. Le guide accompagne le consultant d'une façon fort simple, en résumant après chaque item de l'énumération: «Bon, il y a ta recherche d'un emploi plus payant, ton projet de vente, ta relation avec Louise, la santé de ta mère. À part ça, rien d'autre? Ces problèmes réglés, tout irait bien?». Souvent cette insistance déclenche le rire: pour la première fois depuis longtemps, le consultant voit qu'il y a une fin à sa liste de malheurs. Il entrevoit la fin de la procession.

Deuxième mouvement: choisir et laisser monter le sentiment global

Maintenant que tous les problèmes ont été énumérés, il s'agit de choisir. Sur quelle base? Les deux critères de choix les plus riches sont les suivants: ou le consultant opte pour travailler sur le problème le pire, le plus crucial, celui qui fait le plus mal. Ou bien il décide de «se laisser choisir par le problème», c'est-à-dire de sentir l'attraction magnétique que le problème exerce sur lui, de ne pas décider avec sa tête, mais constater quel est celui qui éveille le plus de résonance intérieure.

Encore ici, ce deuxième mouvement s'applique aux deux temps. En face de la question à choisir d'abord, ensuite face à tous les éléments sollicitants d'une carte, aller vers celui qui éveille les sentiments les plus vifs. Le guide invite le consultant à faire un choix en demandant: «DE TOUT CELA MAINTENANT, AUJOURD'HUI, QU'EST-CE QUI EST LE PLUS IMPORTANT? QU'EST-CE QUI TE SOULAGERAIT LE PLUS DE DÉGAGER?».

Au risque de nous répéter, notons que cette insistance sur le «maintenant, aujourd'hui» reflète une option de la psychologie humaniste, en particulier celle de la gestalt. Au contraire de la sociologie, de la philosophie, de la métaphysique, la psychologie cherche à développer l'emprise sur la vie courante: à modifier une façon de faire, à apprendre un processus pour pouvoir le répéter quotidiennement.

Le point crucial ici, c'est de suivre le fil du sentiment: ne pas permettre d'analyser, d'intellectualiser, de décider si ce que l'on ressent est correct ou non, de ne pas juger mais bien de continuer à nommer son sentiment global.

Troisième mouvement: mettre le doigt sur le «hic», le coeur du problème

Cette émergence amène un virage dans la perspective du problème: venant des profondeurs, il n'est pas rare que ce sentiment soit d'abord indéfini, très prenant, vague, sans mot adéquat pour le désigner. Cela correspond au climat de certains rêves où on ne sait ce qui se passe tout en sachant que quelque chose d'important s'amorce. Le guide aide au consultant à ne pas se hâter, à ne pas apporter de conclusion prématurée, à laisser monter les mots jusqu'à ce que ce soit juste. «Oui, c'est ça... Je ne suis pas tellement en colère que décontenancée... Je me dis qu'il m'a eu encore une fois... Comment a-t-il fait?»

C'est le ton de la «petite découverte» qui change quelque chose. Le guide n'intervient pas, un déroulement intense se fait dans le for intérieur. Dans l'exemple précédent du Tarot à trois cartes, Hélène avait décrit d'abord les épées comme des symboles de ses soucis. C'était juste, rationnel, déjà connu d'elle, donc sans surprise. Elle est habituée de verbaliser ses sentiments, je n'ai qu'à tendre la perche par-dessus son silence méditatif, lui dire: «Est-ce tout?». Le plus important est alors venu, le pire pour elle serait d'être l'instrument par lequel R. retourne en prison. Bon, le mot est lâché, la vérité intérieure a pris forme. «Qu'est-ce que ça te fait de dire ça?» Cette petite question déclenche une nouvelle prise de conscience: je sais que je sais: je ne pourrai plus l'oublier. Je saisis l'effet de cette vérité subjective au moment même où elle prend naissance. Lui ayant demandé: «Qu'est-ce que tu ressens?» Hélène répondit: «Je suis accablée». Elle prenait conscience que R. lui mettait sur le dos le fardeau de décider de son sort et qu'il le lui reprocherait par la suite.

Quatrième mouvement: donner un sens à ce que l'on vient de ressentir

Pourquoi ne pas en rester là? N'a-t-on pas atteint le fond de la question? Non. Le sentiment massif qui vient d'être identifié vaut d'être analysé. Pourquoi se sentir accablée? Hélène doit savoir ce qui l'accule au pied du mur. Encore une fois, faire la navette du sentiment à la prise de conscience, de la réaction instinctive à la valeur implicitement engagée. Ici, Hélène fait un constat d'échec sur ses deux attitudes, douceur ou fermeté, rien ne va plus. Elle définit ultimement le problème tel que vécu dans l'instant présent. Le dernier critère ici, c'est la résonance de l'organisme. S'il y a cohérence interne, des pieds à la tête, les mots choisis sonnent juste, ils peuvent être répétés plusieurs fois et entraînent un sentiment de véracité: «Oui, c'est bien ça». Si douloureuse que soit la vérité, elle apaise et libère. Le tourment cesse. D'une façon existentielle, le problème est résolu. Il s'achève parce que vidé de ses contradictions. L'unité intérieure est apparue, Hélène s'est retrouvée.

d) Pourquoi le «focusing» agit-il?

Un processus

Alors que tant d'écoles psychiatriques et psychologiques recourent à un schéma interprétatif, à une grille pathologisante, il est heureux de trouver un théoricien en psychologie qui rejette l'analyse intellectuelle pour laisser l'expérience personnelle dominer entièrement la scène. Gendlin croit que de cette façon, en l'absence d'étiquette donnée de l'extérieur, le comportement garde sa souplesse et sa fluidité... le problème se résout sans heurt. C'est une approche centrée sur le processus plutôt que sur le contenu.

Cette position fait confiance aux ressources du consultant et considère l'organisme comme un «biocomputer», autrement dit, comme le réservoir total des connaissances conscientes et inconscientes. Pour éviter qu'un tarot psychologique ne demeure superficiel, la descente en soi suit le filon des impressions et sentiments. C'est le chemin du viscéral. Le guide dirige ce cheminement en invitant son partenaire à porter son attention sur le ressenti, à suivre intuitivement le sens de son expérience, à traduire finalement ce sens dans des mots qui font écho à son vécu. Ici Gendlin a su systématiser le moyen d'être présent à soi-même, de se prendre en charge et de verbaliser sa position.

Un autre mérite de la technique du «focusing», c'est la valorisation de l'expérience directe, l'utilisation de la trame de la vie, sans vouloir rien mettre dans les tiroirs d'une théorie de contenu. Aucun schème théorique ne peut jamais contenir la totalité d'une expérience. Elle déborde le cadre freudien, jungien, rogérien,... n'importe quel cadre. C'est falsifier son expérience que de la réduire à des concepts, des principes, des interprétations. Bien sûr, on peut saluer au passage la pertinence de tel concept, comme on salue tel monument connu, mais dans l'ensemble, le «focusing» accompagne le jet intérieur sans tricherie, les yeux ouverts. C'est la voie du coeur, sans que l'intelligence ne perde ses droits; les dessous d'une question révélés, un travail de synthèse global s'accomplit.

Une mobilisation différenciée de l'attention

L'analyse du processus permet de constater que le succès de cette technique provient aussi du déplacement de l'attention. Le focus porte d'abord sur le plan global: tout voir, tout admettre, tout laisser entrer. Ce mouvement établit le fond de scène. Il y a risque de se perdre ou de s'affoler. Comme un problème ne se règle que dans un espace de clarté et de confiance, le deuxième mouvement reporte rapidement l'attention sur l'élément qui agit comme signal d'alarme. En terme de cinéma, ce serait de passer du plan panoramique ou gros plan, vers l'élément clé. Cette alternance de l'attention va de pair avec une sollicitation de l'appareil psychique à divers niveaux. Tout d'abord la demande s'adresse à l'intelligence consciente (identifier ce qui ne va pas, les secteurs du problème), puis la technique crée immédiatement un rebondissement vers le vécu, l'émotif, le ressenti corporel. L'organisme est le porteur de cette autre dimension, il signale ce qui fait problème. La synthèse viendra finalement mettre des mots sur le vécu, rendre conscient ce qui demandait à l'être.

CONDENSÉ DE LA TECHNIQUE DU «FOCUSING»
APPLICABLE AU TAROT PSYCHOLOGIQUE

PRÉPARATION: relaxer, se mettre en contact, faire le vide.

A: EMBRAYAGE, TOUR D'HORIZON: accueillir amicalement tout ce qui vient — soit toutes les questions sur lesquelles il serait souhaitable de travailler ou toute la description des éléments de la carte. Ne pas créer un déluge mais nommer les éléments qui ont de l'impact sur soi.

B: CHOISIR LA QUESTION la plus brûlante ou la plus pertinente. Choisir l'élément de la carte qui suscite le plus de résonance.

C: S'OUVRIR ENSUITE AU SENTIMENT mis en branle par cette question ou cet élément. Qu'est-ce qui est le pire là-dedans? Pourquoi cela va-t-il chercher si loin?

D: LAISSER VENIR UN MOT, une image, une expression qui relie ensemble le sens du problème et le ressenti corporel. Tout cela mis ensemble, ça donne quoi? Vérifier la justesse des mots.

E: BOUCLER... OU REPARTIR un autre cycle si ce n'était qu'une facette. Recommencer jusqu'à atteindre le fond de la question.

L'ensemble de ce processus alterne de l'**attention diffuse** (tous les problèmes... tous les éléments de la carte) à **l'attention centrée** (mettre le focus sur un élément, rentrer dans une image, un problème, un sentiment). Dans le même temps, l'alternance se fait du verbal (l'intellect, le mental) au viscéral, (le ressenti, la vérité de l'organisme). La synthèse s'opère en nommant cette concordance («Oui, c'est ça, je...») et en laissant rebondir les mots en soi, jusqu'à ce qu'ils sonnent juste. Le signe de la réussite: un changement interne, un pas vers la solution.

2. L'ÉCOUTE ACTIVE TECHNIQUE DU DR THOMAS GORDON

a) Le tarot, un lieu d'écoute et d'expression

b) Règles de la communication dans un tarot

c) Les quatre étapes de l'écoute active

Vouloir s'aider
Prendre l'initiative
S'impliquer émotivement
S'affirmer

Thomas Gordon
(Dessin de Michel Leuk)

a) Le tarot, un lieu d'écoute et d'expression

La dimension essentielle du tarot psychologique réside dans le fait qu'il est, particulièrement au plan émotif, un instrument de connaissance et d'expression de soi. Il n'y a aucune comparaison entre garder pour soi un problème en le retournant dans sa tête jusqu'à ce qu'il prenne des proportions démesurées et la possibilité de le communiquer à qui sait écouter. Le problème apparaît alors sous un jour entièrement nouveau.

Le tarot psychologique se présente comme un instrument souple, bâti tout exprès pour faciliter cette communication de soi à fond et garder un contact étroit avec soi-même dans les moments difficiles. Il devient ainsi un soutien au processus de croissance et d'évolution. L'obstacle à prévoir dans cette communication, c'est la difficulté pour le guide d'agir adéquatement. Souvent le guide est un ami sans formation en psychothérapie, en relation d'aide, ni même en communication. Il veut bien être là, écouter, mais comment? Qu'est-ce qu'écouter? Faut-il parler? Est-ce mieux de ne rien dire? Quand répondre et donner son avis? Comment ne pas se sentir submergé par l'angoisse, la tristesse, l'aigreur de qui donne libre cours à ses émotions? Autant de questions à soulever et auxquelles répondre avant d'accepter d'ouvrir un tarot avec quelqu'un.

L'OBJECTIF DU TAROT PSYCHOLOGIQUE CONSISTE À AIDER QUELQU'UN À EXPRIMER SES PROBLÈMES PERSONNELS, À EN SAISIR LA PORTÉE ÉMOTIVE, À L'AIDER À LES RÉSOUDRE SANS NÉCESSAIREMENT PROPOSER DE SOLUTIONS, NI MÊME DONNER SON AVIS, NI MÊME DÉCHARGER LA PERSONNE DE SA RESPONSABILITÉ. PAR UN TAROT PSYCHOLOGIQUE FAIT SELON LES RÈGLES DE L'ART, LE CONSULTANT SE PREND EN CHARGE ET SE SENT FINALEMENT CAPABLE ET HEUREUX DE LE FAIRE.

Les règles d'écoute veulent expliciter au guide le cheminement à suivre en s'appuyant particulièrement sur l'approche de Thomas Gordon et Linda Adams.

Puisque ce livre a été conçu pour le débutant, commençons par l'ABC. La première règle de la solution du problème, selon Gordon, c'est d'établir QUI a le problème. Par définition des rôles, le consultant est celui qui amène son problème sur la table. Fort bien. (Lorsque le guide a un problème, les mêmes règles s'appliquent, mais à l'inverse.) Voyons le rôle du consultant et de l'aidant.

b) Règles de la communication dans un tarot

Selon la technique de l'écoute active, celui qui a le problème, donc **le consultant,** est dans une position où:

1- il doit **vouloir s'aider** personnellement;
2- il doit **prendre l'initiative** de la communication;
3- il doit prendre la **responsabilité de s'exprimer** pour satisfaire ses besoins;
4- il se doit d'**exercer son influence** en sa faveur; s'il rencontre des résistances, il peut et doit utiliser des techniques de confrontation.

Le guide se retrouve donc à agir de la façon suivante:

1- il invite le consultant à se centrer, à **définir sa question** de façon à mobiliser son intelligence, à l'amener à devenir attentif à lui-même;

2- le guide invite ensuite le consultant à **décrire la carte** comme manière de prendre l'initiative, puis de faire des liens entre la carte et sa question. C'est l'essence du **tarot projectif;**

3- pour amener le consultant à se **prendre en charge,** le guide l'amène à verbaliser directement ses besoins en «**messages-je**»;

4- si malgré tout le message ne passe pas, le guide pousse plus loin l'expression de ses sentiments par des **dialogues imaginaires** avec les personnages concernés dans le tarot. Nous aboutissons ainsi au **tarot gestalt** ou **tarot affirmation de soi.**

Nous sommes à l'opposé des règles de conduite d'une diseuse de bonne aventure! Un tarot psychologique s'articule sur la prise en charge de soi, tant dans la perception du problème que dans sa solution.

Étudions plus en détail les éléments techniques des quatre étapes proposées. Les trois premières sont toujours nécessaires et constituent le tarot psychologique de base, dit **tarot projectif.** La dernière va plus en profondeur et constitue un tarot développement de soi ou tarot croissance.

c) Les quatre étapes de l'écoute active

Comment écouter un problème émotif

Le consultant se présente, désireux d'avoir l'oreille attentive de la personne choisie comme guide. Il veut explorer une idée, un projet, une difficulté. C'est donc lui qui a le problème. Il est là pour l'exposer. D'accord. Son récit va comporter deux éléments fort distincts: la trame des faits et celle des émotions. Au risque de surprendre, dans cette approche, laissez passer en douce le déroulement des faits et ouvrez le zoom sur les émotions. Pourquoi?

Dans la solution de problèmes administratifs, mécaniques, matériels, les faits viennent au premier plan. Ils s'imposent comme le contenu même à manier entre experts. Si vous avez besoin de 10 ou 12 mètres de tissus pour tapisser les murs, vous n'aurez la réponse qu'en calculant précisément. C'est donc la voie à suivre.

En matière de relations interpersonnelles, il faut le rappeler, ce sont les émotions qui font obstacle: un problème surgit lorsqu'un blocage coupe le flot naturel des échanges internes ou externes. Avant de s'ouvrir à son guide, le consultant a pu être soumis à un amalgame complexe d'impressions, de sensations, d'expériences antérieures, de jugements, de convictions opposées, de partis pris... que sais-je? Les réactions obtenues jusqu'ici dans l'entourage ont fait figer, durcir et embrouiller un vécu. Le guide veut libérer ce vécu, il tourne son attention vers les émotions en cause.

Nous affrontons constamment des problèmes, toute la vie. C'est normal. Ils sont la matière sur laquelle s'exercent l'intelligence, le courage, la créativité. Un problème ne devient une source de consultation que s'il dure, si la solution est difficile à trouver ou coûteuse à appliquer, si un besoin important et aigu est insatisfait (besoin d'affection, besoin de pain, de reconnaissance sociale, etc.), et que la personne en vient finalement à désespérer de trouver une solution.

Il s'agit donc de laisser passer l'information concernant les faits et d'orienter son attention vers les émotions pour mieux capter cette dimension.

Dans les instructions maintes fois répétées du Tarot psychologique, qu'avons-nous fait pour appliquer cette règle?

Vouloir aider

Tout d'abord le guide invite le consultant à se centrer et à formuler sa question. C'est la voie par laquelle le guide déclenche le mouvement de la prise en charge chez le consultant. Rappelez-vous le point de départ:

«CELUI QUI A LE PROBLÈME DOIT VOULOIR S'AIDER PERSONNELLEMENT.»

Nous avons déjà précisé la façon de stimuler la mise au point d'une question significative. L'approche de Gendlin apporte toutes les précisions techniques que vous pourriez souhaiter comme guide dans le choix de la question à travailler et sur la manière d'amener l'autre (et soi-même) à se centrer. Ici, nous expliquons uniquement le mécanisme psychologique sur lequel cette étape s'appuie. Dire exactement l'objet de son souci dégage, signale le sens du désir, ouvre un objectif où orienter l'effort. Il est même arrivé que l'évaluation d'un tarot psychologique amène la réflexion suivante: «Le meilleur service que tu m'as rendu, c'est de préciser ma question. J'ai vu que j'avais déjà bien des réponses et que ce point-là seulement demeurait obscur.»

Prendre l'initiative

CELUI QUI A LE PROBLÈME DOIT PRENDRE L'INITIATIVE DE LA COMMUNICATION.

Qu'en est-il dans le Tarot?

La question bien posée, le guide invite le consultant à retourner une carte et à la décrire. Pourquoi? Décrire la carte constitue une coupure avec les façons habituelles de poser une étiquette sur le problème, de le ranger dans une certaine catégorie: «Je suis sot, intellectuel, révolutionnaire», ou «Je fais face à un macho, à un égoïste...» Puisque cela n'a pas réussi, il est indiqué d'effacer ces pistes et de recommencer à neuf. Ce contact avec une image imprévue provoque une version fraîche, neuve, invitante. Ici, le spécialiste des techniques de créativité perçoit le lien entre cette façon de faire et la synectique où l'on a recours à l'analogie pour détourner l'attention, suspendre les vieilles habitudes mentales et faire éclore une solution inédite.

Cette description de la carte amorce le tarot psychologique. C'est déjà une différence majeure avec le tarot de voyance — ou tarot divinatoire — en ce que le guide recule l'énoncé de sa perception personnelle: il la communiquera après celle du consultant, si besoin est.

Le guide invite donc le consultant à décrire la carte. Par ce biais, il doit prendre l'initiative, camper son problème, devenir actif devant son univers. S'il n'y a pas de noyau névrotique, maintes fois cette exploration illumine la question et dégage d'emblée une solution. On est alors dans le tarot psychologique simple, dit TAROT PROJECTIF, et le fondement de l'action du guide est l'écoute empathique, soit l'écoute des émotions.

Comment s'exprime cette écoute empathique? En termes opérationnels courants, c'est utiliser toutes les mimiques, sons, paroles, gestes qui vont faire sentir à l'autre que vous êtes proche, que vous ressentez ce qui lui arrive. Réécouter une cassette d'un tarot projectif fondé sur l'empathie surprend toujours: une bonne partie est sans parole. Il y a des rires, des soupirs, des «ah, bon!», «ah, non, pas ça!», des «oh, oh!», enfin tous ces petits échos émotifs que l'on a entre amis devant un événement qui éveille en nous des résonances multiples. L'effet de surprise vient aussi de ce qu'il y a beaucoup de non-dit: guide et consultant se sont compris davantage en se regardant qu'en parlant. Si cet ami consigne par écrit l'expérience de son tarot psychologique, il vous en dira plus que ce que la cassette peut rendre. L'enregistrement de ce qui se manifeste au dehors paraît mince à côté de ce qui a été mobilisé au dedans, au coeur de cette complicité née dans le partage de l'émotion ressentie.

S'impliquer émotivement

S'IMPLIQUER ÉMOTIVEMENT, DÉCLENCHER UN TAROT DE NIVEAU EXPRESSIF.

Comment aller chercher cet art de l'écoute? Elle est difficile à acquérir. Souvenez-vous d'avoir été «tout mêlé»: des idées et des sentiments variables se bousculaient. Des idées noires, des poussées de vengeance, des exaltations de triomphe pouvaient se succéder rapidement. Si vous rencontriez alors l'être proche qui pouvait écouter, sûr de ne pas être jugé, vous débrouilliez l'écheveau de vos réactions, et petit à petit l'immense problème devenait supportable. À mesure que vous parliez, vous en êtes venu à vous sentir plus détendu, plus serein, plus compétent pour prendre position devant le problème.

Encore une fois, comment offrir cette écoute sensible qui est la base d'un tarot projectif? Le guide est souvent un ami intime, un copain de toujours, il n'a pas de long entraînement psychologique pour savoir décoder patiemment les émotions sous-jacentes et les reformuler. Dans l'apprentissage des approches psychologiques centrées sur le client, celle de Carl Rogers et celle de Thomas Gordon «l'approche sans perdant», dite aussi «parents efficaces», le point crucial consiste justement à apprendre à saisir le sentiment implicite de l'autre et à le redire explicitement.

Exemple: *«C'est tout un tarot que j'ai fait là?»*

Quel est le sentiment de base? Vous pourriez dire: «de la fierté?» ou «une demande d'approbation?», «une incertitude sur sa performance?». L'oeil vif, le ton raide ou enjoué vous aideraient à «piger» le message. Quelle serait la réponse? Un signe de tête, une gentille tape dans le dos? Une expression verbale courte mais qui en dit long: «Eh oui, hein, on est bien passé au travers», si on se réfère à la difficulté encourue. «Ah, il y a de quoi être fier!», si le ton de satisfaction l'emporte. Devant toutes ces possibilités d'interprétation d'une seule phrase, vous sentez déjà la complexité de la tâche de l'écoute émotive.

Le long métier de psychologue nous a appris cette difficulté. Nous avons donc proposé un raccourci juste, simple, efficace. Il consiste à demander directement à l'autre son sentiment:

«QU'EST-CE QUE TU RESSENS DEVANT ÇA?»

C'est une toute petite question, mais elle ouvre la voie à la descente en profondeur de soi.

Reprenons les consignes du Tarot psychologique. Une fois que le consultant a décrit la carte et s'est réapproprié sa projection en faisant des liens avec sa propre vie, le guide lui demande ce qu'il ressent. C'est alors que le guide aussi doit ressentir en écho (toujours l'empathie) si les sentiments exprimés «sonnent vrai». Ici, le guide entend avec ses yeux: les moindres détails du visage, le clin d'oeil, le regard direct ou détourné parlent ou crient l'émotion. Il voit avec ses oreilles: la voix mince, tremblée, sifflante ou mate, le souffle ample ou coupé, font voir l'état d'âme. C'est ici que la sensibilité du guide fait des merveilles en étant la caisse de résonance de l'éventail des émotions.

Exemple

Guide: — *Qu'est-ce que tu ressens devant ça?*

Consultant: — *J'étais fâché. (Le consultant se mord les lèvres et regarde par terre. Il ne semble pas «gros» dans sa peau. Il y a donc autre chose que de la colère.)*

Guide: — *Rien d'autre? Tu étais fâché mais aussi...*

Consultant: — *Paul m'avait tellement blessé que je ne pouvais plus rien dire. J'aurais braillé ou je l'aurais défoncé.*

Guide: — *Hum. . . oui. . . c'est révoltant. (Sans le savoir, sans se le dire consciemment, le guide reste songeur, il sent bien que ce n'est pas fini, que tout n'a pas été dit. Ce petit trou de silence maintient naturellement l'attention sur le même point. Le guide ne pousse pas, le consultant poursuit:*

Consultant: — *Pour rien au monde, je n'aurais voulu perdre le contrôle.*

Guide: — *Tu t'es arrêté...*

Consultant: — *Ah, oui, je n'en pouvais plus. Je l'aurais écrasé là..., etc.*

C'est ce nettoyage de l'émotion souterraine qui libère. Le guide devient une caisse «de dissonance» si le consultant triche, se dissimule, s'ignore ou se dérobe. Les petits trucs pour signaler cette dissonance sont simples et viennent spontanément entre amis, par des expressions comme:

«Allons donc, tu me caches quelque chose!»

«Ce n'est pas tout, tu as l'air trop contrarié.»

«Quoi d'autre?»

«Ça ne va pas, non? Tu me dis des choses terribles sur un ton neutre, qu'est-ce qui se passe?»

Ce sont toutes des expressions soutenant l'émotion mais pointant vers la partie manquante du discours.

En étant en juste résonance (en empathie), le guide empêche que le tarot ne tourne court ou qu'il prenne une fausse piste. Réussir cette étape donne sa plénitude au TAROT EXPRESSIF. Selon les termes de Thomas Gordon et Linda Adams, «RECONNAÎTRE SES SENTIMENTS ET LES EXPRIMER EN MESSAGE-JE, CONSTITUE LE FONDEMENT DE LA COMMUNICATION EN DIRECT». En clair, l'ingrédient actif de la part du guide, c'est l'invitation à dire effectivement ces sentiments non identifiés et à les communiquer directement, pleinement, tels qu'éprouvés, sans sourdine comme sans excès.

Que veulent dire Gordon et Adams par des «MESSAGES-JE»? Ils indiquent que la prise de conscience des sentiments fonde un message fort et difficile à rejeter pour celui à qui il s'adresse.

Exemple: Prenons le tarot de Maurice. Il a déploré toute sa vie le manque de relation affective avec son père. Lorsqu'il parlait en «messages-tu», il disait:

«*Toute ta vie* ***tu*** *m'as humilié.* ***Tu*** *m'as haï. J'ai envie de te gifler, c'est tout ce que* ***tu*** *mérites sur ton lit de mort.*»

Le même «message-je» devient:

«*Toute ma vie,* ***j'ai*** *souffert,* ***je*** *me suis senti humilié quand tu me frappais.* ***J'aurais*** *désiré que tu me parles. Même maintenant,* ***je*** *tremble encore de colère et* ***je*** *manque toujours de ton affection.*»

Certains diront que ce n'est pas le même message, que c'est embelli et truqué comme le font les annonces publicitaires. La différence est certainement notable, mais elle provient justement du changement de niveau des deux approches. Le premier niveau serait qualifié par les psychologues de «défensif». Il contient uniquement la colère, une colère profonde, tenace, empoisonnante. La colère n'est souvent que la défense contre la blessure. Maurice a toujours désiré l'attention et la tendresse de son père, et ce désir est à la racine de sa rancune. Le message-je, celui des sentiments, va plus loin que celui des jugements du «messages-tu».

Le «message-tu» a un impact terrible parce qu'il sort de soi au vif, mais le ton impersonnel le détache, comme s'il provenait d'un juge qui rend sa sentence accusatrice.

Les «messages-tu» attribuent à l'autre les sentiments présents:

— «Tu ne t'occupes pas de moi!»
— «Comment fais-tu pour être si égoïste? Tu ne vois pas que j'ai un besoin?»
— «Tu as encore montré de la dureté de coeur envers ton père seul, malade...»

Un autre exemple complètera cette notion. Christian, dont nous avons mentionné quelques réponses dans «le tarot Pointe Diamant», se sent timide, angoissé devant le jugement des autres.Il commence par dire que les autres rient de lui, que son père lui interdit de vivre sa sexualité. Lorsque le guide demande à Christian ce qu'il ressent devant cet interdit, il peut verbaliser:

— *Je ne me sens pas normal. J'ai peur d'avoir l'air d'un fifi (homosexuel). J'enrage parce que je ne sais pas y faire avec les filles et que mon père m'interdit de sortir ou d'en amener à la maison.*

Guide: — *Qu'est-ce qui est le pire là-dedans?*

Christian: — *D'avoir l'air d'un fifi, de me sentir niaiseux.*

Guide: — *Tu pourrais lui dire à ton père dans quel pétrin tu te sens?*

Christian: — Non, il ne me comprendrait pas.

Ce dernier exemple nous fait traverser la phase quatre, celle des messages d'affirmation en présence des résistances.

S'affirmer

EXERCER SON INFLUENCE PAR LE **TAROT AFFIRMATION.**

Coïncider avec soi-même amène à s'affirmer. Exprimer à soi-même et aux autres ses idées, ses sentiments, ses désirs, ses réactions, ses choix et même ses antipathies, c'est se situer, prendre sa place, se faire connaître, se faire comprendre. Ce message-je s'énonce simplement, le plus souvent d'une manière confiante et pertinente. Ce message décrit une réalité intérieure sans comparaison avec les autres, sans jugement ni évaluation. Il est ordinairement bien reçu... mais pas toujours. Il peut provoquer chez l'autre personne une attitude de défense ou de résistance, de malaise, si ce message dérange. Sa force d'impact peut susciter la colère, l'anxiété, la peur... en un mot, faire réagir et mobiliser une position adverse. Comment maintenir alors l'affirmation de soi?

* * *

Les conseils techniques de Gordon et Adams vont dans le sens de l'écoute: face à une résistance, ces auteurs suggèrent de passer temporairement à l'écoute active pour désamorcer l'agressivité chez son interlocuteur et poursuivre l'affirmation sur un terrain favorable.

La plupart des exemples que nous avons apportés ne vont pas jusqu'à cette phase. Dans une prochaine publication, nous en ferons le coeur de la présentation. Nous donnerons une place de choix aux tarots de développement de soi et aux tarots thérapeutiques. Ils sont plus complexes et requièrent des techniques plus variées. Pour l'instant, le manuel du débutant ne doit contenir que les instructions les plus simples, dont nous avons fait l'expérience dans des groupes de base. Elles consistent à faire réaliser au consultant qu'ici, en faisant le tarot psychologique, la personne concernée (parent, ennemi, patron, etc.) n'est pas présente. Il n'y a pas de danger à exprimer clairement ce que l'on pense. C'est un milieu extraordinaire de sécurité où, pour une fois, les choses peuvent être dites, juste pour aller au bout de sa pensée et de ses sentiments. Personne ne se portera plus mal mais le consultant aura au moins commencé à affirmer son besoin, son idée, son sentiment, rien que pour voir ce que ça donne.

Exemple: *Pierre se fait un tarot à quatre cartes. Il participe à un groupe de tarot-gestalt. Sa question: «Vais-je changer de travail? Je n'en puis plus d'enseigner, de faire la même chose depuis quinze ans.»*

Carte 1, sa position: *LE CAVALIER DE BÂTONS*

Intérieurement, il est donc fermement décidé à prendre le virage, à changer de travail. C'est une belle synchronicité.

2e carte, le monde extérieur face à sa question: *LA BALANCE*

Ici, Pierre se sent soupesé, jugé, critiqué pour avoir lâché un si beau métier, si bien payé, où il est si compétent..., etc. Pierre est prêt à laisser tomber sa décision. Il se sent incompris, isolé. Seule sa compagne de vie le soutient.

Le guide l'invite à s'exprimer devant chacun de ceux qui — imaginairement, il faut le dire — le jugent.

— *Les voisins:* *«On le savait bien que c'était un paresseux. Il est souvent assis dans son jardin et il fait ce qu'il veut.»*

— *Pierre:* *«Oui, j'ai appris l'art de vivre. Ça me réussit bien. Vous pouvez être jaloux, ça ne me dérange pas.»*

— *Ses parents:* *«Pierre, tu nous déçois, nous avons fait des sacrifices pour t'instruire. Tu donnes le mauvais exemple aux plus jeunes de la famille. Ils ne voudront pas s'instruire puisque tu lâches ton métier.»*

— *Pierre:* *«D'accord, vous avez fait des sacrifices, je l'ai toujours apprécié. Moi aussi j'en ai fait. Maintenant je suis à deux doigts de me sentir malade, écoeuré. Je fais mal mon boulot. Il faut que je change de métier ou que je prenne une année sabbatique. Une en quinze ans! Même toi, papa, tu aurais dû t'en accorder une.»*

Il passe en revue tous ceux qui le condamnaient... pour s'apercevoir qu'en s'affirmant, les gens se rallient et l'appuient. Il se sent maintenant dégagé devant leurs opinions. Il est intérieurement libre de choisir un congé sabbatique s'il en éprouve le besoin. Les critiques anticipées ou réelles ne le feront pas reculer.

IV — CONCLUSION

LE TAROT, UN OUTIL POLYVALENT

1. EXPRESSION

2. INTÉGRATION

3. LIBÉRATION

1. EXPRESSION

Bien peu de gens se rendent compte de la valeur de leur parole, de leur mimique faciale, de leurs gestes. En faisant des Tarots psychologiques je me suis fait poser souvent les questions: «Pourquoi dire ce que je sais? Qu'est-ce que ça donne? Et si je me trompe dans la lecture des cartes en donnant mes propres idées, je n'aurai rien gagné.»

Pourquoi se dire? Pourquoi se taire? Y a-t-il des mots pour dire la confusion, le désespoir, la rage? pour nommer l'obscur? pour se redire les mêmes histoires sans solutions? Y a-t-il des oreilles pour entendre? Qui sera là pour reconnaître la valeur de mon expérience? Ai-je deux minutes à me consacrer? Et à qui se dire? Etc. Voilà pourquoi tant de silences entourent nos vies. Lorsqu'on se découvre entendus, on s'étonne avec gratitude.

Participant dernièrement à Toronto à un atelier de psychologie humaniste dirigé par Benjamin Young*, j'ai été frappée par son argumentation. Il soutient que nous sommes modelés par le contexte dans lequel nous baignons. Le contexte, c'est l'environnement, le groupe familial, oui, mais surtout le tissu culturel qui habille déjà de mots, de pensées, d'«habitus» psychologiques tout ce qui sort et entre dans l'homme. Cette position n'est pas nouvelle, certes, mais sa véracité m'a touchée une fois de plus à cause de l'exercice pratique qu'il a relié à cet axiome de base. Pour la vingtaine de participants réunis, il s'agissait de s'exprimer sur un sujet donné (par exemple la valeur de l'école, du

---

* M. Benjamin Young est un éminent psychologue de San Francisco, très actif en psychologie humaniste, spécialisé en communication.

couple). Ici, s'ils rencontraient l'assentiment de tout le groupe, les propos de l'un ou l'autre participant devenaient «la vérité du groupe», notre base. C'était comme recréer une mini-culture en commençant à zéro, en supposant que nous étions les premiers à définir telle norme, à fixer l'essentiel de ce qu'il faut faire dans «notre société». J'ai eu vivement conscience de l'importance de l'expression juste, de la joie à dire correctement, du modelage d'une vérité sociale acceptée dans un groupe. J'ai senti, réciproquement, comment des vérités pouvaient demeurer minoritaires et se voir reléguer aux oubliettes.

Qui ose nommer son monde propre? Bien peu de gens. Comme thérapeute, constamment j'apporte ma vigilance à discerner ce qui est vraiment ressenti (et non ce que je devrais sentir, penser, dire), même si ce vécu semble bizarre, irrationnel, ou même terrible. Sans aller aussi loin dans l'interdit, le tarot pousse à exprimer le non dit. Par sa forme même, il force à utiliser son propre cadre de références internes, ses propres mots. Le tarot fournit l'image, le consultant lui donne un sens, le guide l'accueille et permet de l'exprimer à haute voix. Même si ce propos se veut une synthèse, je n'hésite pas à en faire sentir la portée en y ajoutant le vécu de Suzelle.

Exemple de l'absence de communication et de ses effets nocifs

Suzelle — ***Tarot de Hurley, position Saturne,*** *«Les difficultés de longue date, jamais pleinement surmontées». Elle tourne le SIX DE BÂTONS:*

Ah la mariée de mai. La niaiseuse! Regardez-la comme elle a l'air sans dessein! Conventionnelle, sainte nitouche, les yeux baissés. Chez nous, nous étions huit filles. L'autre jour, j'ai demandé à ma mère ce qu'elle pensait de ses filles. Elle m'a dit: «Tu veux me faire critiquer tes soeurs?». Je lui ai dit: «Bien non, maman, ce n'est pas ce que je vous demande.

Êtes-vous contente d'avoir eu tant de filles?» Elle m'a dit: «Non, aucune n'est bien mariée comme je voudrais». Je suis revenue à la charge, j'ai insisté encore: «Maman, ce que je vous demande c'est de me dire au moins un bon côté d'avoir eu tant de filles. Si c'est trop compliqué, dites-moi au moins une qualité que j'ai, moi. Je ne vous ai jamais entendu louanger une seule de vos filles sans la critiquer en même temps. Dites-moi une de mes qualités, je dois bien en avoir une au moins?» Ma mère avait chaud, elle prenait une revue pour s'éventer, repousser ma question. Ma jeune soeur était là et me faisait signe de lâcher prise, mais je lui faisais un clin d'oeil de me laisser faire. En fin de compte, elle a fini par me dire que s'il était vrai que je travaillais, alors que j'avais un mari riche capable de me faire vivre, que je devais avoir un certain courage... rien de plus! C'est terrible, si peu parler. Elle n'a jamais pu nous dire son appréciation de peur que ça nous monte à la tête.»

J'ai choisi cet exemple de Suzelle parce qu'il englobe deux générations. D'après ce récit, cette mère n'a jamais osé souligner les aspects positifs de ses filles. Elles ont toujours appris par des étrangers la fierté que leur mère éprouvait à leur égard. Durant les deux premières séances de son tarot, Suzelle s'est sentie souvent critiquée. Le programme intérieur inscrit en elle se lirait: «Tu fais tout de travers. Tu ne sais rien faire. Tu n'es pas capable.» Suzelle paniquait alors devant tout: elle avait peur de rester seule, peur du noir, peur de demander ce qu'elle désirait sexuellement, peur des hauteurs, peur des foules. S'exprimer, s'exprimer, s'exprimer encore, tel est le chemin que nous avons suivi ensemble. Parfois je nommais pour elle lorsque le morceau avait l'air trop gros, parfois elle critiquait mon silence: «On ne peut jamais savoir ce que vous pensez», alors que j'intervenais souvent, mais toujours le but demeurait le même: s'exprimer, se situer, se reconnaître, se valoriser, avancer dans la connaissance de soi, s'apprécier, se savoir appréciée et en tirer du plaisir.

2. INTÉGRATION

«Rassembler ce qui était dispersé».

Chaque tarot livre un vécu différent: chaque contenu transmet une vision particulière d'un microcosme («un petit univers personnel») bâti par X dans un moment Z. Tout cela, maintenant, vous est familier. Une autre qualité intrinsèque du tarot psychologique s'y associe presque automatiquement: la facilité avec laquelle il permet des rapprochements, des intégrations, des combinaisons d'expériences jusque-là vécues comme opposées ou isolées. Le point clé pour apprendre à manier cette intégration se trouve encore dans le tirage de Hurley autour des trois premières cartes.

Exemple:

Robert, 44 ans, comptable et homme d'affaires, participe à un séminaire d'expression verbale. Le tarot devient un outil pour s'exercer à aller directement au but de la définition d'un problème. Il met bien en oeuvre la consigne, car tirant la carte XVII, L'ÉTOILE, il m'avise qu'il ne traitera pas de la situation au bureau mais des rapports avec sa femme: «Vraiment, en voyant cette carte, je ne peux pas m'empêcher de parler d'elle. La situation de ma relation avec elle me préoccupe plus que le travail. Alors, je me plonge dans cette carte. «Je vois une très belle femme sensuelle. Elle est nue, dehors, les pieds dans l'eau à la belle étoile. L'oiseau, les étoiles, l'arbre fruitier extrêmement bien taillé évoque un petit paradis.»

Q. — Comment cette carte exprime-t-elle ta situation?

R. — Bien qu'étant marié à 37 ans, je m'estime chanceux d'avoir enfin trouvé et obtenu une si belle femme pour demeurer avec moi. Lorsqu'elle m'accompagne, elle fait tourner les têtes.

Q. — Voyons maintenant une seconde carte qui va t'amener à explorer une autre facette de la situation.

Position Lune, *LE QUATRE DE BÂTON*

Robert: — Ah, je le savais bien que c'était pour sortir: l'autre facette de la situation dans mon cas, ce n'est pas la jalousie. Je la sais fidèle, elle est trop timide pour se lancer dans des histoires avec d'autres. Non. Pour aller droit au but, cette scène me fait penser à toutes les occasions où elle ne semble pas vouloir prendre le temps d'être avec moi. Elle s'occupe trop du ménage. En public, aussi, si je veux l'embrasser elle se raidit et met de la distance entre nous. Je me fâche parce qu'elle me prive de sa chaleur...

Q. — Nous avons deux facettes de ton expérience. Est-ce que cela forme pour toi un problème?

Robert: — C'est deux Linda séparées: la première me fait exulter. J'ai toujours souhaité comme le plus grand rêve de ma vie d'avoir une telle femme. Je n'avais jamais pressenti que ce serait aussi ma plus grande frustration de ne pas pouvoir en profiter.

Quel bénéfice Robert tire-t-il de ce rapprochement? Vérifions d'abord son authenticité. Si vous étiez présent, vous pourriez observer l'expression de Robert, ses gestes, sa respiration rapide, le ton de la voix qui change. Il est très impliqué dans sa découverte. Ses yeux marquent l'étonnement. Il le savait, bien sûr, mais ces deux dimensions n'ont jamais été rapprochées de la même façon que les deux entrées de son bilan personnel: le débit et le crédit. Dans l'exercice de groupe, Robert a atteint son but: aller directement à la définition d'un problème mais comme la recherche de solutions le torture, nous tombons d'accord pour une forme abrégée de tarot, soit tirer deux autres cartes: «Comment se comporte-t-il?», soit sa réponse habituelle au problème — classiquement la position 3 de Hurley — puis: «Quelle solution créer»?, soit la 8e position de Hurley: «Quelle autre ressource existe à sa portée qu'il n'a jamais eu le génie d'utiliser?» Nous nous limitons ici aux deux premières cartes, car c'est précisément ce contraste qui crée une pression interne, l'intensité éveillée par les deux courants dynamiques appelle la résolution du problème.

Pointe Diamant, **position 3 Soleil: «Mon comportement habituel»**: Robert tire le SOLEIL, en position inversée.

Robert est ébahi de trouver encore une concordance parfaite avec sa situation (la synchronicité est au rendez-vous). Il décrit parfaitement la carte en trois phrases: «C'est bien ma femme, le côté ombre, celle qui se dérobe; le côté lumière, la magnifique. Moi au milieu, j'essaie de fusionner les deux. La carte inversée montre que je n'y réussis pas.» C'est très clair. Nous passons à la recherche de la solution.

Position 8: «La solution que je n'aperçois pas encore et qui me conviendrait parfaitement». Nous sommes tous dans l'attente. Comme nous nous connaissons peu, je ne sais si nous allons y parvenir facilement en présence du groupe de ses collègues d'apprentissage (le groupe est hétérogène). Il tire le ROI DE DENIERS en position inversée. Il n'en saisit pas la signification jusqu'à ce qu'il lise la description offerte par Hurley: «Mr Big, l'homme d'affaires, le puissant, l'homme de pouvoir».

Robert en est un, mais il n'a jamais comblé sa femme comme elle le désirait. Il attend qu'elle réponde davantage à ses désirs avant de la traiter en grande dame. En renversant cette lame en position droite, il saisit intuitivement que sa richesse est une partie de sa solution: il impliquera davantage sa compagne dans ses voyages et ses largesses. En transcrivant ce tarot, il me semble encore une fois si simple. Robert aurait pu y penser par lui-même: il avait tous les atouts en main mais ne les voyait pas. Probablement, en regard de sa frustration et de son désir de contrôler, n'accordait-il pas à sa compagne ce qu'elle désirait tant qu'elle n'avait pas fait les premiers pas. L'intégration consiste justement à enlever ces barrières, rendre probable ce qui était possible.

3. LIBÉRATION

Un jour que j'étais assise à la terrasse d'un café à Aix-en-Provence, mon voisin de table s'absorbait dans son journal «LA FRANCE LIBÉRÉE». Évidemment, l'allusion porte sur la fin de la guerre mais en 1970, un quart de siècle après, la question laisse songeuse. La France libérée de quoi? Mes réflexions de psychologue m'ont ensuite entraînée sur le plan personnel. Quelques libérations majeures donnent à chacun le sentiment d'être libre, oui, mais n'est-ce pas un processus toujours à recommencer? De quelles sortes de libération ai-je été témoin en ouvrant des tarots psychologiques depuis 1975? En retournant tranquillement les pages de notes de plusieurs centaines de protocoles, au premier abord, j'ai éprouvé de la difficulté à opérer une synthèse. Les saisies intuitives (insights) semblent si diverses. Je pourrais les regrouper autour des «besoins» psychologiques de la pyramide de Maslow, mais ce schéma de type structural n'a pas la finesse voulue pour bien manier des mouvances existentielles. Je tirerai quelques exemples pour bien faire saisir la variété et la vivacité de quelques situations où une libération pertinente laisse intacte tout l'acquis mais corrige les erreurs de tir.

Exemples

Armand D., 38 ans, médecin, très actif dans sa profession, se joint au groupe de curieux qui s'attroupe autour de moi tandis que je fais le tarot psychologique à une amie au début d'une soirée, puis demande à le faire aussi en douce. Les circonstances lui facilitent l'accès au tarot, car ce n'est pas une démarche qu'il aurait faite de lui-même. Le processus met tranquillement en évidence qu'il multiplie les réalisations professionnelles et sportives mais systématiquement se coupe des appréciations personnelles qu'il pourrait en tirer. Habitué jeune à ne pas «faire de show», à ne pas «se glorifier de ses mérites», il ne réagit pas affectivement aux marques d'appréciation chaleureuses, il ignore le compliment qui lui est fait, il change de sujet si on souligne l'originalité ou la finesse de sa perception. C'est pour lui une découverte paradoxale importante car d'un côté, il se sent facilement anxieux, tourmenté ou déprimé par ses échecs (son côté perfectionniste) et de l'autre, il s'isole affectivement, il tient pour «suspectes» ou pour une «réponse conventionnelle» les marques positives de valorisation. D'une façon quasi compulsive, il cherche désespérément à être apprécié mais ne ressent pas le plein crédit qui lui est donné en retour. Son vide intérieur ne se remplit pas. Finalement ce tarot fait «en passant», «juste pour voir», lui aura fait toucher du doigt la source de son anémie émotive: il ne manque pas de nourriture affective mais son système d'éducation l'a conditionné à «ne pas s'y arrêter», à rejeter automatiquement (c'est un processus inconscient) les marques d'appréciation qui l'apaiseraient dans son inquiétude viscérale. «Suis-je compétent? M'apprécie-t-on? Suis-je à la hauteur de la situation? de mes responsabilités?» Lorsque nous avons terminé, je lui ai demandé: « Vous êtes-vous apprécié dans ce tarot?» Il hésitait, allait exprimer encore des sentiments auto-critiques lorsqu'un grand sourire illumina tranquillement son visage: «Oui, je pense que je peux être content de moi». Il se permettait d'être enfin en contact avec sa propre satisfaction longtemps repoussée comme une source de danger, de risque de médiocrité.

Quelle est la valeur de cette libération? La peur d'être berné par l'appréciation d'autrui stimule la compétition, l'agressivité, la performance à tout prix. C'est la source d'attaques cardiaques, de dépressions, de blâmes secrets, de réactions de rage et de dépit (Études de Horwitz).* Ce n'est donc pas un mince gain, même s'il ne suffit pas à transformer toute une vie sur le champ. C'est un pas dans la bonne direction, un pas conscient, pleinement ressenti, assumé, un moment de transformation.

---

* Horwitz, Arnold: 1982 «Emotional anemia», 9012 Burton Say, Beverly Hills, California 9021.

Autre exemple: Nicole G., collectionneur d'antiquités, communicatrice à la radio et à la télévision, traverse une phase très pénible où elle se sent abandonnée par son conjoint. Lorsqu'elle explore la source de son conflit, l'ÉTOILE apparaît (Tarot du Kébèc). Elle décrit longuement la carte comme une projection d'elle-même. Le moment de libération survient lorsqu'elle termine l'exploration de son lien avec P.:

«Tu n'sais pas ce que je vois maintenant. Cette femme — je veux dire moi — durant tout ce temps avec lui, j'ai arrosé un sol stérile. Regarde, elle arrose une mosaïque de pierres. C'était ainsi entre P. et moi, tout ce que je faisais de cadeaux, de concession, toute mon énergie et ma tendresse n'avaient l'air de rien lui apporter...»

Cette session l'engage à liquider son amertume. Elle reconnaît sa propre participation dans la distance du couple, sa colère trop rarement exprimée. Au moment de ranger les cartes, elle me fait remarquer qu'elle en a fini d'espérer le retour de son conjoint. Elle me signale alors un autre détail de l'image: «son visage est tourné vers une autre étoile... elle ne remarque plus ce qu'elle a arrosé en pure perte. Je commence à me détacher de ma souffrance».

Ces deux exemples suffisent, je crois, à illustrer le pouvoir libérateur d'une prise de conscience profonde. Le tarot libère l'expérience intérieure, il permet de verbaliser aisément un vécu obscur grâce à l'imagerie suggestive des lames appropriées. La projection s'appuie sur la multiplicité (la surdétermination) des sens possibles attribués aux figures du tarot. Le consultant se sent autorisé, sécurisé, appuyé par le dessin présenté pour livrer le coeur de sa préoccupation. La qualité créatrice de guide fait le reste:

«Ce ne sont pas les théories,
c'est votre personnalité créatrice qui sera décisive».

— C.G. Jung

BIBLIOGRAPHIE

LIVRES CONSULTÉS OU À CONSULTER

a) DICTIONNAIRES SPÉCIALISÉS

Chevalier, Jean; Gheerbrant, Alain (1969). *Dictionnaire des symboles*. Robert Laffont et Jupiter, Paris.

Fodor, Nandor (1966). *Encyclopaedia of Psychic Science*. University Books, États-Unis.

Masson, Roger et coll. (1976). *Les livres des pouvoirs de l'esprit*. Retz, Paris, France.

Sillamy, Norbert (1967). *Dictionnaire de la psychologie*. Larousse, Paris.

b) OUVRAGES SUR LE TAROT

Buess, Lynn (1973). *The Tarot and Transformation*.

Campbell, Joseph (1968). *The masks of God, Creative Mythology*. Penguin Books, New York.

Dicta et Françoise (1983). *Mythes et Tarots*. Mercure de France, Paris.

Finn, Edouard (1980). *Tarot, gestalt et énergie*. Éditions de Mortagne, Boucherville (Québec).

Innes, Brian (1978). *Les Tarots*. Éditions Atlas, Paris.

Kaplan, Stuart R. (1978). *La Grande Encyclopédie du Tarot*. Tchou, Paris.

Marteau, Paul (1949). *Le Tarot de Marseille.* Arts et Métiers Graphiques, Paris.

Nichols, Sallie (1981). *Jung and Tarot: an archetypal journey.* Weiser, NY.

Paquin, Yves (1979). *Le Tarot Idéographique du Kébèk.* Éditions de Mortagne, Boucherville (Québec).

Popenoe, Cris (1979). *Inner Development.* Yes!, Washington, D.C.

Roberts, Richard (1975). *Tarot and You.* Morgan & Morgan, New York.

Victor, Jean-Louis (1979). *Tarot des grands initiés d'Égypte.* Éditions de Mortagne, Boucherville (Québec).

c) EN PSYCHOLOGIE

Adams, Linda (1980). *Femmes efficaces.* Belfond, Paris.

Anzieu, Didier (1961). *Les méthodes projectives.* Presses universitaires de France, France.

Bellak, Leopold, M.D. (1954) *The T.A.T., C.A.T. and S.A.T. in clinical use.* Grune & Strattan, New York.

Collectif (1971). Transformation(s) — Introduction à la pensée de Jung. L'Aurore, Montréal.

Friedman, Neil (1982). *Experential Therapy and Focusing.*

Garneau, Jean; Larivey, Michelle (1979). *L'autodéveloppement.* Les Éditions de l'Homme, Montréal.

Gendlin, Eugene (1981). *Focusing.* Bantam Books.

Gordon, Thomas, (1977).*Parents efficaces.* Éditions Le Jour.

Haich Elisabeth (1972). *Sagesse du Tarot.* Au Signal Lausanne.

Hillman, James (1975). *Re-Visioning Psychology.* Harper & Row, New York.

Houston, Jean (1980). *On Therapeia* in Dromenon, No spécial: Sacred Psychology, part II, vol. III, no 3, Winter 1981, P.O. Box 2244, NY 10116.

Jung, C.G. (1964). *Man and his symbols.* Doubleday N.Y.

Jung, Carl G. (1959). *The Archetypes and the collective unconscious.* Princeton University Press, New Jersey.

Leduc, François (1983). *États de conscience, phénomènes psi et santé mentale* in «La santé mentale au Québec».

Maslow, A. (1971). *The farther reaches of Human Nature.* Viking Press.

Mucchielli, R. (1968). *La dynamique du Rorchach.* Presses Universitaires de France, Paris.

Murray, Henry (1949). *Exploration de la personnalité.* PUF, 2 vol.

Naranjo, Claudio (1972). *Les chemins de la créativité.* Dangles, France.

Pontalis J.B. et Laplanche J. (1967). *Vocabulaire de la Psychanalyse.* Presses Universitaires de France.

Tart, Charles T. (1975). *Transpersonal Psychologies.* Harper Colophan Books, New York.

Piotrowski, Zigmunt (1957). *Perceptanalysis.* Macmillan Co, N.Y.

d) EN PARAPSYCHOLOGIE

Bender, Hans et al. (1976). *La parapsychologie devant la science.* Berg Balibaste, Paris, France.

Bolen, Jean S. (1979). *The Tao of Psychology.* Wildwood House, Angleterre.

Brown, Barbara B., Ph. D. (1974). *New Mind, New Body.* Bantam, États-Unis.

Cléroux, Marie-France; Tremblay Ghislain (1979). *Le Futur Vécu.* «La psychologie au secours du paranormal», interview avec le Dr Denise Roussel. Mortagne, Québec.

Emmons, Michael L., Ph. D. (1978). *The Inner Source: A Guide to Meditative Therapy.* Impact, États-Unis.

Jung, C.G. (1960). *Synchronicity.* Bollingen Foundation, New York.

Hall, James A., Janvier (1985) Volume XI No I. *ASPR NEWSLETTER.* «Jung and Parapsychology».

Koestler, Arthur (1972). *Les racines du hasard.* Calmann-Lévy, France.

Rogo, Scott D. (1978). *La parapsychologie dévoilée.* Presses Sélect, Montréal, Québec.

Vaughan, Alan (1980). *Incredible coincidence.* NAL, New York, U.S.A.

e) EN ASTROLOGIE

Pour affiner le sens astrologique des instructions de la Pointe Diamant, on peut consulter utilement:

Barbault, André, (1961). *Traité pratique d'astrologie.* Seuil.

Chédane, R.G. (1980). *Cours élémentaire d'astrologie.* Stanké.

Hirsig, H. (1979). *Prévoir par l'astrologie.* Éditions de Mortagne, Montréal.

Hirsig, H. (1978). *L'astro-psychologie.* Éditions Stanké, '78; Marabout '79.

TAROTS CITÉS

AQUARIAN
David Palladini
Morgan & Morgan***

BALBI
Domenico Balbi
H. Fournier, 19 - Vitoria,
Espagne

CROWLEY
A. Leister Crowley
U.S. Games Systems, Inc.****

DAKINI
Penny Slinger & Nik Douglas
A.G. Müller, Suisse****
U.S. Games Systems, Inc.*****

GOLDEN DAWN
Robert Wang (ill.)
Israel Regardie (dir.)
U.S. Games Systems, Inc.*****

GRAND BELLINE
Ets. J.M. Simon**
dist. B.P. Grimaud

GRAND ETTEILLA ou
TAROTS ÉGYPTIENS
Ets. J.M. Simon**
dist. B.P. Grimaud

HERMES-THOT
Samaël Aun Weor
Ed. Ganesha Inc.
B.P. 484 Station Youville
Montréal, Québec H2P 2W1

HURLEY & HORLER
Jack & Rae Hurley &
John Horler
Taroco
P.O. Box 104
Sausalito, Californie 94965

MORGAN-GREER
William Greer
Morgan & Morgan***

NOUVEL ÂGE
A.G. Müller, Suisse****

PETIT BELLINE
Ets. J.M. Simon**
dist. B.P. Grimaud

RIDER-WAITE
Arthur Edward Waite
Pamela Colman Smith (ill.)
U.S. Games Systems, Inc.*****

LE TAROT DES GRANDS
INITIÉS D'ÉGYPTE
Jean-Louis Victor
Éd. de Mortagne*

TAROT IDÉOGRAPHIQUE
DU KÉBEK
Yves Paquin
Éd. de Mortagne*

TAROT DE MARSEILLE
Ets. J.M. Simon**
dist. B.P. Grimaud

TAROT DES SORCIÈRES
Stuart Kaplan
A.G. Müller, Suisse****
U.S. Games Systems, Inc.*****

VISCONTI-SFORZA
Stuart Kaplan
Grafica Gutenberg
24020 Gorle, (Bergamo), Italie
U.S. Games Systems, Inc.*****

WIRTH ou LES MAÎTRES
IMAGIERS DU MOYEN ÂGE
Oswald Wirth
A.G. Müller, Suisse****
U.S. Games Systems, Inc.*****

XULTUN
Peter Balin
8730, Sunset blvd., suite 503
Los Angeles, Californie 90069

ZIGEUNER
TAROT DES TZIGANES
A.G. Müller, Suisse****

* Éd. de Mortagne
171, boul. de Mortagne
Boucherville, P.Q. J4B 6G4

** Ets. J.M. Simon
27, Avenue Pierre
1er de-Serbie
Paris 75116, France
Dist.:
B.P. Grimaud Cartomancie
France

*** Morgan & Morgan
145, Palisade St.
Dobbs Ferry, N.Y. 10522

**** AGM, A.G. Müller
Bahnhofstrasse
CH 8212 Neuhausen-a RHF
Suisse

***** U.S. Games Systems, Inc.
468, Park Avenue South
New York, N.Y. 10016